팍스 아메리카의 **침묵**

팍스 아메리카는

원래 '팍스 아메리카나(Pax Americana)'를 말하며, '팍스(Pax)'란 라틴어로 '평화'를 의미한다. 미국은 막대한 경제력과 군사력을 바탕으로 세계 평화질서를 유지하는 주도권을 행사해왔다. 그러나 처음 개척과 도전으로 출발하였던 미국이 차츰 악을 눈감고 진실을 숨기며 침묵하기 시작했다.

민주주의와 정의, 평화, 자유의 상징인 미국이 세계질서를 제대로 잡아가려면 초심으로 돌아가 열정을 가지고 다시 뜨겁게 일어서길 간절히 바란다.

서브 프라임 사태 이후의 미국

팍스 아메리카의 침묵

미국이여!
다시 뜨겁게 일어서라

김송희 지음

생각나눔

저자의 말

1950년 6·25가 발발한 이후 압록강까지 올라갔다가

혹독한 추위와 배고픔을 견뎌내며

남쪽으로 밀려 내려오던 나이어린 청년, 나의 아버지.

이따금 그분이 술이라도 한잔 드시면서 그 얘기를 전해주셨을 때

그저 옛 영화 보듯이 멀뚱히 들었는데,

내 맘이 힘들어질 때면

그 어린 청년이 얼마나 춥고 외롭고 두려웠을까?

그리고 얼마나 자주 그의 어머니를 되뇌었을까?

그때 그 맘을 잠깐씩 안아드리게 됩니다. 가슴 뭉클함과 함께.

조국이 무엇인지, 이념이 무엇인지…. 그런 것을 알았을 리도 없고

그저 그렇게 하는 것만이

가족과 형제의 안위를 지키는 것이라 믿었을 나이 어린 청년, 나의

아버지.

그 어린 청년에게 이 한 권의 책을 바칩니다.

중국에서 공부했던 몇 년의 기간 사회주의가 아닌, 민주주의의 상징인 미국은 어떨까, 늘 궁금했다. 그러던 중 2008년 10월부터 몇 년간 연구와 집필을 위해 미국에 머물게 되었는데, 그때부터 불과 몇 개월 사이에 가파르게 오르는 환율을 지켜보면서 심한 충격을 받았다. 1년 즈음을 예상했던 비용은 불과 몇 개월이 되지 않아서 다 써버리게 되었다. 심경이 어땠을까? 심리적으로 불안했고 정부가 내놓은 환율전망은 늘 반대현상으로 나타나는 것을 보면서 필자는 당황하지 않을 수 없었다. "돈은 버는 것이 아니라 불리는 것이다."란 유대인들의 말이 처음으로 가슴에 와 닿았고, 한순간 휴지가 되는 돈의 가치로 인해 모든 계획은 차질을 빚기 시작했다. 계획에 큰 차질을 일으키게 될 때 사람은 이성을 잃게 되고, 방향을 찾기가 어려워진다는 사실을 그때 처음 알았다.

내가 지닌 돈의 가치를 지키기 위해서 관심을 가진 것이 경제였고, 경제에 깊은 관심을 두면서 그 경제문제의 뒷면에는 화폐전쟁이 벌어지고 있다는 사실에 충격을 받았다. 이념이나 정치, 인권이나 외교 등등의 문제는 결국 경제 문제에서 출발하여야 미래예측이 보다 가능할 수 있다는 사실도 이즈음 알게 되었다. 적어도 지금 이 시대는 그렇다.

미국과 중국을 중심으로 하여 세계 각국은 지금 화폐전쟁을 벌이고 있다. 핵무기와 미사일로 싸우는 시대가 아니라 돈의 전쟁을 벌이며 세계경제에 위기를 일으키고 있다. 물론, 그 주도자는 중국의 채무국이 된 미국 극소수 부유층들이고, 그 뒤의 배경이 되는 국제금융세력이다. 하지만 이유야 어떻든지 간에, 대다수 중산층과 약자들은 지금까지 살면서 지녀온 신념과 마인드로 정상적인 생활을 할 수 없게 되었다는 사실은 누구도 부인할 수가 없다. 피를 흘리고 외상이 나타나는 전쟁은 아니지만, 상대에게 경제적 손실을 부추겨 사람들의 심장을 헐떡이게 하고, 인간다운 생활을 포기할 수밖에 없게 함으로써 극소수의 부유한 자들만이 경제적 부와 이익을 챙기는 냉혹함과 잔혹함이 있는 시대다. 이것은 인간의 고유한 정신을 갉아먹거나 인간을 노예화한다. 가장 인간답게 살고 싶었던 열망을 끊어놓는 첫 번째 수단이며, 이 열망을 끊어놓는 한 대다수의 사람들은 인간적 행복과 자유를 누릴 수 있는 권리는 미미하다. 일부의 사람들은 이것이 자본주의의 논리가 아니냐고 질문을 던진다. 물론, 어느 부분까지는 그렇게 말할 수 있다. 그러나 지금은 신자유주의의 논리와 세계화 시대라는 개념으로 모든 문제를 풀어가고 있기 때문에 단순히 자본주의 논리로 문제의 매듭을 풀 수는 없는 일이다.

그렇다면 필자가 미국에 관해 연구할 필요성을 느끼게 된 이유는 무엇이었을까? 미국의 신념과 가치관, '세계화'라는 이름으로 전 세계의 마인드를 지배하려던 미국의 정신이 우리에게 뿌리깊이 배어있음은 물론, 한국의 경제정책이 미국과 너무나 닮았다는 사실이었다. 미국의 서브 프라임 문제에서 출발해 전 세계에 쓰나미를 일으켰던 경제적 재앙은 모든 국가가 도대체 어디서부터 어떻게 손을 써야 할지 모르는 고통의 도가니로 몰아갔다. 유럽을 위시한 전 세계는 철저한 자국 방어 정책을 펼쳐나갔다. 적어도 2008년부터는 그랬다고 볼 수 있다. 그럼에도, 세계화를 추구하는 한국은 여전히 그 롤 모델을 미국으로 삼고 있으며, 자국방어 정책보다는 세계화에 나라의 대문을 활짝 열었다. 미국의 실패한 정책까지 고스란히 떠안고 닮아가려는 것은 왜일까?

　물론, 미국은 우리의 우방이고 선진국이다. 그러나 미국의 실패한 경제정책을 고스란히 좇아만 가는 것은 매우 위험한 일이다. 2013년 10월, 미국 정부는 셧다운(Shut-down)을 실시했다. 급기야 국가 부도 위기에 직면한 것을 보면 더 이상 강대국이란 말이 무색하다. 2013년 9월 14일 『월스트리트저널(WSJ)』에서는 다음과 같이 말하고 있다. "지금의 한국 가계부채가 2008년 미국의 금융위기 직전과 매우 비슷한 수준이다. 조기 퇴직한 베이비붐 세대들에 의해 우후죽순처럼 치킨집이 늘어나는 것은 한국의 불길한 징조이다. 한국 공식 통계를 보면 가계 빚의 20~30%가 자영업자들의 창업비용으로 쓰인다." 미국과 똑같은 시스템을 좇다가 벌어진 현상이다. 필자는 최근 미국에서 일어난 사건들이 한국에서도 비슷하게 반복되고 있는 점을 고려할 때, 미국의 경제정책과 신자유주의에 대해 제대로 이해하고, 미국에 대한 재해석이 필요하다고 생각했다. 이것이 미국을 연구한 첫 번째 이유다.

IBM의 회장직을 맡았던 루 거스너(Lou Gerstner)는 2002년 12월 9일 하버드 경영대학원에서 학생들에게 이렇게 말했다. "변화는 위기의식이나 사태가 급박하다는 인식에서 시작됩니다. 어떠한 조직이든 지금 커다란 어려움에 처해 있으며, 생존을 위해서는 뭔가 달라져야 한다고 스스로 생각하지 않으면 근본적인 변화가 불가능합니다." 그렇다. 변화가 필요한 때다. 모든 나라가 이렇게 생각하고 있다. 그런데 세계의 변화는 마치 럭비공처럼 종잡을 수가 없고, 우리는 어떻게 대처하고 어떻게 살아가야 할지 의문이다. 그런 맥락에서 어느 나라 할 것 없이 모든 나라가 불안함과 위기임에는 틀림이 없다.

21세기 지식은 어떤 역할을 해야 할까? 그에 대한 올바른 이해가 없다면 미래를 예측할 수가 없다. 우리는 지금까지 선진 경제를 중심으로 지식의 범위와 본질, 역할을 한쪽 모퉁이에서 분석하는 데 급급해왔다. 그렇다면 이제 어떻게 해야 할까? 정작 필요한 일은 분석하는 것이 아니라 종합적으로 다루는 것이다. 심층적인 변화들은 상호 연관관계 속에서 인식하고 통찰해야 한다. 확실히 과거와 같이 프로페셔널하게 어느 한 영역만을 꿰뚫고 있는 것으로는 그 어떤 전문적인 답변을 내놓을 수가 없다. 즉, 중국학을 전공한 필자가 그 안에만 국한되어 있는 상태에선 세상에 그 어떤 학문적 통찰력과 명쾌한 답안을 줄 수가 없다고 생각했다. 한쪽 귀퉁이에 있는 부분만 연구하는 연구자로서의 자세보다는 넓게 보고 통찰력을 가질 수 있는 상태에서 자기 분야와

타 분야의 연구를 접목했을 때 비로소 이 시대의 상황이 보이고, 미래 예측이 그나마 가능하다는 것을 절실히 깨달았다. 한국은 미국의 모든 부분을 축으로 삼아 영향을 받고 있는 것이 사실이다. 따라서 미국의 이모저모를 관찰하고 재해석함으로써 중국에 대해 이해하고 한국의 강점과 장점을 유지, 보완하고 개선할 점을 제대로 이해하자는 것이 필자가 연구하고자 한 두 번째 이유다.

한국인들이 IMF와 같은 힘겨운 상황을 견뎌냈던 것은 우리 한민족만의 고유한 민족정신 덕분이다. 이러한 숭고한 정신은 그 어떤 나라에서도 발견하기 힘든 문화이고 아름다운 정서다. 1998년 한국이 IMF를 겪어 나갈 때 전 세계는 한국이 여느 아시아들처럼 파산할 것이라고 장담했다. 적어도 미국은 그랬다. 미국의 전 국무장관이었던 매들린 올브라이트가 "그래도 한국은 도와주어야 하지 않겠느냐?"라고 했을 때 정부 각료들은 전원 모두 "No!" 했던 이유도 그 당시 한국에 대해서 아무런 가능성을 발견할 수 없었기 때문이다. 그런데 그 결과는 정반대였다. 한국은 다시 일어섰고, 그 기회를 통해 한국인들의 교육 열의는 보다 더 가열되었다. 미국 정부를 비롯한 국제 금융세력들에겐 충격이었다. 한국인들이 똘똘 뭉쳐 금을 모아 IMF 위기를 극복한 그 정신은 한국이 쓰러지는 것만을 느긋하게 지켜보려던 국제 금융세력들에겐 예측 불허의 시험문제를 맞이한 것과 같았다.

어떻게 이런 일이 가능했을까? 단일민족국가의 힘이고, 한국인 특유의 위기에 대처하는 열정이다. 같은 역사와 언어, 같은 문화와 교육을 받는 가운데 위기만큼은 꼭 지켜내겠다는 강인한 공동체 의식에서 비롯된 힘이었다. 수많은 침략과 전쟁을 경험하면서 내 나라, 내 땅에서 일어나는 어려움만큼은 어떻게든 극복하겠다는 의지였다. 그런데 IMF 위기를 넘기면서 한국은 글로벌이니 세계화 삼매경에 정신이 없다. 마치 IMF의 위기가 폐쇄적인 민족성에 원인이었던 것처럼 나라의 대문을 활짝 열었다. '세계화'란 화려한 이름으로 나라의 대문을 여는 것이 전 세계가 추구하는 시대적 코드가 아닌가? 물론 그렇다. 세계화의 바람으로 우리 한국이 많은 이익을 가져온 점도 있다. 그러나 화려한 명분과 정당성 뒤에는 항상 어둠과 그늘이 함께 드리워지는 법이다. 우리는 그 어둠과 그늘을 대처할 준비도 없이 대문을 지나치게 활짝 열어놓았다는 사실, 우리가 주목하고 경계해야 할 점이다.

　군인들의 군홧발 소리만 들리지 않을 뿐 영미 대형 로펌이나 병원들의 한국 진출은 이미 전쟁선포라고 해도 과언이 아니다. 현금을 들고 한국의 구석구석을 다니며 부동산 구입에 열을 올리는 중국인들은 정작 이 땅의 주인이 누구인지 의문점을 남긴다. 그들은 모두 섬뜩한 얼굴로 다가오는 것이 아니라, 아주 친밀한 얼굴로 부드럽게 나라의 대문을 열고 들어온다. 마치 초대받은 VIP 고객들처럼 그렇게 우리에게 다가오고 있다. 이것이 우리가 직면한 절박한 현실이다. 필자는 미국에 대한 전문가는 아니다. 그러나 지금 이 시대 미국이 어떤 생각으로 세계를 주도하려는 것인지, 동시에 중국과 미국의 관계성 속에서 미국이 어떻게 변화해 가는지를 알아야 우리 국내의 많은 문제 또한 그 변화에 맞춰갈 수 있을 거라고 기대해본다. 즉, 한국은 어떻게 변화하고 위기에 대처해야 할까? 그 문제를 생각해보자는 것이 필자가 이 책을 집필한 세 번째 이유다.

엄격히 말해서, 이와 같은 현상은 힘의 원리로 문제를 풀어가는 것이기 때문에 같은 한국인이라는 의식이나 같은 민족이란 정신만으로 풀어내기 어려울 수도 있다. 더군다나 한국은 북한과 휴전상태라서 국가안보 문제에 대해 매우 민감한 상황이다. 그럼에도, 세계화와 다문화정책으로 다양한 사람들이 공항을 드나드니 훨씬 복잡하고 골치 아픈 범죄가 늘어나는 것도 사실인데, 그에 대한 법적 규제력은 미흡하기만 하다. 또한, 일본은 한 번씩 독도가 자국의 일부라고 주장하면서 한국을 괴롭히고 있고, 미국과 중국은 서로가 견제하기 위한 수단으로 한국에 압박을 가하는 것도 사실이지 않은가? 군사력을 통해 강압적인 태도를 보이는 시대는 지났다. 대처리즘과 레이거노믹스의 신자유주의 이후에는 경제적 문제가 상당수의 중산층과 약자를 압박하거나 견제하는 사회구조가 되었다. 서민들이 알 수 없는 미래를 향해 불안과 두려움을 가지고 살게 되었다. 앞날을 전혀 예측할 수도 없고, 희망과 기대감이 없는 세상을 살면서 행복과 자유로움을 얘기할 수 있는 사람은 아무도 없다. 도대체 왜 이렇게까지 되었을까?

세계화를 주도했던 미국은 우리와 우호적인 입장인 것은 맞지만, 그들을 섬겨야 할 이유는 없다. 그럼에도, 한국의 많은 엘리트들이 '세계화'란 명분에 대해 지독한 콤플렉스에 빠져있다는 사실을 어떻게 해석해야 할까? 우리는 언어는 물론 미국의 문화와 마인드, 신념, 가치관이 최고인 줄로 생각하고, 항상 우리 안의 문제가 발생하면 그들의 현재와 비교를 한다. 엄밀히 말해서 흉내 내기에 바쁘다. 한국 고유의 모습만 중요한 것은 아니지만, 하나부터 열 끝까지 따라 하기에 바쁘고 모방하는 것은 고유한 아름다움을 상실시키는 행위다. 개성 없이 모두가 비슷한 얼굴로 성형하는 것과 마찬가지 이치다. 나라마다 입장이란 것이 다르고 역사가 다르고 외교적으로 처한 상황이 다른데, 미국과 늘 단편적인 비교는 물론 모든 시스템을 좇아가고 있으니 문화적 식민주의를 자초하는 것이 아닐까 안타까울 정도다. 그럼에도, 사람들 간의 생각과 견해가 다른 부분에 대해 좌와 우로 나뉘고, 옳고 그름이라는 이분법으로 분리해버리는 사례가 많으니 한국인들 간의 대화가 더 어려워진 이유다. 대외적으로 다른 국가에 대해 수용력과 포용력을 보이는 것은 중요한 일이다. 그러나 한국은 북한과 휴전상태라는 특수상황은 물론, 지리적 특성으로 인해 긴장의 끈을 놓을 수 없는 입장이란 사실 또한 망각해선 안 된다.

복잡하게 얽힌 세계 문제와 그 변화의 중심에는 미국이란 나라가 있으며, 미국이 세계 변화를 주도하고 있음은 부인할 수 없다. 미국은 우리가 좋아하든 싫어하든 간에 전 세계의 현재와 미래에 결정적인 역할을 할 것이므로, 반미나 친미의 프리즘을 걷어내고 미국을 있는 그대로 이해해 우리의 시각을 균형 있게 잡아가야 한다. 그리고 이것이 미국의 역사를 새롭게 접하는 태도여야 한다.

물론, 대다수의 미국인들은 성실하고 순진하며, 사소한 법과 질서조차도 너무나 잘 지키며 살아가는 아름다운 사람들이다. 그러나 우리가 좇는 세계화란 결국 미국이 내세우는 가면극을 좇아가게 한 다음, 사실상 그 뒤에 숨어서 시나리오를 짜는 국제금융세력과 극소수 엘리트들의 정확한 계획하에 움직이고 있다면 실감이 될까? 그렇다면 우리는 다음과 같은 질문을 먼저 던져야 한다. 한국인은 우리의 정체성을 강조하며 한국인으로서 살아갈 것인가, 아니면 세계화라는 명분으로 이끄는 세계정부의 국민이 될 것인가에 대한 질문이다. 후자라면 기꺼이 지금 움직이는 대로 가면 된다. 그러나 우리의 정체성을 지키면서 살고 싶다면 무작정 '세계화'라는 이름을 좇아가고 있는 그 길을 잠시 멈추고 되짚어보아야 할 때다. 그렇지 않으면 사회는 지속적으로 이념과 세대갈등, 승자독식구조에 대한 갈등을 비롯한 많은 갈등의 늪에 빠져들 것이 분명하다. 그렇다면 필자는 왜 그렇게 생각하는 것인지 그 근거와 상황, 배경을 살펴보고자 하는 것이 이 책을 집필하는 네 번째 이유다.

물론, 필자는 미국에 머문 동안 만났던 미국 친구들에 대해 아름다운 추억을 가지고 있고, 대다수의 성실하고 정직했던 그들의 모습을 사랑한다. 그리고 미국과 화폐전쟁을 벌이고 있는 중국, 그 안에서 공부하며 만났던 중국 친구들이 나에게 보여주었던 헌신과 사랑을 잊지 못한다. 무엇보다도 부모와 형제를 위해, 그리고 많은 사람이 이 나라에서 평안히 살기를 바라며, 어린 나이에도 총을 메고 6·25전쟁에 참전하셨던 내 아버지, 생을 마감하실 무렵 전쟁터에서 겪어낸 고통을 회고하는 듯 동료들의 이름을 부르던 내 아버지, 그가 마련해준 이 땅의 평화를 너무나 사랑한다.

　필자는 세계화와 신자유주의, 미국이 보여주는 갈등만을 표현하고 싶은 것이 아니라, 미국 대륙에 처음 발을 디뎠을 때 선조들의 도전과 개척, 진정한 자유를 위해 불의에 저항하던 개국정신이 다시 일어설 수 있기를 간절히 바란다. 그래서 민주주의와 자유를 위해 싸우던 미국 선조들의 정신이 이 시대에 다시 일어나서 세계 각국의 모범이 되고 모델이 되기를 소망한다. 또한, 끊임없는 역사적 시련과 위기를 극복하며 내 부모와 선조가 이 나라를 위해 흘렸던 눈물과 숭고한 희생을 기억하며, 모두가 함께 행복하고 인간답게 살 수 있기를 희망한다. 그것이 필자가 이 책을 위해 6년의 시간을 잡고 집필한 가장 큰 이유다.

Part 2 미국이 원하는 리더는 모세인가

Part 3 미국의 불편한 진실을 찾아서

Part 4 욕망이라는 이름의 신자유주의

GLOBALIZATION

Part 1

"I have a dream"
미국 그리고 세계화

"I have a dream", 미국

마틴 루터 킹 목사의 '꿈'

나에게는 꿈이 있습니다. 어느 날 이 나라는 성장할 것이고, 진실의 신념이 현실화되는 꿈입니다. '우리 모든 인간들은 평등하게 태어났다'는, 그 누구도 부인할 수 없는 자명한 이 진리를 지켜야 합니다.

나에게는 꿈이 있습니다. 어느 날 조지아 주의 붉은 언덕에, 과거 노예들의 아들들과 과거 노예 소유주들의 아들들이 형제의 테이블에 함께 어깨동무를 하고 앉아 있게 되는 꿈입니다.

나에게는 꿈이 있습니다. 어느 날 미시시피 주에, 불공평함과 부정이 들끓는 이 무더운 대지에, 압제와 차별의 열기에 지친 이 대지에, 자유와 정의의 오아시스로 채색되고 물들일 변화의 날이 올 것이라는 꿈입니다.

나에게는 꿈이 있습니다. 제 어린 4명의 아이가 그들의 피부 색깔에 따라서 판단 받지 않고, 그들이 지닌 인격으로 판단 받으며 이 국가에서 살아가는 날이 올 것이라는 꿈입니다.

　나에게는 꿈이 있습니다! 그 어느 날을, 지금은 악덕한 인종차별주의자의 입술에서, 주지사와 정치인들의 입술에서 '간섭'이니 '무효'니 하는 말이 넘쳐나고 있는 이 앨라배마에서…, 어느 날 이 앨라배마에서 어린 흑인 소년들과 어린 흑인 소녀들, 어린 백인 소년들과 어린 백인 소녀들이 형제와 자매처럼 함께 손을 마주 잡고 어울리는 그날이 올 것이라는 꿈입니다.

　마틴 루터 킹 목사가 1963년 8월 28일 워싱턴 링컨 메모리얼 동상 앞에서 연설한 내용이다. 그 후로 그의 언어들은 미국을 상징하는 꿈의 대명사처럼 되었고, 그의 강연장에서 쏟아져 나온 명언들은 인권과 평화, 자유와 행복을 보장받을 수 있는 미국의 아름다운 이미지로 기억되고 있다. 어떤 말이었을까?

　그는 "무엇인가를 위해 죽을 각오가 없는 인간은 오랫동안 살아남지 못한다…. 신념은 네가 모든 계단을 볼 수 없을 때조차도 첫 번째 걸음을 내딛는다…. 악을 수동적으로 받아들이는 인간은 악을 저지르기 위하여 돕는 일에 뒤얽혀 있다. 악에 대하여 대응하지 않고 악을 받아들이는 인간은 실제로 악에 대해 협력하고 있는 것이다."라고 했으며, 아인슈타인과 함께 "역사는 이 사회적 변화의 시기에 가장 엄청난 비극이 나쁜 사람들의 귀에 거슬리는 외침이 아니라, 훌륭한 사람들의 무시무시한 침묵이었음을 기록할 것이다."라고도 말하였다.

　마틴 루터 킹 목사의 말에 대중이 환호했던 이유는 무엇일까? 미국의 문화 코드를 정리하는 데서부터 시작할 수 있겠다. 미국은 자유,

행복, 평등, 개인주의, 인권, 법치주의, 다문화주의, 개척정신, 청교도 정신, 실용주의, 과학의 신뢰 등으로 상징되는 나라다. 안타깝게도 지금의 미국은 미국이 말하는 본연의 정신을 많이 상실하고 있으며, 오늘날 미국인의 삶을 들여다보면 다양한 모순점을 만나게 된다. 어느 나라 역사든 회고와 성찰 없이는 초심을 상실하기 쉽다. 특히, 세계 강대국임을 자처할 때에는 더 말할 것도 없다. 이때 선한 사람의 침묵, 특히 그가 지식인이라는 입지에 서 있을 때의 침묵이란 날카롭고 예리해져야 할 펜촉을 뭉그러뜨리는 일과 같고, 몸속에 암을 키우는 일과도 같을 것이다. 마틴 루터 킹 목사의 신념을 미국이 기리는 이유다.

미국의 개척정신과 청교도 정신

미국 대륙을 개척했던 미국의 정신은 어디서부터 출발하는 것일까? 그들의 초심을 발견할 수 있는 청교도 정신에서부터 그들의 이야기를 시작해보기로 하자.

육지의 발을 딛는 순간 우리 일행은 너무나 감동하여 모두 그 자리에 무릎을 꿇었다. 그 거대하고 흉물스런 바다를 무사히 건너게 했을 뿐만 아니라, 온갖 위험과 고통 속에서 우리를 지켜주시고, 창조주께서 인간을 만드실 때 사용했던 그 '흙'으로 이

거룩한 대지 위에 발을 내디딜 수 있도록 해주신 하느님께 감사의 기도를 드리기 위해서였다…. 그러나 이제 바다는 간신히 건넜으나, 우리 앞에는 또 다른 '험악한 대지'가 도사리고 있었다. 이곳에는 우리를 반겨주는 사람도, 긴 여정에 지칠 대로 지친 몸을 맡기고 기력을 회복해 나갈 잠자리 하나도 없었다…. 성경에는 피신을 당한 사도와 그 일행을 도와준 이방인의 이야기가 나오지만, 이곳 야만인들은 우리 일행에 대해 적개심으로 가득한 눈빛으로 언제든지 화살을 쏘아댈 자세를 취하는 것이었다….[1]

험난한 여정을 거쳐 육지에 첫발을 내디뎠을 때 그들은 너무나 감동했다. 그러나 감동이 얼마나 되었을까? 그들이 만난 것은 적개심으로 가득한 원주민들의 따가운 시선과 화살뿐이었다. 하느님에 대한 굳건한 믿음으로 그 거칠고 험난한 여정을 건너왔는데, 그들이 마주친 현실은 너무나 참혹했다. 그렇다면 그들이 이렇게까지 거친 여정을 거쳐 아메리카 대륙, 매사추세츠 주에 정착했던 이유는 무엇이었을까?

영국에 있을 때부터 청교도들은 캘빈 사상의 영향을 강하게 받아왔다. 그래서 그들이 직면한 모든 사회적, 경제적 혼란을 인간의 부패와 타락이라는 맥락에서 이해하고자 했다. 그들은 인간의 타락은 한 개인의 노력으로는 회복이 어려우며, 오직 하느님의 은총으로만 회복이 가능하다고 믿었다. 그러자면 영국 국교회가 내세우던 권위적

---

1 William Bradford, 『Of Plymouth plantation』, Harvey Wish ed., Capricorn Original, New York, 1962년, 54쪽 참조.

이고 형식적인 것이 아니라 그보다 더 내면적으로 다져진 사랑의 공동체를 형성하는 일이 우선이었다. 믿음과 사랑으로 이루어진 아름다운 공동체 말이다. 이것이 그들이 목숨을 걸고 새로운 땅을 만나야 했던 이유다.

청교도들은 '질서의식'에 따라 신분상의 높음과 낮음, 부와 가난, 통치와 복종이 서로 조화를 이루면서 위계질서를 지키는 사회를 이상으로 삼았다. 그들은 영국의 모든 불행이 사회의 구조적 잘못에서 발생한 것으로 판단하고, 매사추세츠에서는 하느님의 뜻에 일치하는 새로운 사회구조와 믿음의 공동체를 건설하고자 했다. 더러는 혹독한 추위와 외로움과 싸우고 더러는 부당한 것과 치열하게 싸웠다. 그들은 퓨리터니즘을 신앙과 삶의 기본 가치로 생각하고 각자의 삶 안에서 그 뜻을 실현하고자 도전했던 사람들이다.

영국에 종교개혁이 일어났을 때 그들은 기꺼이 그것을 지지했다. 그러나 개혁이 제대로 실현되지 못하고 잘못되었다고 판단했을 때 그들은 어떤 선택을 했을까? 영국의 국교회는 물론 사회까지도 등지는 결단을 내리며 도전장을 내밀었다. 과감히 그들의 나라를 등지고 새로운 대륙을 찾아 나선다는 것은 결코 쉬운 일이 아니다. 새롭지만 척박하고 하나부터 열 끝까지 서툰 일과 낯선 사람에 대해 배워나가야 했다. 익숙하지 않다는 것은 사람을 끝없이 무력하게 만들며, 포기하고 싶게 만드는 일이다. 그럼에도, 그들이 느끼는 끊임없는 결핍과 아픔은 거듭 용기를 내고 서로를 격려하게 하였다. 그들이 아메리카 대륙 동북부 뉴잉글랜드에 온 것은 교회 본연의 의미를 되찾기 위한 사명감 같은 것이었다. 이 '광야에 하느님의 심부름'을 온 것이라는 믿음과 함께 말이다.

그들은 비교적 자율적인 '퓨리턴공화국' 건설을 외치며 모국의 간섭을 받지 않았다. 그러나 그 공화국의 법적 근거가 영국 왕실(정부)이 발급해준 식민지 허가장에 있다는 것도 또렷이 기억하고 있었다. 그들이 추구하는 것은 무엇이었을까? 모국 정부의 간섭을 최대한 배제한 가운데 좀 더 자유롭고 자치적인 식민지를 건설하는 것이었다. 더러는 혹독한 추위와 싸우며 외롭고 쓸쓸한 광야에서의 고독을 이겨나갈 수 있었던 것은 신앙의 힘이었고 정의를 위한다는 신념이었다. 따라서 모국의 부당한 청구에 대해서 저항할 것은 저항해야 했지만, 그들에게 고향은 늘 그리운 곳으로 남아있었던 것도 사실이었다. 그들은 거의 한 세기 동안 뉴잉글랜드를 정신적으로 지배하면서 역사를 만들었고, 다른 지역보다 월등한 경제력과 우수한 지적 전통을 바탕으로 초창기 미국역사의 기틀을 마련해 나갔다.

보스턴의 급성장은 식민지 토지분양정책에도 영향을 끼쳤다. 하지만 토지 분양정책을 둘러싼 분쟁의 직접적 원인은 식민지 사회, 특히 그 계층구조 자체에 문제가 있었다. 당시 식민지에서는 젠트리가 상류계층의 핵심을 이루었고, 그 아래 일반주민은 상류계층의 신분을 받쳐주는 역할을 하고 있었다. 영국에 있을 때부터 부와 사회적 지위를 누렸던 상류계층은 뉴잉글랜드에 와서도 여전히 그런 생활을 누릴 수 있었다. 그들은 영국에서부터 지켜져 오던 위계질서를 그대로 뉴잉글랜드에 옮겨놓으려 했고, 일반주민도 이런 사회질서를 자연스레 받아들였던 것도 사실이다. 마치 자석에 이끌리듯이 사람들은 문화와 정서가 비슷한 사람들끼리 모여 교류함으로써 심리적 안정을 도

모하기 때문에 어떤 사회에서든 일어나는 현상이었다. 그러나 퓨리턴 공동체의 지도자들 생각은 어느 한 편에만 기울어질 수는 없다고 생각했다. 개인의 이익과 공동체의 이익, 유능하고 힘 있는 소수의 상류층과 절대다수를 차지하고 있는 힘없는 서민층 사이에서 어떻게 해야 서로의 상반된 주장을 조화시켜 나갈 수 있을지 고민했다. 왜일까? 그들이 새로운 땅을 밟으면서 꿈꾸던 것은 오직 탄탄하게 구성된 사랑의 공동체를 형성하는 일이었다. 그들이 처절하게 자연과 싸우며 이 땅을 밟은 원인과 초심을 결코 잊을 수 없었던 이유다.

개인이 토지를 소유하고 물질적 풍요를 누릴 기회가 많아지면 많아질수록, 지도자들이 지녀온 아름다운 꿈은 퇴색되어 가는 법이다. 사람들은 하느님께로부터 오는 영적, 신앙적 풍요보다는 세속의 풍요에 더 큰 관심을 기울이게 되었다. 교회와 가정에서의 거룩함과 도덕성 구현을 위해 노력해오던 모든 규제에 대해서 주민들이 차츰 외면하기 시작했으며, 더러는 심한 반발을 했다. 결핍에서 오는 간절한 욕구보다는 풍족함에서 오는 호사로움에 입맛이 길들여질수록 내적·영적 아름다움을 향한 추구는 사라져버렸다. 소유욕이 불러일으키는 최고로 무서운 장면이다.

이런 보스턴의 분위기를 신앙적 분위기로 다시 가열시킨 것은 콧튼 목사였다. 그는 영국에 있을 때부터 교회개혁에 앞장섰을 뿐만 아니라, 특히 국민들 사이에 퍼져 있는 온갖 불신과 종교적 미신행위 타파에 힘써 왔다. 어떤 노력부터 해야 했을까? 교회 사역자들이 가장 먼저 선택한 방식은 평신도들이 실제 삶에서 교리를 좀 더 쉽게 이해시켜 나가는 일이었다. 또한, 식민지정부는 그들의 신념이 약화되는 공동체를 우려해, 즉 교회 정회원에게만 시민권을 부여하는 규정을 엄격히 지켜나갔다.

매사추세츠 식민지는 나름대로 교회를 중심으로 식민지 차원에서 퓨리턴 공화국의 명분과 자긍심을 지키고 있었다. 그러나 불행하게도 매사추세츠 식민지에는 날로 다양해지기만 하는 주민 구성과 직업 외에도 개개인의 출신배경, 개인적 욕망, 각자의 인생관 등으로 심각한 이질성이 드러나고 있었다. 매사추세츠 식민지는 나름대로 교회를 중심으로 식민지 차원에서 퓨리턴 공화국의 명분과 자긍심을 지키고 있었다. 그러나 점차 원래의 이상보다는 자기 이익과 개인적 가치를 좇아가기에 바빴다. 가치관이 다른 다양한 사람들이 늘어나면서 물질의 유혹은 그들 최고의 신념과 희망을 서서히 무너뜨려 갔다.

현실적 신앙 전통으로서의 퓨리터니즘은 17세기 말에 이미 그 위치가 흔들리고 18세기 중반 이전에 거의 모습이 사라지게 된다. 그러나 그 전통은 미국을 지탱하는 거대한 힘, 사상적 흐름으로 전환하면서 생명력을 이어갔던 것도 사실이다. 따라서 "미국에 퓨리터니즘이란 무엇인가?"라는 질문은 미국의 역사와 문화를 질문하는 뿌리가 된다. 즉 "미국의 가치와 신념은 무엇인가?", "미국을 만든 원동력은 무엇인가?"라는 물음과 직결돼 있다.

사라져 버린 아메리칸 드림

　　2010년 8월 28일 수십 만의 인파가 워싱턴 링컨 메모리얼을 가득 메웠다. 마틴 루터 킹 목사가 〈나는 꿈이 있습니다〉란 연설을 했던 47주년이 되는 날이었다. 글렌 백 목사와 사라 페일린이 주도한 풀뿌리 보수 티파티 운동2 모임이었다.

　글렌 백 목사는 미국의 창시자, 청교도와 미국을 창시한 신념을 따라 하느님에게로 다시 돌아가야 한다고 주장했다. 미국이 추구하던 전통적인 정신과 꿈을 되찾아야 한다는 것이다. 티파티 운동에 참여한 사람들은 미국이 정말 위험한 순간에 놓여있다는 두려움 때문에 나서게 됐다고 밝혔다. 필자 역시 미국에 머문 동안 미국에 대해 위기감을 갖는 그들의 생각에 깊이 공감을 한다. 그런데 그들이 미국의 정신과 꿈을 되찾아야 한다는 내용은 무엇이었을까?

　불행하다고 느끼는 미국의 티파티 운동가들은 자신들의 권리회복을 주장하는 것이 초점이었다. 이들은 반이민 정책과 이라크 정책을 옹호하는 일과, 부유층에 대한 세금인상을 반대하고 이슬람 센터의 그라운드 제로 설립도 반대하는 것이 핵심이었다. 2010년 8월 마지막 날, 오바마 대통령은 이라크전의 종전을 고했다. 7년의 전쟁 동안 4천 416명의 군인들이 희생됐다. 미국인들은 이들의 희생을 가슴 아파하고 있다. 그러나 티파티 운동가들은 무려 10만 명이나 되는 무고

---

2 '보스턴 티 파티'는 1773년, 차(茶)를 두고 물린 영국의 세금정책에 항의해 영국산 차를 바다에 던져버린 시위에서 유래된 사회운동이다. 이것을 기념하여 매 시대에 드러나는 사회의 문제를 '티 파티(Tea Party)'를 통해 표명하는 데 의의를 두고 있다.

한 이라크인들이 사망한 것은 무시한다. 또한, 멕시코인의 불법이민에 분노하지만, 멕시코 이민자들이 이 땅에 가져다준 것이 무엇인지 심각한 고민의 흔적은 없다.[3]

마틴 루터 킹 목사가 말하는 하느님과 글렌 백 목사가 말하는 하느님은 분명 같은데, 그들이 추구하는 꿈은 왜 이렇게 다른 것일까? 맨 처음 미국 대륙을 개척하고 불의에 저항하며 시작되었던 청교도의 정신은 어디로 사라진 것이며 티 파티 본래의 의미는 어디로 사라져버린 것일까?

한때 '아메리칸 드림(American Dream)'은 미국의 이상이며 세계인들의 선망의 대상이기도 했다. 그러나 개척 신화가 물질만능주의로 변하고 도전과 모험정신은 새로운 이방인들의 문화와 신념으로 바뀌어 가는가 하면, 개인주의는 이기주의로 변질하였다. 제레미 리프킨(Jeremy Rifkin)과 같은 학자들의 견해에 따르면 미국은 확실히 무너져가고 있다. 그럼에도 미국인들은 세상의 근본적인 변화는 '선택받은 나라' 미국이 주도하리라 믿고 있다.[4] 왜 그럴까? 마르크스 러너(Max Lerner, 1902~1992)의 말에서 그들의 생각이 고스란히 드러난다. "좋건 나쁘건 미국은 미국이다. 미국은 여러 특징적인 권력의 모습과 그 자체의 의미를 가진 독립적인 문화이다."

---

3 장명술, 보스턴 코리아 편집장, 『링컨 메모리얼에서의 동상이몽(The Boston Korea)』, 2010년 9월 3일.
4 졸고, 『세계화 속의 한국교육』, 2012년, 76쪽 참조.

미국, 거부할 수 없는 그 힘

팍스 아메리카나(Pax Americana)는 '미국의 지배에 의한 세계 평화'를 의미하는 것으로 사실상 미국 패권주의를 가리킨다. 1997~2002년 프랑스 외무장관을 지낸 웨베르 베드린(Hubert Vé-drine)의 주장에 따르면 "오늘날 미국의 패권적 지위는 경제와 통화, 군사, 생활방식, 언어와 전 세계를 풍미하는 대중문화 상품에까지 미치면서 하나의 사조를 이루어 미국에 적대적인 사람과 나라들까지 사로잡고 있다." 영국의 『이코노미스트(Economist, 1999.10.23.)』도 맞장구를 쳤다. "미국은 지구 위에 걸터앉은 거대한 괴수와 같다. 미국은 비즈니스와 상거래, 통신을 지배하고 경제는 세계에서 가장 큰 성공을 거두고 있으며, 군사력은 그에 필적할 나라가 없다."[5]

신분제와 계급제에 기반을 둔 봉건제도가 없었기 때문에 미국인이 개인주의적 사상을 가질 수 있었고, 세습적 귀족도 없고 농노계급도 없는 미국 사회를 평등하고 민주적이라 생각했다. 또한, 세계인의 머릿속에 미국은 지위상승의 기회가 풍부할 뿐 아니라 평등하게 보장되었으며, 개인의 능력이 정당하게 평가받을 수 있는 나라라고 각인되어 있다. 많은 사람이 미국을 흠모하는 이유다. 그러나 미국인들의 삶을 들여다보면 위의 내용과 달리, 많은 부분에서 모순을 만날 수가 있다.

봉건제도가 없었던 대신 흑인 노예제도의 역사가 있었고, 이민자들

---

5 랑셴핑(郎咸平) 지음, 이지은 옮김, 『부자 중국 가난한 중국인(我們的日子爲什麼這麼難)』, 東方出版社, 미래의 창, 2011년 참조.

로 이뤄진 이민국가임에도 새로운 이민자를 경계하는가 하면, 정의와 평화를 사랑한다지만 총기와 무기로 인한 사고와 전쟁은 늘어나고, 테러의 위협에 불안감과 경계가 강화되고 있다.

경이로운 기술적 진보가 함께했는가 하면 가난과 기아, 너무나 엄청난 부자계층, 꽤 잘나가면서도 현재 지위를 지키는 데 전전긍긍하는 또 하나의 계층, 그리고 그 어마어마한 풍요를 지켜보며 상대적 절망과 비참 속에 살아가는 남자·여자·아이 계층, 이토록 극명한 대조 속에서 범죄와 폭력, 마약중독이 생겨난다는 게 과연 놀라운 일일까?[6] 1980년대 레이건 행정부 집권 이후부터, 부자들은 더 큰 부자가 됐고, 가난한 이들은 더욱 가난해졌다.

그러나 이 모든 논쟁과 논란에도, 또 전 미국 대통령이었던 지미 카터(Jimmy Carter)의 "설령 유일한 최강국이라고 할지라도, 결과를 보면 항상 그 수단이 정의로웠던 것은 아니다."[7]라고 하는 말에도 불구하고, "미국은 모든 면에서 다른 국가들과는 다르다.[8]"고 하는 그들만의 우월의식과 특권의식은 종교와 같다. 그래도 '미국은 미국이다'라는 것이다. 이러한 자부심은 많은 미국인들로 하여금 그들만의 독특한 개성과 긍지를 가지게 하는 점이다.

도대체 미국이 그렇게 생각할 수 있는 배경은 무엇일까? 역사적으

---

6 하워드 진 지음, 이아정 옮김, 『오만한 제국(Declarations of Independence)』, 당대, 2001년, 265쪽 참조.

7 Jimmy Carter, 〈Have We Forgotten the Path to Peace?〉, 『New York Times』, May 27, 1999의 내용을 Chalmers Johnson, 『Blowback』, HOLT, 2004년, 94쪽에서 재인용.

8 Chalmers Johnson, 『Blowback』, HOLT, 2004년, 서문 참조.

로 볼 때 칼뱅주의자들의 운명예정설은 하나의 막강한 힘이었다. 희망을 잃고 불확실한 세계에 살던 중산층들은 운명예정설로 에너지를 받고 삶의 의미를 찾을 수 있었다. 사실 특별히 선택되었다는 신념과 확신은, 최첨단시대를 살고 있는 지금 이 시점에도 여전히 우리 인간에게 막강한 힘과 삶의 희망을 준다. 그것은 한 개인의 성격이나 그 집단의 실제 성격이 어떠한지는 전혀 관계가 없다.

이에 대해 진 립먼-블루먼(Jean Lipman-Blumen)은 다음과 같이 설명하고 있다.

소위 '선택받은' 사람들은 그들의 특별한 지위가 자신을 대단한 존재로 만들 뿐 아니라 자신을 성스러운 중심에 있게 해준다는 믿음으로 인해 강인함과 결단력을 가질 수 있게 했다. 역사적으로 살펴보면, 선택받은 사람들이 그 특권을 위해 목숨까지 바치는 경우도 자주 있었다.[9]

그러나 그 중심에는 다음과 같은 위험이 존재하고 있다. 즉, 중심에 서 있는 사람들은 자신이 무슨 짓을 저지르고 있는지 정확히 모를 때가 있다는 점이다. 그리고 배타적인 성향이 있어서 특권 계층 바깥에 있는 사람들로부터 조언을 듣거나 잘못되었다는 지적을 거의 받아들이지 않는다는 것이다.[10]

---

9   Jean Lipman Blumen, 『The Allure of Toxic Leaders』, Oxford, 2005년, 62쪽 참조.

10 Irving Janis, 『Victims of Grouptbink: A Psychological Study of Foreign-Policy Decisions and Fiascoes』, Boston: Houghton Mifflin, 1992년의 내용을 Jean Lipman Blumen, 『The Allure of Toxic Leaders』, Oxford, 2005년, 62~63쪽에서 재인용.

미국의 제도는 완벽하다고 믿는 것도 대부분의 미국인들이 고수하고 있는 신앙이다. 또 다른 경제학자 레스터 C. 서로우의 주장에 따르면 "미국 제도는 더할 나위 없이 완벽해서 더 이상 발전시킬 수가 없다는 것은 미국 특유의 관점이다. 미국의 국부인 토머스 제퍼슨, 조지 워싱턴, 벤저민 프랭클린은 신과 같았다. 혹 신은 아니었더라도 생존했던 누구보다도 가장 완벽했다고 여겨지고 있다. 그들은 더 이상 발전시키지 않아도 될, 영원히 지속될 수 있는 유일무이의 제도를 고안했다. 과거에도 완벽했고 현재에도 그렇다. 따라서 미국의 국부들은 세계 다른 나라들의 경우와는 의미가 다르다.[11]"고 한다.

미국인들은 건국 초기부터 미국의 이익 증진이 전 세계와 인류의 이익 증진이 될 것이라는 신념 속에서 살아왔다. 그런 신념은 사회 전반적으로 이뤄지는 교육을 통해서였다고 말할 수 있다. 미국에서의 교육을 들여다보면 아주 어릴 때부터 미국이 세계에서 가장 부자이고, 최고의 강대국이라는 믿음을 주입시킨다. 영국을 등지고 청교도인들이 미국을 처음 개척하게 한 것은 하느님이 미국을 너무나 사랑하기 때문이라고. '신이 너무나 사랑하는 사람들'이라는 믿음보다 더 든든한 신념도 있을까? 따라서 미국은 사회의 안녕을 위한 법과 제도, 질서가 너무나 완전하여 전 세계의 롤 모델이라는 자부심과 긍지로 가득하다.

너무나 아름다운 자연과 풍부한 천연자원을 누릴 수 있음은 물론, 최첨단을 달리는 무기가 가득하여 세계의 정의를 위해서라면 기꺼이 그 무기 창고를 활짝 열 수 있으며, 그때마다 수많은 애국자를 탄생시

---

11 Lester Thurow, 『Head to Head』, Morrow New york, 1992년, 261쪽 참조.

컸다는 자부심으로 가득하다. 그들은 세계가 본받을 만한 교육을 받았고 최고의 부유함을 누렸음은 물론, 무엇보다도 하느님의 특별한 사랑을 받은 나라로서 그 사랑을 세계인에게 전해주어야 할 책임과 의무를 행해야 한다는 선민적 우월주의를 가지고 있다.

따라서 미국은 많은 부분을 누리며 살아왔기 때문에 세계의 미국화를 추진하고 있고, 그것이 세계인에게도 큰 축복이라는 신앙을 굳게 믿고 있다. 물론, 그들이 세계를 이끌어가고자 하는 열정과 선민적 우월주의에 대해 일정 부분 공감할 수 있다. 무엇보다도 대다수 미국인들이 존중하는 법과 질서, 윤리의식과 같은 부분에 대해서는 경의를 표하고 싶다. 그러나 미국은 역사서를 신화적이거나 영웅적인 측면에서 기술해왔기 때문에 자국에 대한 자부심이 많지만, 반대로 자국이 저지른 실수나 범죄는 거의 다루지 않는 성향이 많다. 따라서 학생들이 다른 나라에 대한 지식이나 반대적 입장에 대해서는 믿기 어려울 정도로 무지하다. 미국은 이 어둠의 그늘을 드리운 것도 망각한 채 그들이 믿는 우월주의를 앞세워 세계화하겠다고 나섰다.

윌리엄 블럼(William Blum)이 그의 저서 『불량국가(Rouge State: A Guide to the World's Only Superpower)』에서 내린 결론은 결코 과장이라고 볼 수 없다. "미국은 세계를 향해 이렇게 말한다. '우리의 무기를 사라. 우리의 군대와 우리의 자본이 그대들의 땅에 마음대로 들락거릴 수 있게 하라. 그리고 그대들의 지도자들이 무엇을 결정하든 우리가 거부할 수 있는 권리를 달라. 그러면 우리는 그대들을 지켜줄 것이다.'"[12]

---

12 김민웅, 『밀실의 제국: 전쟁국가 미국의 제국 매커니즘』, 한겨레신문사, 2003년 내용 참조.

위대한 개츠비와 데이지

　　제1차 세계대전이 끝나고 미국이 유례없는 번영을 누리던 1920년대를 배경으로 쓰인『위대한 개츠비』를 기억하는가? 우연히 한 여인을 사랑하게 된 개츠비. 그가 사랑한 여인은 그가 태어나고 자라면서 단 한 번도 보지 못했던 부유하고 환상적인 성곽에 사는 매력의 상징 그 자체였다. 그에게서 그녀는 동경의 대상이었으며 화려한 꿈이었고, 무엇이든 매혹적으로 그려지는 대상이었다. 그녀의 이름은 데이지. 그 여인과 잠시 사귀던 개츠비는 전쟁과 자신의 가난 때문에 헤어지게 된다. 다시 만나게 되기까지 그는 정말 열심히 돈을 벌어 성공을 한다.

　개츠비는 이미 다른 사람과 결혼해서 살고 있는 그녀의 성곽 맞은편에 자리를 잡아 매일 화려한 파티를 열게 되는데, 그 이유는 오로지 그녀를 다시 만나려는 그의 순진한 마음과 열정 때문이었다. 데이지를 다시 만나게 된 개츠비는 심정적으로 그녀 역시 변치 않고 자신과 꼭 같은 마음으로 자신을 사랑하고 있을 것이라고 믿는다. 그런 믿음에 의심의 여지조차 갖지 않았다. 그는 그녀를 다시 만난 사실에 행복했다. 그러던 어느 날 개츠비는 그녀와 함께 차를 타고 드라이브를 하던 중 그녀가 남편의 정부를 차로 치게 된다. 개츠비는 그녀가 사고를 낸 것이 아니라고 보호하지만, 그녀는 그가 모든 일을 조작하고 꾸민 것처럼 주변에 얘기를 흘린다. 그리고 개츠비는 어떻게 되었을까? 차에 치여 죽은 정부의 남편 총에 의해 사살된다. 그의 장례식엔 평소 그의 화려한 파티에 몰려오던 그 어떤 사람들의 발걸음도 없었다.

그녀가 사랑했던 여인은 순수한 동심에서 바라볼 수 있는 여인이 아니었다. 자기 이기심과 탐욕 자체가 습관과 본성처럼 몸에 배어 있는 사람이었다. 평범한 사람들이 생각하고 행동하는 정서의 소유자가 아니었다. 어려서부터 그 성곽 안에서 함께 어울리던 사람들과의 교류를 통해서 그들끼리만 공유하고 있는 생각 이외엔 할 줄을 모른다. 그 성곽 안에서 만들어진 탐욕의 소유자였다. 어쩌면 미국이란 나라 뒤에 가려진 인물이 개츠비가 사랑했던 데이지일지도 모른다. 그리고 끝내 이기심으로 가득한 그녀가 무엇을 상징하는지조차 모른 채 많은 사람은 이 땅에 태어나고 성실히 살다가 이 땅을 떠나가는 것일지도 모른다.

필자 역시 개츠비가 사랑하던 데이지가 곧 미국을 상징하는 인물이 아니길 바란다. 그리고 링컨이나 존 F. 케네디와 같은 미국 대통령이 평등과 정의의 방어막이 되어주었듯이, 미국의 대통령들이 그런 진정성을 가지고 역사를 이어가기를 바란다. 루스벨트의 그 인간미와 호소력의 뒷면에는 미국 국민이 겪어내야 할 참혹한 경제파탄과 타협이 있었다는 사실이 세상에 채 드러나지도 않았지만, 역사 안에서 서서히 드러나 사람들을 놀라게 했다.

세계화와 신자유주의를 주도하는 지금의 미국이 1920년대의 미국 경제구조와 똑 닮아있다는 것은 소름 끼치도록 두려운 일이다. 버락 오바마 대통령이 취임 후 많은 사람이 열광하고 매료당했던 것은 사실이다. 그런데 결국 미국 정부를 쥐락펴락하는 월가와 국제금융세력의 힘에 타협해버림으로써 그의 임기 동안에 펼친 노력이 한 편의 가면극이었던 것으로 마무리되지 않길 간절히 바란다. 필자를 비롯한 우리 모두는 그가 링컨이나 존 F. 케네디와 같은 역할을 맡아줄 것을 희망한다. 그렇게 희망하는 까닭은 전 세계의 행복과 자유가 미국 그 뒤에 가려진 국제 금융세력에 달렸고 그들과 미국의 리더들이 어떻게 움직이는지에 달렸다고 해도 과언이 아닌, 우리는 그런 세상을 살고 있기 때문이다. 그리고 그 희망이 없다면 세계를 쥐락펴락하는 극소수자의 탐욕과 이상으로 이루어지는 이 참혹한 경제전쟁을 견뎌낼 재간이 없는 까닭이다.

'세계화',
그 아름다운 이름의 마법사

　　세계화를 추구하는 일은 쌍수를 들고 환영할지 모르지만, 상당수의 미국인은 도대체 주변의 국가에 대해 무관심하거나 무지한 경우가 많다. 2012년 여름, 싸이의 「강남 스타일」이 미국을 뒤덮은 이래 K-Pop과 함께 한류에 대한 관심이 고조되는 것은 사실이다. 그러나 평범한 미국인들에게 '세계화'란 단어는 아직 낯선 말이다. 따라서 미국 전체 인구의 30퍼센트 국민만이 여권소지자란 사실은 여전히 의아하지가 않다.

　　그럼에도 그들은 세계의 영웅은 모두 미국에 모여 있고, 그들의 신념과 가치는 세계 전체를 통제할 만한 것이어서, 그들은 늘 세계인들에게 가장 좋은 이상향을 소개해주어야 한다고 생각한다. 미국은 건강하고 미국이 추구하는 것은 언제나 세계의 평화만을 위한 것이며, 미국의 유명학자들이 내세운 이론은 이미 그 정당성과 합리성이 입증된 최고의 논리인 것처럼 부각해왔다.

　　미국이 주도했던 21세기의 세계화에 대해서 친세계화와 반세계화에 관련된 자료는 상당히 많다. 이러한 자료를 살펴보면 세계화의 미화된 부분과 악덕을 동시에 찾아낼 수 있다. 그러나 상당수의 내용이 경제통합과 부패, 환경적인 파괴와 폭력적인 힘에 관한 것임은 부인할 수 없는 사실이다. 따라서 친세계화 세력의 열광은 그들에게 가해진 비판세력과 세계경제의 침체로 인해 다소 약화된 것도 사실이다. 그럼에도 불구하고 각 나라 고유의 언어나 문화, 정서를 삼켜버린 세계화의 추세와 도약은 아무리 거부한다고 할지라도 이미 엄청난 위력을 과시하며 우리의 생활 안으로 성큼 다가오고 있다. 무엇보다도 세계화는 신자유주의와 긴밀한 관계를 드러내며 우리의 생활 깊숙이 들어와 도전장을 내밀었다.

레스터 C. 서로우 교수는 세계화 반대자의 논리에 반기를 들면서 친세계화를 옹호했다. 그의 논리는 세계화가 가난을 퇴치했다는 것에서 출발한다. 그는 1700년의 세계에서부터 이야기를 시작한다. 그 당시 세계에서 가장 부유한 나라와 가난한 나라 사이의 1인당 GDP는 거의 같았다. 그 뒤 3세기 동안, 세계화는 빠르게 진행, 2000년이 되었을 때 가장 부유한 나라의 1인당 GDP는 가장 가난한 나라보다 140배가 커졌다는 것이다. 세계화가 진행되면서 빈곤 자체는 현격하게 줄어들었지만, 빈부격차는 상당히 늘어난 수치다. 친 세계화를 주장하는 이들은 세계화가 거의 모든 나라의 생활 수준을 향상시켜 줌은 물론, 미래에 등장할 새로운 문제들을 해결해줄 것이라고 주장한다.

세계정부는 이러한 환경과 배경하에서 등장했다. 빈곤과 기아, 환경, 인권, 난민, 핵확산, 테러 등 전 인류가 공동 대처해야 할 문제들이 점점 많아지고 있는 지금, 협력과 공존을 기반으로 하는 세계 정부는 국제사회의 새로운 패러다임으로 떠올랐다.[13] '세계화'가 가파르게 퍼져 나가면서 일상생활에서 '세계의 정부'나 '세계의 화폐'에 대해 거론하는 횟수도 가속화되고 있다.

범국제화 속에 돈은 어디로 흘러가는가

국가가 유지되기 위해선 주권, 국민, 영토라는 세 가지 조건이 만족되어야 한다. 그러나 1970년대부터 그러한 조건이 국가마다 차츰 희미해지고 있다. 따라서 이 시대 모든 정부가 직면한 문제는 점점 더 개별 국가적 행동으로 해결할 수 없는 것이 많아지고 있다는 점이다. 이런 상황에서 가장 심각한 문제는 무엇일까?

돈의 통제는 소위 주권의 핵심적 영역에 속한다. 그러나 돈은 국민국가의 고삐를 풀고 빠져나갔다. 돈은 범국제적으로 되어버렸다. 돈은 이제 더 이상 국민국가 혼자 또는 그들의 공동 노력으로도 통제할 수 없다.[14] 국제금융시장에서 매일 거래되고 있는 돈의 규모는 엄청나 개별국가의 통제가 이미 불가능하고, 거대 자본가들은 자신들의 돈을 통제하려는 시스템을 교묘하게 피해 가며 움직이고 있다.

사례를 보자. 세계 네 번째 부자이자 루이뷔통 회장인 베르나르 아

---

13 서창록, 〈협력과 공존의 뉴 패러다임, 글로벌 거버넌스〉, 『고대 TODAY』, 2010년 가을, 42호.

14 피터 드러커, 『자본주의 이후의 사회』, 한국경제신문사, 1993년, 216쪽 참조.

르노는 최근 고율의 세 부담, 증세정책에 반발해 인접국인 벨기에에 시민권을 신청한 데 이어 소자본가나 벤처기업가들도 정부에 등을 돌리고 있다. 그런 반면, 해외 유명 CEO와 본사를 자국으로 유치하기 위해 총리까지 발 벗고 나서는 영국으로부터 기사 작위까지 받았다. 프랑수아 올랑드 프랑스 대통령과 사회당 정부는 지난 7월 기업과 부자들에게 새로운 세금을 대폭 매기면서도 정부 지출은 그대로 둔 수정 예산안을 가결했다. 이는 지금껏 프랑스 경제를 지탱해온 공공지출의 부담을 '증세 드라이브'로 만회하려는 의도로, 증세의 핵심은 연소득 100만 유로(약 14억 이상) 소득자에게 최고 세율을 75%까지 적용하고 자본취득세율도 기존의 2배 가까이 되는 60%로 올리는 것을 주 내용으로 하고 있다.[15] 프랑스 일간지 리베라 시용의 1면 기사에선 루이뷔통 회장을 가리켜 '썩 꺼져, 돈 많은 멍청이'라는 조롱 섞인 문구를 넣었지만, 세계화와 신자유주의에선 이러한 CEO의 선택을 제어할 방법이란 없다. 더욱이 그들의 행위가 어떠하든지 간에 그들에 대한 경외심이 사라질 리도 만무하다.

신자유주의에서 화폐의 움직임은 확실히 법과 질서를 흩어 놓는다. 생각해보라. 돈의 국제적 유출은 가장 이기적인 방법으로 자신의 재산을 보호할 수 있는 탈출구를 따라 움직이고 있지 않은가. 세계화와 신자유주의에서 개별정부가 개별국가를 통제하는 방법이란 사실상 상실되었다고 해도 과언이 아니다. 돈과 부의 의미는 분명 다른 것임에도 언젠가부터 동의어로 부각되었다. 돈은 모든 사람의 최고 가

---

15 정선형 기자, 〈세금폭탄에… 루이비통 회장, 프랑스 국적 포기〉, 『세계일보』, 2012년 9월 9일.

치기준이 되었고, 돈은 사람의 존경과 명예와 권력의 척도가 되어버렸다. 돈이 모든 사람의 우상이 되고, '부'의 척도가 되는 한, 상상불허의 범죄는 도의심과 윤리성을 삼켜버린 체 세계화 안에서 비일비재할 것이다. 우리가 직면한 현실이다.

2003년 데르버는 『원 월드—세계적 폭력에서 사회적 세계화까지』라는 저서에서 이렇게 말했다.

상위 200개 기업이 세계 전체 특허의 90%를 갖고 있다. 이들이 식량 대부분을 생산하고 가공하여 판매한다. 자동차와 보일러에 쓸 기름을 조달하고 세계 수십억 인구를 위한 미디어 산업과 문화 산업을 담당한다. 소프트웨어 대부분을 생산하고, 소프트웨어를 돌리는 컴퓨터를 만든다. 비행기와 자동차를 만들고, 그 비행기와 자동차로 여행을 한다. 전 세계가 입을 옷을 만들고, 거의 모든 은행 및 금융 서비스를 제공하며, 국민보건에 대한 결정권도 점점 더 많이 가진다. 무엇보다도 전 국가의 무기창고에 가득한 대부분의 무기를 생산한 장본인이 바로 이들이다.[16]

미국의 경제정책연구소의 자료를 보면, 노동자의 조직도는 1973년 24%에서 2005년 12.5%로 하락했다. 미국의 최저임금은 1997년과 2003년 사이에 5.15달러로 낮아졌고, 전체적으로 미국 국민의 소득 차이는 급격하게 늘었다. 그래서 30년 전 일반 노동자보다 27배를 벌

---

16 페테르 빈터호프 슈푸르크 지음, 배영자 옮김, 『바벨탑에 갇힌 세계화』, 21세기 북스, 53쪽 참조.

었던 CEO들이 2003년에는 185배를 더 벌었다. 이에 대해 미국은 값비싼 대가를 치러야 했다. 가난 때문에 범죄를 저지르는 사람이 많아진 것이다.[17]

더러는 처절하게 하루를 살아가는 사람들에게 윤리와 도의심을 얘기하는 것도 구차스런 범죄처럼 여겨질 때가 있다. 마약 거래는 확실히 실업자나 저임금 노동으로 먹고 입고 자는 일보다 벌이가 더 좋으니 말이다. 무엇보다 주머니를 아무리 뒤집어도 돈이 나올 수 없는 사람들이 겪어야 하는 비인간적 대우보다는 그나마 잠시라도 인간적인 대우를 받으려면 자기 주머니에 몇 푼의 돈이라도 들어와야 하기 때문에 범죄자의 길이라도 선택하려는 그런 처절한 세상을 살기 때문일까. 적어도 범죄자로 낙인찍히기 직전까지는 말이다.

그런데 세계화와 나란히 함께 하는 신자유주의에서는 아주 가난한 사람들의 범죄는 범죄로서 확연히 드러나지만 거대 자본가들이 법의 저촉을 교묘하게 피해나가는 일에 대해선 제어할 수 있는 방법이 없다. 그들의 거대한 네트워크는 도마뱀과 같은 파충류 기질이 강해서 어느 한쪽 세포를 잘라내었다고 해서 그들의 존속이 어려워지는 법은 없다. '정의'에 대해 던지는 질문이 한없이 무력해지는 장면이다.

---

17 페터르 빈터호프 슈푸르크 지음, 배명자 옮김, 『바벨탑에 갇힌 세계화』, 56쪽 참조,
    Eric Lioton, 〈Industry Behind Anti-Wage-Hike Letter〉, 『The New york
    Times』, 2014년 3월 15일의 내용에 의하면, "오바마 행정부가 최저 임금을 7.25달러에
    서 10.10달러로 인상하는 법안을 올린 이를 둘러싸고 찬반 양축이 각자 수백 명의 경제
    학자들의 사인을 받아서 정부에 제출"하였다.

정보 또한 국경이 없다

    20세기에 매스미디어가 등장하면서 정보의 통제는 전체주의자들에게는 필수적이었다. 레닌부터 시작하여 스탈린, 히틀러와 같은 전체주의자들은 정보에 대한 완벽한 통제를 가하려고 노력하였다. 그러나 21세기 SNS의 기능과 인터넷 사용이 활발해지면서 돈과 마찬가지로 모든 정보는 완전히 범국제화되었다. 정부는 과거와 마찬가지로 여전히 뉴스 프로그램을 통제할 수 있다. 그러나 뉴스 프로그램은 점차 '정보'의 작은 부분밖에 차지하지 못하고 있다. 정보의 지배야말로 국가와 정치의 핵심기술이 되고 있음은 틀림이 없다. 피터 드러커는 이렇게 말했다. "이제 정보에는 국경이 없다. 범국제화된 돈은 국가의 경제정책을 무력화시킴으로써 국민국가를 포위한다. 범국제적으로 된 정보는 '문화적' 정체성으로 구분했던 '민족적' 동일성을 훼손, 사실상 파괴함으로써 국민국가를 포위하고 있다.[18]"

    2013년 4월 15일 보스턴에 국제 마라톤대회가 있던 날, 필자는 현장에 있었다. 이날 폭탄테러로 2명의 사상자와 140명 정도의 부상자가 처음 발생하자 인터넷에 뜬 뉴스 기사는 SNS에서 퍼져 나가는 정보의 속도를 따라가지 못했다. 이미 140여 명 정도의 부상자가 발생한 몇 시간 후에도 30여 명의 부상자라는 뉴스 기사만 나와 있을 뿐이었다. 이것은 무엇을 말해주는 것일까? SNS를 통해 많은 사람들은 시공을 초월해 정보를 나눈다. 너도나도 같은 말을 퍼다 나른다.

---

18 피터 드러커 저, 이재규 역, 『자본주의 이후의 사회』, 한국경제신문사, 1993년, 219쪽
    참조.

이때 현장을 지킨 사람의 정확한 말과 빠른 속도만이 권위를 얻을 수 있다. 권위를 가진 전문가의 말이라면 더할 나위 없이 최상이다.

SNS를 통한 정보력과 전문성은 갈수록 심화되어 간다. 전문가의 이론적 근거가 SNS를 통해 퍼져 나간다. 그런 반면, 이따금 속도감을 상실하거나 현장이 아닌 책상에 앉아만 있는 교수, 학자 또는 전문가의 의견이 무력해지는 이유는 무엇일까? 군중이 너무 많은 것을 보고, 듣고, 안다고 생각하는 세상에 사는 이유도 있지만, 그들이 알고 있는 것과 세상의 빠른 변화에 대처해야 하는 전문가의 시대감각이나 속도감이 심각한 부조화를 이루고 있는 것도 사실이기 때문이다. 이 부조화를 어떻게 극복해나갈 것인가? '세계화' 안에서 던져진 심각한 질문이다.

법과 원칙, 그 본질적 힘

법에는 두 부문이 있는데, 하나는 법원, 변호사 협회, 법과대학원과 법률회사 등을 포함하는 기관들이다. 다른 하나는 이 기관들이 해석하고 수호하는 실질적인 법 그 자체이다.

미국의 법률회사들은 합병, 광고, 지적재산권과 같은 관련 법안 등 새로운 전문 분야를 개발하고, 원격 화상회의 실시, 세계화를 추진하는 등 새로운 경쟁력을 확보하기 위해 빠르게 변화하고 있다. 반면 미국 법원과 로스쿨은 기본적으로 변함이 없는 상태이다. 시스템이 작동하는 속도 역시 제자리걸음을 하고 있어서 중요한 사건들은 몇 년째 법원에 묶여있게 된다. 마이크로소프트를 상대로 반독점 소송이 제기되는 동안, 미국 정부가 그 회사를 무너뜨리려 한다는 추측이 난무했다. 그렇지만 재판이 끝나기까지 몇 년의 세월이 걸리고, 그때쯤이면 기술적인 진보로 인해 소송의 쟁점 자체가 무의미해져 버린다.[19]

인터넷 SNS를 통해 나타나는 의견, 특히 전문가를 중심으로 모여진 의견과 사법 시간의 충돌현상은 더욱 심각해져 갈 것이다. 앞으로 이 심각한 시간의 차이를 사법 시간이 얼마나 버텨낼 수 있을까? 사법의 권위를 묻는 심각한 문제로도 이어질 것이다.

물론, 법은 천천히 변해야 한다. 법은 지나치게 빠른 사회와 경제적인 변화에 제동을 걸어 사회나 경제에 필요한 예측 정도를 제공해 줄 필요가 있다. 그러나 얼마나 천천히 변하고 있는가?[20] 저작권, 특허권, 사생활 보호와 같은 분야의 진보된 경제에 직접적인 영향을 미치는 비평적인 법들도 시대에 뒤처져 있다. 그야말로 지식 경제는 이런 법 때문에 나타나는 것이 아니라 이런 법률에도 불구하고 생겨나고 있다. 법은 안정적이지도 않고 움직임이 없는 것도 아니다. 법조인들은 어떻게 일할 것인지 바꿔 가고 있지만, 법 그 자체는 거의 변화가 없다.[21]

관료주의, 정체된 법원, 규제에 의한 방해와 점진주의는 언제까지 그 성역이 보장받을 수 있을까? 이제 날카롭고 냉정한 대중의 예리한

---

19 Alvin & Heidi Toffler, 『Revolutionary Wealth』, Doubleday, 2006년, 38쪽 참조.
20 상동, 39쪽 참조.
21 상동, 39쪽 참조.

시각과 판단력이 실시간의 SNS를 통해 전 세계를 지배하고 있다는 사실 앞에 성역은 대가를 지불해야 할 시점에 이르렀다고 해도 과언이 아니다. 이것은 미국만의 일이 아니라 세계화 추세에 직면해 있는 모든 국가나 정부가 그들 자신의 이득을 놓치고 싶지 않다면, 끊임없이 변화에 대처하고 혁신적으로 재편성해야 할 것이다.

애플과 삼성은 특허전쟁을 벌이며 엄청난 금액의 소송을 진행하면서 세계인의 이목을 집중시켰다. 그러나 2014년 8월 중국의 한 업체가 삼성 갤럭시 노트 4의 출시도 전에 짝퉁 제품의 예약주문을 받았을 때 삼성은 어떻게 대처해야 할지 전전긍긍이었다. 중국의 스마트폰업체 샤오미는 애플 흉내 내기를 통해 애플은 물론 삼성까지 제치고 중국 내 1위로 급부상했다. 하지만 중국의 거대한 힘 앞에서 이런 심각한 문제를 해결할 수 없다면 법적 권위는 빠르게 상실되어갈 것이다. 애플과 삼성도 중국의 이러한 심각한 흉내 내기 앞에서 특허전쟁으로 싸우고 있을 수만은 없다고 판단했던 것일까? 2014년 10월 16일 애플은 미국을 제외한 일부 국가에서 삼성전자에 대한 특허소송을 취하하기로 했다. 중국의 모방하는 수준은 날로 가속화되고 있는데, 이것은 우리가 한때 미국과 일본을 모방하는 수준이다. 중국이란 거대한 힘에 법적 대응할 치밀하고 꼼꼼한 방법을 찾는 데 주력할 때다.

과거에 전쟁을 하려면 핵무기와 무기가 필수였다. 지금은 상상불허의 범죄는 물론, 사이버테러라는 새로운 범죄 형태도 증가하고 있는 시대다. 그 방어력과 공격력을 높이려면 치밀하고 세밀한 법의 규제와 재해석이 기본이다. 법에 대한 이해뿐만 아니라 기술력에 대한 이해도 필수적으로 수반되어야 할 일이다. 지나치게 분석적으로 가는 학문을 근거로 하는 것이 아니라, 다양한 학문의 통합을 근거로 한 법의 이해와 해석이 필요한 시대다. 그렇지 않으면 국가도 정부도 위험 수위에 노출되기가 쉽다. 이미 상당한 수위의 위험에 노출되어 있고 공격을 받고 있다. 이러한 공격으로부터 방어력을 상실한 법적 규제, 세계화라는 화려한 접근에 비해 너무나 관료적이거나 점진적으로 변하는 법의 속도는 법의 권위를 묻게 되는 수위에까지 이르게 된다.

2013년 12월 한국에서 터진 카드사 정보유출 사건으로 인해 한국 정부는 개인정보유출 문제에 대해서 비로소 심각하게 생각하기 시작했지만, 한국 내에 뚫려있는 개인정보 유출은 이미 거의 모든 기관이나 단체, 항공사나 여행사를 통해서도 심각하게 노출되어 왔다. 그 심각성을 체감하지 못해오다가 온 나라가 발칵 뒤집힐 만큼 대형 카드사의 정보유출 사건이 터지고 나니 미봉책을 찾기에 급급해졌다. 세계화라는 이름의 이 시대에 그것이 한국 내에서만의 문제로 덮어질 일일까? 누구도 이 말에 동의할 리 없는 현실, 우리는 그 심각한 현실에 직면해있다.

'미국의 신념과 세계평화를 위한' 구호로

키신저 박사는 우리에게 다음과 같은 설명을 들려주었다. "미국은 개국 이래 줄곧 자신들은 뭔가 다르다는 자만에 빠져 있었다. 외교에서도 두 가지 모순된 태도를 보였다. 하나는 국내에서 민주 이념을 더욱 완벽하게 다지는 것이고, 다른 하나는 미국의 가치관으로 미국인 스스로 전 세계에 이런 가치관을 심어주어야 한다고 느끼는 것이다."[22] 이러한 미국의 자부심이 세계화를 추구한 이유다.

그러나 세계 역사를 살펴보면 행운의 여신이 절대로 어느 한 나라나 한 민족만을 편애하지 않았음을 여실히 보여주어 왔다.[23] 과거의 봉건국가, 혹은 노예 제국국가, 부족국가들은 강력한 군대만 있으면 다른 국가들은 정복하고 강국이 될 수 있었다. 그러나 그런 시대는 이미 지나갔다. 한 국가가 세계적 강대국이 되기 위해서는 강력한 경제, 군사, 과학 기술의 역량은 갖추어야 한다. 그뿐만이 아니다. 국가에 대한 단단한 신뢰를 유지하기 위해 인기를 앞세운 유명 학자들의 이론적 타당성과 합리적 정당성이 절실해졌다.

세계화의 찬반론자들은 대개 자유화와 세계화가 따로 분리시킬 수 없는 관계임을 거론하고 있다. 사실이든 아니든, 지금 21세기의 세계화에선 확실히 그렇게 흘러가고 있다. 담비사 모요의 말처럼, "세계화가 전 세계의 번영에 기여할 수 있음에도, 여타 주변국들에서 삶의 질을 높이기 위해선 서구세계의 상대적인 삶의 질이 하락할 수밖에 없었다.[24]"라는 것은 분명한 사실이다. 그렇다면 개발도상국에는 엄청난 기여와 발전을 가져주었다는 말일까? 어느 정도 기여했던 것은 사

---

22 Henry Kissinger, 『Diplomacy』(Simon & Schuster; Reprint edition April 4, 1995) Chapter 9.

23 葉自成 著, 『中國大戰略』, 中國社會科學出版社, 2003年, 97쪽 참조.

24 담비사 모요 지음, 김종수 옮김, 『미국이 파산하는 날(How The West Was Lost)』, 중앙북스, 2011년, 45쪽 참조.

실이지만, 동시에 여러 가지 불리한 점을 가져다준 것도 사실이다. 그 사례를 살펴보자.

첫째, 한 국가는 세계화 시대에 전에 없던 견제를 받게 되었고, 점점 더 자국이 성취하고자 하는 바를 마음대로 할 수 없게 되었다. 특히, 미국이 제정한 행동규칙의 규제를 받게 되었으며, 그중에서 제한을 가장 크게 받는 것이 바로 핵과 생화학무기의 비확산이라는 규제이다.

둘째, 세계화의 중요한 특징은 미국과 서방국가가 자국의 상품과 기술 및 자금을 수출하면서 서방의 자유시장 경제, 민주, 법제, 개방 등 서방의 행동규칙과 가치를 개발도상국에 강력히 주입하는 것이다.

셋째, 세계화가 말하는 인권 개념은 개별 국가의 주권을 뛰어넘는 개념이다. 강대국은 인권을 국가의 주권을 초월한 보편적 가치로 삼았고 새로운 국제질서의 기본 내용 중 하나로 삼았다. 냉전 후 미국과 NATO를 통과한 신전략, 소위 NATO는 인도주의적 간섭을 할 수 있다는 전략으로 인해, 미국은 UN의 위임도 없이, 유고전쟁과 아프가니스탄전쟁, 2차 걸프전쟁을 진행할 수 있었다. 이로써 서방국가는 인권이라는 이름으로 개발도상국을 함부로 압박하는 새로운 국면을 초래했다.[25]

세계화는 발전해나가는 과정 중에 위기를 불러오기도 했으나, 동시에 기회를 가져다준 것도 사실이다. 기회라면 어떤 것을 말할까? 서방국가의 자본은 이윤이라는 유혹을 받으므로 필연적으로 이윤이 가장 큰 곳으로 흘러간다. 기회가 있는 곳이면 그곳이 어디든 자본은

---

25 葉自成 著, 『中國大戰略』, 中國社會科學出版社, 2003年, 94~95쪽 참조.

흘러가게 되어 있다. 세계화라는 흐름은 자국 정부의 통제와 감시를 덜 받는 큰 무리의 다국적기업들을 만들어냈다. 많은 서방의 자본들이 정치적으로 비교적 안정되고, 노동력, 토지, 지식 등의 부분에 있어서 값이 저렴한 지역으로 흘러들어 가기 시작하였다. 바로 이러한 흐름이 여러 개발도상국들에 기회를 제공했다.[26] 이윤 창출을 할 수 있는 곳이라면 그 나라의 이념을 묻지 않고 그 정부나 기업과 손을 잡았다. 국가의 의미가 차츰 희미해지는 이유다.

그러나 나라마다 상황은 완연히 달랐다. 어떤 나라는 이 기회를 통해 발전하게 되었지만, 어떤 나라는 완전히 실패로 끝나거나 과거보다 훨씬 악화되었다. 20세기 후반 이후 세계화 물결의 가장 큰 수혜자는 제3세계 국가였던 중국이었을 것이다. 중국의 노동자들은 교육수준도 낮고 사회주의 체제하에 있기 때문에 조직의 상사 명령에 철저히 복종한다. 따라서 책임자의 입장에서 아주 저렴한 인건비를 가지고 노동 효과를 크게 가져올 수 있었다. 그러나 그들 대다수의 교육수준이 너무 낮다 보니 낮은 인건비에 맞물려 해낼 수 있는 속도감이나 능력 또한 한계가 있었던 것도 사실이다.

세계화의 과정에서 자국 정부의 말보다는 기업의 책임자나 지도자의 말에 권위를 부여하는 사례가 늘고 있다. 또 세계화와 함께 등장한 신자유주의로 양극화를 불러오고 그것이 갈수록 심각한 양상으로 퍼져 나갔다. 전 세계를 무대로 사람들의 이동이 많다 보니 법과 질서가 쉽게 무너지고 범죄는 심각한 수위를 보이고 있으며, 돈의 정체는 그 행방을 찾기가 힘들다. 먼 나라 사람들과의 교류와 정서를

---

26 『中國大戰略』, 98쪽 참조.

나누는 일이 심화될수록 정작 가까운 이웃에 대한 관심이 멀어지는 것은 당연한 일이었다. 애국심은 모든 사람의 머릿속에서 차츰 희미해지기만 한다.

'세계화'는 분명 미국이 주도했던 것이지만, 미국이 다른 문화를 수용하겠다는 의지의 표현이 아니라 흡수하겠다는 의지의 표현이다. 우리 한국인에게는 우리만의 독특한 전통과 문화가 있고, 남다른 정서가 있다. 그 뿌리를 기초로 세계화해 나가야 할 것이지, 무조건적으로 타문화를 흡수할 일이 아니다. 무조건적인 흡수는 문화의 식민지화를 의미한다. 우리 한국인은 일제로부터 독립을 한 이후로 오랫동안 알게 모르게 미국의 자본주의와 신자유주의에 길들여져 왔다. 이러한 사고방식은 우리의 문화 구석구석에 스며들어 있다. 최근에는 경제·정치·교육·의료 부문까지도 미국의 형식을 따르려고 하고 있고, 2012년에는 미국 로펌, 병원들이 들어왔다. 이와 같이 우리는 미국식에 익숙해져 있기 때문에 상반된 중국의 문화를 바라볼 때 그들의 사고방식을 이해하기 힘들어하고, 더욱이 사회주의 체제를 망각하는 경향이 적지 않다.[27]

'세계화'의 열풍으로 인해 중국인들이 제주도의 절반 이상의 부동산을 사들인 이 시점에서도 여전히 그렇다. 우리는 지정학적 위치문제만 보더라도 중국이든 미국이든, 어느 한 쪽에 편향되어 상대를 바라보게 되면 편견이 생기게 되고, 어느 한 쪽에 치중하게 된다. 이런 편향주의는 우리가 가진 외교적 입장에서 대단히 위험한 일이다.

---

27 졸고, 『세계화 속의 한국교육』, 208~209쪽 참조.

'세계화'가 외면한 인간의 생명의식

　　토인비는 『역사연구』에서 다음과 같은 문제를 제기하였다. 인간과 인간에 관한 문제였다. 과학기술은 어떤 측면에서는 인류 사회에 막대한 이익을 가져다주었으나, 다른 측면에서는 상당히 심각한 문제점을 낳기도 했다. 그 문제 중에서 가장 중요한 것이 바로 인성과 이성의 모순이다. 인간에게 다음과 같은 철학적 문제들을 던졌다. 인간은 아직도 인간인가? 인간이 과학기술을 통제하는가, 아니면 과학기술이나 정밀하게 제조된 기술이 인류를 통제하는가?[28]

　아주 간단한 사례로 스티브 잡스(Steve Jobs)는 우리에게 영웅적 존재로 자리매김하고 이 세상을 떠났다. 그가 강연장에서 남긴 말은 거의 모든 사람에게 명언으로 각인되었고, 그는 우리에게 애플의 기기를 아주 친근한 대명사로 남기기까지 했다. 모두가 그의 존재를 기억하며 그 기기와 교류하느라 정신이 없다. 젊은 세대일수록 인간과의 교감은 더 이상 원치를 않는다. 스티브 잡스는 과연 우리에게 무엇을 남기고 떠난 것일까? 그가 만들어낸 기기가 인문학적 접근이 있었던 것은 사실이지만, 그는 정말 인간을 사랑하는 영웅이었던 것일까, 아니면 과학과 인문학을 접근시키는 가면을 쓰고 끝내 인류에 상업적 영향력만 남기고 떠난 것일까? 아니면 지금 우리가 살고 있는 세상에 그가 만들어낸 기기가 인간과 인간의 교류를 단절시키는 마법의 세계로 이끌어갈 것이란 상상은 해본 일이나 있었을까? 그것이 주는 즐겁고 유익함 뒤에 기다리는 인간관계의 끔찍한 단절, 그 어두운

28　葉自成 著, 『中國大戰略』, 中國社會科學出版社, 2003年, 139쪽 참조.

그림자가 기다리고 있으리라는 상상 말이다.

끊임없이 경쟁을 부추기며 발전을 꾀하는 우리의 미래에 인간이 아직 인간이기를 희망하는지 그 이유조차 희미해진다. 200년 동안 서구 문화 위주로 이끌어오는 동안 과학의 아름다운 장점과 발전을 남겨두기도 했지만, 인성의 결여, 인간의 외로움과 쓸쓸함을 부추기는 데 한층 힘을 더해온 것도 사실이다. 힘을 내고 전진하라는 그럴듯한 표방은 있었으나, 지치고 힘없고 아프고, 우울하게 뒤처져 사는 사람들에 대해선 아무런 답을 주지 않았다. 인간은 더 이상 인간과의 교감을 원치 않고 자신에게 전폭적으로 순종하는 애완용 동물이나 기기와의 삼매경에 정신이 없다. 인간이 인간을 한없이 그리워하면서도 인간을 외면하는 사회적 현상, 참으로 섬뜩한 장면이다.

그런데 전 세계는 '세계화'와 발을 맞추느라 정신이 없다. 이국만리에서 만난 낯선 사람과의 교류에 여념이 없다 보니 정작 내 나라와 사회, 이웃에게서 무슨 일이 벌어지고 있는지 관심을 둘 시간이 없다. 이때 모든 사람의 가슴에 남겨지는 메시지는 오로지 성공과 발전할 수 있는 연결고리만이 중시된다. 서양이 주도해왔던 역사를 돌아보면 인간 본연의 모습을 찾는 인간에 대한 질문엔 답이 없다. 어떻게 극복해야 할까?

동양의 역사와 문화는 서양문화에 결여된 많은 것을 함축하고 있다. 특히, 중국 철학의 기본적 강령은 인간과 자연의 질서가 함께 공존해야 한다는 것을 제시하고 있다. 무엇보다도 인간의 내재적 본질과 내면세계에 대한 깊은 연구, 인간의 윤리의식 및 인간의 생명의식에 관한 사고 역시 현재 미국의 문화에선 찾아보기 어렵다. 그런 맥락에서 "서양사상은 중국철학을 필요로 한다.[29]"

왜 그럴까? 살아있다는 것은 생명이란 단어와 상통한다. 살아있는한 자유롭고 행복하게 살고자 하는 것은 인간의 가장 기본적인 욕망이다. 그리고 사회와 국가는 국민이 그렇게 살아갈 수 있도록 제도적으로나 사상, 철학적 가치 안에서 그 욕망을 풀어주어야 할 책임과의무가 있다. 인간이 살아있다고 해서 생명의식을 지닐 수 있는 것은아니다. 인간은 잘 먹고 잘 살 수 있는 가운데 또 다른 어떤 희망과꿈을 추구한다.

헨리 데이비드 소로우는 다음과 같은 질문을 던졌다. "사람들이 칭찬하고 성공했다고 인정하는 삶이란 단지 한쪽으로만 바라보는 것이다. 도대체 왜 우리는 다른 사람들의 숭고한 삶의 가치를 희생시키면서까지 한 방향의 삶만 미화하려고 하는 것일까?[30]" 헨리 데이비드소로우가 월든 호숫가에서 직면한 본질적인 것들은 자연이 주는 진실과 숭고함에 대한 깊은 감명이었다.

중국의 철학은 오랜 역사를 거쳐 오면서 다양한 사상과 신념, 가치를 제시하고 있다. 인간의 절대적 자유를 말했던 장자(莊子)에게서그 생명의식을 살펴보자. "생명의식(生命意識)이란 현실생활 중에 느끼는 고민이나 우울한 비애감 안에 갇혀있는 심적 상태를 말하는 것이 아니다. 삶과 죽음을 체험해야 하는 인간의 존엄성과 가치가 특별한 심적 상태로 승화하는 것을 말한다.[31]" 새의 본성은 창공을 훨훨

---

29   成中英, 「21世紀-中西文化的融合與中國文化的世界化: 21세기-중서문화의 융합과
      중국문화의 세계화」, 『太平洋學報』, 1995년 제1기, 38-50쪽 참조.

30   Henry David Through, 『Walden; Or, Life in the woods』, Dover, 1995년,
      13~14쪽 참조.

31   졸고, 「〈莊子〉與漢代文學」, 北京大博士學位論文, 2003년 5월, 47쪽 참조.

날아다니며 자유로운 생명력을 드러내는 법이고, 물고기의 본성은 물속에서 자유롭게 헤엄을 치면서 그 생명력을 드러내는 법이다.[32] 이 시대가 외면한 인간의 생명의식에 대한 본질적 질문이고 답이다.

발전된 삶을 산다는 것, 보다 더 문명화되고 풍족한 삶을 살아야겠다고 생각하는 그 뒷면에는 인간이 인간다울 수 있는 많은 요소들을 차단할 수 있는 그늘이 존재하기 마련이다. 보다 더 발전된 삶을 살기 위해 배운다는 것은 자연스레 살면서 깨달을 수 있는 아름다운 진리나 철학이 아니라, 오히려 그 본연의 모습을 차단할 때가 많다. 아무리 잘 정비된 제도나 체제도 한 번씩 수리해주어야 하는 고장 난 라디오처럼 삐거덕거릴 수 있게 마련이다. 지나친 경쟁구도하의 신자유주의에선 비상식적이고 비윤리적인 삶을 재촉하며 지나치게 엔진을 과열시켰다. 이러한 사례는 세계화와 어깨를 나란히 하는 가운데 충분히 입증되고 있다. 이따금 멈추어줄 수 있으리란 생각은 착각이고 오류다. 엔진을 가동하는 순간 탐욕엔 브레이크가 없었다. 인간은 아직도 인간으로 살고 있는 것인지 의문점을 던지게 한다. 이제 우리는 더 이상 이 질문을 외면해서는 안 되는 절박한 시점에 이르렀다.

---

32 졸고, 「陶淵明 시를 통해서 본 '莊子'의 生命意識」, 『中國文化硏究 4집』, 2004년 6월, 56쪽 참조.

LEADERSHIP

Part 2

미국이 원하는 리더는 모세인가

미국이 원하는 리더,
그는 모세인가.

부당한 권위에 저항하라

청교도들은 캘빈(Calvin)[33]의 영향을 받아 왔다. 따라서 그들은 모든 사회적, 경제적 혼란을 인간의 타락이라는 맥락에서 이해하고 있었다. 타락한 인간이 변화할 수 있는 것은 오로지 하느님에 대한 전적인 의존을 통해서만 부활(regeneration)을 체험할 수 있다고 생각했다. 그렇다면 그들은 왜 고국을 떠나 뉴잉글랜드로 가지 않으면 안 되었을까?

첫째, 당시 영국 사회에 팽배해 있던 종교적 타락을 들 수 있다. 둘째, 영국 사회를 좀먹고 있는 도덕적 타락이다. 종교와 도덕이 부패하면 할수록, 가장 순수해야 할 젊은이들조차 오염될 수밖에 없었다. 그 당시 영국은 선하고 정직한 사람들이 더 이상 평화롭고 안정된 삶

---

33 존 캘빈(John Calvin)은 루터를 이어 종교개혁의 가장 유명한 인물이다. 루터가 종교개혁을 시작한 사람이라면, 캘빈은 16세기 종교개혁을 체계화시키고 정립시킨 인물이다.

을 누릴 수 있는 사회가 아니었다. 이에 반기를 든 사람들에게는 새로운 환경의 터전이 필요했고, 그 사명을 실천하기 위해 그들은 뉴잉글랜드로 향했다.

사랑의 공동체를 형성하고 유지해 나가는 데 필요한 것은 영국 국교회가 지금까지 강요해 온 바와 같은 외형적 획일성이 아니라, 그보다 더 엄격하고 더 강력한 내면적 일치감이다. 신약성서 마태복음 5장 14절의 "너희는 세상의 빛이라. 산 위에 있는 동네가 숨기우지 못할 것이요." 하신 말씀처럼 매사추세츠에 세워진 퓨리턴 식민지는 사람들에게 빛을 발하는 믿음의 공동체, '언덕 위의 도시'가 돼야 한다고 역설하고 있다.[34]

따라서 미국 건국 시 미국의 조상들은, "너희는 이렇게 해라. 나의 방법대로 하여라." 하고 말하는 왕에 대항하였다. 미국의 선조들은 "우리는 그렇게 하지 않겠습니다. 우리는 우리의 방법대로 하겠습니다."라고 대답하였다. 부당한 권위에 대항한 용기 있는 사람들로 인해, 종교의 자유와 미국의 독립이 어떻게 탄생했는가를 회고할 수 있다.[35]

『모세』란 영화에서 찰턴 헤스턴이 보여준 모세의 모습을 미국이 원하는 대통령상으로 생각하는 사람이 많다. 사실 모세는 학식이 풍부하고 좋은 집안에서 성장한 것은 맞지만, 그가 철저히 고독한 생활을 보내야 했던 40년 이후에는 언변력도 없었고 두려움도 많았던 인물로 『성서』에선 밝히고 있다.

---

34 정만득 저, 『미국의 청교도 사회-정착 초기의 역사』, 비봉출판사, 2000년, 94쪽 참조.
35 찰스 스윈돌 지음, 곽철호 옮김, 『모세』, 생명의 말씀사, 2001년, 29쪽 참조.

이집트에서 노예생활을 하고 있던 이스라엘 백성을 가나안땅으로 이끌기 위해 모세는 40년 동안 극심한 고생을 했다. 이스라엘 백성들이 자유란 이름을 좇아 탈출했지만, 먹을 것 없고 고통스런 생활을 하며 지내다 보니 차라리 이집트에서의 채찍을 맞으며 노예생활이 낫겠다고 군중들이 거듭 소동을 피우는 것이었다. 소시민이 생각하는 자유란 결국 거기까지인 것일까? 아무리 정의롭고 선을 추구하는 것일지라도 그리고 그것이 인간적 자유로움을 위한 것일지라도 먹을 것, 입을 것, 편히 쉴 곳, 그 문제를 제대로 해결해주지 못했을 때 민심은 악화되기 마련이다.

우여곡절 끝에 노예 신분의 족쇄를 풀고 가나안 땅으로 이끄는 지도자는 마침내 신 앞에서 무릎을 꿇어버렸다. 그리고 자신의 무기력함과 고통에 통곡을 한다. 정말 이럴 때 지도자는 어떻게 해야 했을까? 군중이란 얼마나 순식간에 쉽게 말을 바꾸거나 억지를 쓰는지 여실히 보여주는 장면이다. 군중은 자유를 한없이 갈망했으면서도, 막상 그 족쇄를 풀고 광야로 나오고 나니 노예생활을 하더라도 차라리 지난날 먹고 마시던 그 입맛과 습관으로 되돌아가겠다고 투덜거리기 시작한다. 지도자라면 군중의 우매함과 아우성, 나약함이라는 인간의 본성과 늘 직면해야 할 과제가 있다. 아무도 지도자의 처절한 내면을 읽어주지 않는 고독과 함께 말이다. 말이 쉬워 인내이지 그 고통과 외로움에는 늘 참을 인(忍) 자의 쓰라린 고통이 있다. 심장에 칼을 꾹 누르고 있는 일이다. 그러나 인내할 만큼 한 끝에는 마음을 다시 도려내고, 기꺼이 서슬 퍼런 칼날처럼 냉혹한 결단력을 보여주기도 해야 한다. 고도로 훈련된 지도자의 모습이다.

모세의 리더십이 발견되기까지

『성서』「사도행전」 7장에 묘사된 모세는 120년을 살았던 지도자다. 그의 처음 40년은 이집트 왕가에서 생모에 의해 양육되었고, 이집트 왕족학교에서 최고의 교육을 받았다. 살면서 누릴 수 있는 최고의 지위 그 자체를 누렸다. 그렇다면 다음 40년은 어떠했을까? 두 번째 40년은 광야에서 보냈는데, 거기서 그는 누구와의 교류도 없이 철저히 외로움과 함께 하는 시간을 보내야 했다.

그 어떤 사람도 그가 최고의 가문에 최고의 교육을 받은 왕족 집안의 귀한 자제란 것을 아는 사람은 없었고, 그가 받은 최고의 교육이라든가 그가 배워왔던 모든 것이 그곳 땅에선 무용지물이었다. 화려했던 명성과 손에 쥐고 있던 모든 것들은 모두 수면 아래로 가라앉아 버린 삶에서부터 다시 시작해야 했다. 얼마만큼 저항은 했었을까? 저항했더라도 완전히 새로운 땅에서는 무의미했다. 최고의 신분이었던 사실조차 기억에서 희미해질 만큼 그는 철저히 외롭고 고독한 생활을 해야 했는데, 아이러니하게도 모세는 그저 그렇게 살아갈 뿐인 그 고독을 통해 성장해나갔다. 마지막 40년은 히브리 백성들과 함께 광야에서 보냈는데, 이 기간에 그는 시련과 낙심과 시험을 통해 단련되어 갔고 더러는 심하게 분노하면서 동시에 인내도 배워나갔다.

인생의 최고조를 이룰 시점에 나락으로 떨어졌고, 누구도 자신을 알아보지 못하는 곳에서 철저히 이방인의 삶을 살아야 했지만, 그 처절한 고독과 쓸쓸함 안에서 인내와 겸손의 열매를 맺어가고 있었다. 세상에서 누릴 수 있는 최고의 권력과 명예와 부가 그의 일상이었고,

무엇보다 누구도 자신의 말에 순종하지 않는 이가 있을 리 없는 그런 세상을 살고 있던 왕자의 운명이 한순간 동전을 뒤집은 것마냥 달라진다.

그래서일까? 철저히 쓸쓸해지는 순간, 절망하게 되는 순간, 모세의 삶과 그 여정은 우리에게 많은 에너지를 준다. 용기를 준다. 그의 삶 자체가 그렇다. 그는 나이 80이 되어서야 신에게 쓰임 받은 사람이다. 인생에서 소유할 수 있는 것이란 아무것도 없다는 것을 고스란히 몸으로 익힌 사람이었다.

무미건조하게만 느껴질 수 있는 시간 안에서 그는 철저히 고독이 주는 시간을 통해 단련되어 가고 있었다. 사막 한가운데 던져진 시간이지만 누구에게도 그 처절함을 호소할 수도 없었다. 그는 무엇을 발버둥칠 수도 없었고, 왜 그렇게 살아야 하는지 의문점을 제시할 수도 없었다. 그저 그렇게 하루를 살아가는 것, 그러나 그 안에서 충실하게 하루를 보내는 그 이외의 의미는 없는 것처럼 보였다. 마지막 40년은 신 앞에서 자신의 무능함과 무기력함을 고백한 사람이 철저한 겸손과 함께 신이 준 능력을 통해 다시 그가 무엇을 할 수 있는지를 발견하는 시기였다. 절망 안에서 다시 일어서는 지도자, 미국인이 꼽는 최고의 리더십이다.

겸손한 지도자의 확신하는 말

　　미국인들은 확신 없는 말보다 확신과 신념에 찬 긍정의 메시지를 듣고 싶어한다. 그럼에도, 미국인들이 원하는 리더의 모습은 단연 모세다. 그가 비록 언어적 표현이 어눌할지라도 그에게서 진솔함이 느껴지는 것을 좋아한다. 보다 더 논리적이고 설득력 있는 말이 필요할 때에는 그를 대변하는 아론을 통해서 그의 확신과 신념을 표현했기에 미국인은 그런 모세의 리더십을 선호했을 것이다. 끊임없이 밀려오는 역사적 사건·사고 앞에서 개인적인 두려움 때문에 개인적으로 더 무릎 꿇고 신에게 기도했을 것이지만, 대중에게 드러난 모세의 모습은 오히려 당당하고 겸손한 모습이었다.

　미국의 젊은이들은 자신들이 노인들보다 더 많은 지식과 건강함을 가졌다고 생각한다. 그들은 노인들의 해결책은 시대에 뒤떨어진다고 생각한다. 그래서 어른들의 설교와 충고에 대해선 질색을 한다. 자기가 걸어가는 길이 어떤 것이든 자기의 열정과 에너지에 의해서 결정하는 것이 우선이지 어른이라고 해서 조언하려는 것을 간섭과 방해라고 생각하는 경우가 많다. 마치 청소년의 질풍노도 시기와 맞물리는 것처럼 보인다. 따라서 중국이나 한국에서처럼 웃어른의 말씀을 무조건 존중하고 귀담아듣는 자세란 없다. 어른의 생각만큼 청년의 생각 자체도 숭고하다고 생각한다. 아울러 미국의 지도자들은 다른 사람이 저지른 실수에서 교훈을 얻기보다는 자기 스스로 실수를 범하는 가운데서 무언가를 이뤄가려고 한다. 그것이 실패로 이어지더라도 상관이 없다. 사업에 실패한 사람들이 재기하기란 어렵지 않다. 사업기

확안과 제안서에 재기의 의지가 보인다면 국가적 지원도 아끼지 않기 때문이다. 따라서 미국에선 안정만을 위한 안정, 절제를 강요당하는 것을 진저리친다.

'젊음'이란 단어는 미국의 오랜 전통이고 상징이다. 그들은 지난 300년을 그렇게 지내왔다. 따라서 그 사람의 나이를 기준으로 그 일을 하는 데 적합한지 아닌지를 판별의 기준으로 삼는 법은 없다. 아니 오히려 왜 하고 싶은 자신의 일이 나이와 관련되는지를 묻는다. 그런 문화에 젖어 있다가 한국에서 나이별 제한을 보게 되면 놀랍고 당황하지 않을 수가 없다. 실제 자신의 나이보다 노령화된 태도와 표정이 오히려 당황스러워진다. 내면에 숨 쉬는 열정과 능력이 그 사람을 보는 기준이고 잣대이지 나이 자체를 기준 삼아 능력의 잣대로 삼는 일은 미국인들에겐 상식이 아니다.

건강에 대한 미국인의 코드는 자신의 미래를 인식하는 방법에 관해 대단히 낙관적인 메시지를 보여준다. 사람들은 적극적이고 참여적인 인생을 살면 건강이 유지된다고 믿는다. 미국에서는 활동적인 노인이 되는 것만으로는 부족하다. 젊음이 지닌 힘과 열정을 소유했다는 환상을 유지하려고 한다. 젊음, 강자, 건강한 자와 같이 어느 한쪽을 부각시킨다는 맥락에서 본다면 세계화를 주도한 미국의 문화는 이분법적인 마인드를 심어주기가 쉽다. 강자와 약자라는 이분법, 가진 자와 갖지 못한 자의 이분법, 건강한 자와 건강하지 못한 자에 대한 이분법, 이러한 이분법으로 나누는 마인드는 결국 강자나 가진 자를 우상으로 만들고, 그렇지 못한 사람에 대해서 차별적 시각을 갖게할 요소가 많다. 그런 미국인들을 이끌어가려면 지도자는 어떠해야 할까? 맥주 김빠진 말투나 강압적인 설교, 걱정과 근심이 많은 부정적인 신념과 마인드는 미국인들을 대할 때 금기사항이다.

젊음과 열정의 지도자를 선호하는 미국

유럽이 구세계라면 미국은 신세계다. 그러나 프랑스 혁명이 시작된 것은 1789년으로 미국 독립전쟁이 끝난 지 10년도 넘은 것만 보더라도 미국은 도전과 혁신, 개척과 자유를 상징하는 나라란 것을 알 수 있다.

뉴잉글랜드를 건설한 청교도들은 신앙적으로 퓨리턴인 동시에 17세기 초반을 살아가는 영국인이었다. 비록, 조국과 그 교회, 그리고 정든 문화를 결별하고 머나먼 미지의 땅으로 피해 오긴 했지만, 영국은 그들에게 여전히 그리운 모국이었다.[36] 순례자들이 대지의 첫발을 내디뎠을 때 얼마나 감격했을까? 많은 시련과 고통을 참아온 보람이 그 순간 실현되는 것이었을까.

지도자의 한 사람인 브래드 포드가 상륙 순간을 이렇게 기술하고 있다. "육지에 발을 딛는 순간 우리 일행은 감격에 겨워 모두 그 자리에 무릎을 꿇었다…. 이제 바다는 건넜으나 우리 앞에는 또 다른 '험악한 바다'가 기다리고 있었다. 이곳에는 우리를 반겨주는 친구도, 긴 여로에 지칠 대로 지친 몸을 맡기고 기력을 회복해 나갈 잠자리도 없

---

36 정만득 저, 『미국의 청교도 사회-정착 초기의 역사』, 비봉출판사, 2000년, 337쪽 참조.

었다."[37]

청교도들은 이렇게 미지의 세계에 내던져졌다. 앞에는 낯선 자연과 적대감으로 가득한 원주민들의 대륙이 있었고, 뒤에는 이제 막 건너온 공포의 거대한 바다가 있었다. 그 거대한 바다는 자신들의 모국과 문명으로부터 영원히 갈라놓고 있었다. 이 막막한 상황에서도 신념과 용기를 잃지 않았던 '순례자'들의 의연한 모습을 브래드 포드는 이렇게 그의 일기에 남기고 있다. "먼 훗날 후손들은 우리를 가리켜, '우리 선조들은 이 땅에 뼈를 묻을 각오로 험한 대양을 건너온 훌륭한 영국인들이었다'고 말할 것이다."[38]

이것이 미국인이 '젊음'에 그토록 매혹되는 이유였을까? 젊음이란 생명력의 상징이고 불의와 타협을 끊고 정의와 함께한다는 의미이며, 새로움에 도전하고 개척한다는 용기를 상징한다. 청교도 인들이 개척을 위해 미국 땅을 처음 밟았을 때는 집도, 도로도, 마켓도 없었다. 문명의 세계에 살던 사람들이 만난 대지는 미개인의 나라처럼 보였고, 뼛속 깊이 찾아오는 것은 추위와 배고픔과 외로움과 고독뿐이었다. '따뜻한 공간과 사람'에 대한 그리움과 가정에 대한 그리움이 누구보다 간절할 수밖에 없는 이유이고, 가정이 미국 문화에서 강력한 상징이 된 이유다. 그들은 대부분 고향을 떠나온 이주민이고 개척자였다. 그들은 결코 다시는 고국으로 돌아가지 않겠다는 마음으로 이 땅을 밟은 사람들이다. 그들의 신념은 매우 단호하고 비장했다. 연이

---

37 William Bradford, 『Of Plymouth Plantation』, Harvey Wished., Capricorn Original, New York, 1962년, 59~60쪽 참조.

38 상동, 61쪽 참조.

어 들어오는 이주민들도 거의 비슷한 사정과 심경을 가지고 있다. 그들은 미국 땅에서 반드시 성공해야 했고 파라다이스를 건설해야 한다고 믿었다.

한 세기가 넘도록 종교적 혼란에 시달려 온 구세계를 뒤로하고 새로운 대륙에서 새 보금자리를 만들려던 청교도들은 자신의 가족들을 지키면서 신앙적 삶의 완성을 위해 달려왔고, 앞으로도 그렇게 달려가려는 열정의 '순례자'였다. 그들은 신앙과 양심의 자유를 지키기 위한 교회와 사회를 세우고, 그 터전 위에서 자유와 질서가 공존하는 신앙공동체를 이 광야에 세우려고 하는 의지의 소유자들이었다.

신세계에서 새로운 출발을 하기 위해 그들이 소유하던 모든 조건과 소유물을 포기해야 했을 때 그들의 심경이 어떠했을까? 희망과 기대, 설렘이었을까? 그들은 잠시 여행을 떠나온 사람들이 아니다. 따라서 그런 것보다는 두려움과 정신적 압박감, 그리고 결심에 대해 강한 의지력을 심는 일이 더 중요했을 것이다. 이들은 익숙한 생활을 모두 버리고 미국으로 왔으며 새로운 날씨, 자연, 문화에 충격을 받아야 했던 사람들이다. 익숙한 것을 떠나 새로운 것을 받아들인다는 것은 엄청난 충격이고 고통이다. 심신이 지칠 대로 지치고 고단한 상태의 그들에겐 철저한 안식이 필요했고, 위로받고 격려해줄 수 있는 가족을 만나는 일은 너무나 중요했다. 자의든 타의든 개척과 도전의식으로 살려는 사람들이 늘 만나는 것은 좌절과 절망의 장벽이다. 그런 사람들에게 설교와 훈계는 독이다. 그들에게 필요한 것은 할 수 있다는 신념과 이 어려움을 극복해나가자는 지도자만이 필요할 뿐이다. 이 문제가 왜 이렇게 발생했는지 캐고 따지는 것이 아니라 그 문제가 발생했으면 그것을 다시 수정하고 보완하는 적극적 움직임을 원한다.

과거에 어떤 일을 겪었는지, 얼마나 많은 실패를 경험했는지는 중요하지 않다. 어떤 사람이나 사건 때문에 번번이 앞길이 가로막혔어도 상관없다. 중요한 것은 이제 길을 떠날 때란 사실이다. 가만히 앉아서 그저 그런 삶에 만족하는 소극적인 사람이 되지 말자는 것이 미국인들의 마인드이고 그들은 그렇게 이끌어주는 리더십을 기대한다.

1789년 선거인단이 신생 미합중국의 지도자로 조지 워싱턴을 선출했을 때, 선거인들이 그에게 어떤 호칭을 원하는가 물었다. 그들은 각하, 폐하, 전하 같은 전통적인 용어를 제시했다. 그러나 워싱턴은 '대통령님(Mr. President)'으로 불러달라고 말했고,[39] 이로써 미국적 특색을 구비한 독특한 행로는 시작되었다.

미국의 지도자는 반란을 이끄는 사람

미국의 지도자는 반란을 이끄는 사람이다. 미국인들은 변화하고, 전진하고, 재창조하는 과정을 지도할 수 있는 대통령을 원한다. 대통령은 무엇이 망가졌는지 알아야 하고 그것을 고치는 방법도 알아야 한다. 그리고 문제에 맞서 '싸워야' 한다.[40] 문제의 핵심을

---

39 클로테르 라파이유 지음, 김상철. 김정숙 옮김, 『컬쳐 코드』, 리더스 북, 2007년, 274쪽 참조.
40 『컬쳐 코드』, 275쪽 참조.

파악하지 못하거나 문제를 회피하려는 지도자를 선호하지 않는다. 반란의 본질은 변화하려는 것을 말하며, 변화한다는 것은 승화한다는 것을 의미한다. 사실 조직이 변하려면 구성원도 중요하지만, 궁극적으로 지도자의 쇄신과 변화 없이는 불가능하다. 지도자가 어떻게 생각하고 문제를 풀어가려는지 그 마인드가 곧 그 조직을 고스란히 보여준다고 해도 과언이 아니다.

자신이 지향하는 바를 말이나 행동으로 명확히 밝히지 못하는 사람은 유능하다고 할 수 없다. 자기 의사를 논리적으로 표방하여 국민의 마음을 사로잡고 지금의 깃발이 어디를 향하려는 것인지 제대로 전달하고 인지시키는 것은 민주국가의 리더가 갖춰야 할 미덕이고 기본인 까닭이다. 따라서 미국인은 대통령이 미국이 나아가야 할 방향과 국민을 그곳으로 인도할 방법을 알고 있음을 보여주길 바란다. 그래서 그의 언어가 군중을 압도할 수 있기를 희망한다. 따라서 생동감 넘치는 언어적 표현을 갈망한다. 반기를 들거나 저항하는 군중의 의사를 무시하거나 피하는 것이 아니라 그들에게 다가가서 귀담아듣고 수용할 수 있는 능력의 전사가 되어야 한다.

따라서 『컬처코드』에서는 다음과 같이 말하고 있다. "미국인들은 대통령이 너무 많은 생각을 가지고 있는 것을 바라지 않는다. 대신 어려움을 이길 수 있는 용기와 개척정신, 강인한 생존 본능을 전달해주는 지도자를 원한다.[41]"

이는 제도화된 종교를 믿지 않는 사람들에게는 뜻밖의 사실일지 모르지만, 모세 이야기의 종교적 요소들을 제거하면 그가 미국 대통령

---

41 『컬처 코드』, 277쪽 참조.

에 대한 코드를 상징하는 데 적합한 인물이라는 점을 알게 될 것이다. 즉, 그는 강력한 비전과 자신의 민족을 곤경에서 구하겠다는 의지를 갖춘 반란의 지도자였다. 이것은 마인드의 변화와 혁신안에서만 가능한 일이다. 사실 성서상으로는 그런 인물이 아님에도 불구하고 현실적으로 미국이 이해하고 있는 모세는 그렇다. 모세는 겸손했고 아론이 자신의 말을 대변해주어야 할 만큼 언변력이 좋은 사람도 아니었으며, 한없이 유약했던 인물이다. 두려움도 많았던 인물이다. 그렇기 때문에 그의 신앙은 더욱 굳건해졌고, 그런 덕분에 그 믿음에 따라 흔들림 없이 밀고 나가는 것처럼 보였을 것이다. 따라서 모세는 자신의 민족에게 불가능한 일을 할 수 있다는 믿음을 갖게 했다. 움츠러들지 않고 다시 일어서서 밀고 나가야 한다는 신념을 심어주었다.

조지 워싱턴은 오합지졸의 군대를 이끌고 막강한 영국 군대와 싸워서 물리쳤다. 에이브러햄 링컨은 남북전쟁에서 승리할 수 있다는 확신을 주었지만, 그는 늘 그의 기도실에서 간절히 기도했던 인물이고 신경과민에 걸릴 정도로 조국의 위기를 걱정하며 살았다. 존 F. 케네디는 서민을 위한 정책, 인종차별 문제에 대해서 특히 젊은 층을 사로잡았다. 이들은 단순히 말솜씨나 이상주의로 이런 일을 해낸 것은 아니다. 그들은 탁월한 비전을 함께 나누고자 설득함으로써 온전히 국민의 편에 서서 행동했으며, 사막에서 벗어나 약속된 땅으로 갈 수 있도록 방향을 제시했다. 그리고 링컨과 마찬가지로 존 F. 케네디 역시 건강상의 많은 문제가 있었지만, 다른 지도자들 역시 대중에게 알려지지 않은 괴로움과 두려움, 정신질환으로 고통을 겪었을지 모를 일이다. 지도자가 정책을 결정하고 선택해야 하는 무거운 책임감은 갈등과 번민, 고독과 고통으로 그들의 몸에 고스란히 밀려오는 까닭일 거다.

그러나 미국인들은 대통령이 성서의 모세처럼 신의 인도를 받는 이상적이거나 완벽한 대통령을 원하는 것만은 아니다. 완벽함이나 혹은 완전한 이미지의 사람보다는 청년답기를 바란다. 생각과 활동면에서 나이를 생각하고 체면과 체통에 연연하여 너무 빨리 노화하는 지도자를 원치 않는다. 왜일까? 미국인들은 대통령이 미국의 정신과 조화를 이루기를 바라는데, 이는 처음부터 일을 올바로 처리해야 한다는 뜻과는 거리가 멀다. 일그러진 지도자의 마인드에 반기를 드는 것, 거기에서 기꺼이 탈출을 시도하고 새로운 땅에 개척과 도전을 했던 미국정신과 모세의 리더십은 일치한다. 그리고 미국인은 끝없이 방황하고 실패했을지라도 다시 일어서고 자신에게 던져진 인생과 싸울 줄 아는 강인한 사람을 원한다.

미국인들은 낙태와 동성애자 권리, 핵무기, 사회보장제도, 이민 억제와 같은 중요한 문제들은 어떤 조치를 취하기 전에 매우 오랫동안 논쟁을 벌인다. 미국 헌법의 장점은 아무리 강력한 지도자라 해도 과다한 권력을 소유할 수 없다는 점이다. 대통령직을 마치고 나면 본래의 신분으로 돌아간다. 미국의 기본 속성은 한 대통령의 임기 중에 너무 많은 것을 변화시키지 않는 것이다. 대통령이 변화시키는 것은 미국의 정신이나 낙관주의 정신 또는 낙관주의 정신의 결여이다. 이는 대체로 모세를 대신해서 약속된 땅으로 데려갈 수 있다는 믿음을 줄 수 있는 대통령의 능력과 관련이 있다. 2004년도 대통령 후보들은 모두 이러한 코드와 전혀 맞지 않았다. 예를 들어, 조지 부시는 모세의 역할을 수행하지 못했기 때문에 비관주의가 생겨났고, 지지율도 역사상 유례가 없을 정도로 낮았다.[42]

미국은 큰 이상을 품고, 위험을 무릅쓰고, 실수를 통해 교훈을 얻는 사람들을 격려하고자 한다. 또한, 재창조와 새로운 출발을 장려하고 싶어한다. 미국인들은 정치인들이 더 나은 미래에 관한 비전을 제시해주기를 바란다. 미국이 꿈꾸는 리더이고 미국이 추구하는 자유로움이다. 그러나 현재 세계화를 추구하는 미국의 모습이 과연 이럴까? 어쩌면 오바마의 모습은 모처럼 미국인이 찾아낸, 그리고 미국이 만들어낸 모세일 수 있지만, 이런 미국 지도자의 모습은 어떤 프로젝트를 진행해 나갈지 그 변화가 궁금하다. 지금 현재 미국이 위험해지고 있는 이유, 즉 세계를 지배하는 소수점 이하의 극소수 부유층이 자신들의 탐욕에 브레이크를 밟지 않고 있는데, 미국의 지도자는 어떻게 이 힘겨운 전쟁을 버텨나갈 것인지, 우리의 초점은 바로 여기에 있다.

정의를 말한다면 싸워라

침묵은 깊은 사색과 온유를 유지하는 시간이다. 그러나 때때로 침묵은 무서운 범죄이기도 하다. 나치에 저항하는 독일의 목사인 마틴 나묄러의 시를 살펴보자.

---

42 『컬처 코드』, 277쪽 참조.

나치가 공산주의자들에게 왔을 때 나는 침묵하고 있었다.

나는 공산주의자가 아니었으니까.

그들이 사회주의자들을 가둘 때 나는 잠자코 있었다.

나는 사회주의자가 아니었으니까.

그들이 노조에 왔을 때 나는 항의하지 않았다.

나는 노조가 아니었으니까.

그들이 유대인에게 왔을 때 나는 침묵을 지키고 있었다.

나는 유대인이 아니었으니까.

그들이 나에게 왔을 때, 아무도 항의해 준 이가 남아있지 않았다.

침묵으로 얻는 안락이 아니라 저항하며, 정의를 얻어라. 위의 시가 주는 메시지다. 미국의 신화 안에는 법의 통치가 있다. 즉 '법에 복종하라'는 것이 그것이다. 하버드 법대 석지영 교수는 "법이란 패러독스다. 규제와 자유 사이에는 긴장이 존재한다. 규제를 하면 자유가 제한되지만, 반대로 규제 없이는 누구나 자유로울 수 없다. 그렇기 때문에 질서 있는 사회, 모두가 좋은 것들을 공평하게 누리려면 기본 틀이 필요하다. 법의 존재 이유다.[43]"라고 말한다. 그러나 하워드 진은 법에의 절대적 복종도 일시적으로 질서를 가져올 수는 있으나, 반드시 정의를 가져다주는 것만은 아니라고 얘기한다. 즉, 우리에게는 법을 준수하는 것보다는 정의를 추구할 의무가 더 많다는 것이다.

『레미제라블』서문을 보면 다음과 같은 말이 있다. "법률과 관습에

---

43 석지영 지음, 『법의 재발견(At Home in the Law)』, 북하우스, 2010년, 10쪽 내용 정리.

의거하여 사회적 형벌이 내려진다. 그로 인해 문명의 얼굴을 하고도 이 땅 위에 지옥이 만들어지고, 신성하게 대접받아야 할 인간의 운명이 죽음으로 내몰린다." 흔히들 '법은 살아 있다'고 말하지만, 정말 간신히 살아있는 경우가 많은 데서 일어나는 현상이다. 가장 느리게 변화하는 것도 바로 법이다. 그래서 정의를 실현하기까지 너무나 오랜 시간으로 사람들을 고통의 도가니에 넣을 때도 많다. 법이 모든 인권을 보장해줄 수 있고 자유를 보장해준다면 사회의 분노도 절규도 필요치 않을 것이다. 이것을 대변해줄 수 있는 사람들이 최고의 교육을 받은 사람, 특히 지식인이 되어야 하겠지만 정작 그들은 그들의 밥그릇 챙기기에 바쁠 때가 많다.

여기서 잠시 지식인의 역할과 몫에 대해 생각해보기로 하자. 똑같이 펜을 만지고 산다고 해서 지식인과 최고의 교육을 받은 사람이 동일 선상에 있거나 동일한 개념을 의미하는 것은 결코 아니다. 펜은 군대에서의 무기와 같은 것이다. 체계적인 이론과 논리가 사회의 정의와 법, 규준, 가장 인간적인 것을 위해, 그리고 무엇보다도 더 많은 사람이 행복하고 자유롭게 살 수 있도록 날카로운 필력을 사용했을 때 비로소 지식인으로 거듭날 수 있는 것이다.

따라서 정부나 극소수 부유층의 입맛에 맞추어진 지적 논증을 세워주고, 그에 맞는 프로그램을 진행해주면서, 그에 상응하여 자신이 누릴 수 있는 부와 명예를 누리는 엘리트 집단이 꼭 지식인의 상징으로 받아들일 수 있는 것은 아니다. 그러한 무리는 그저 최고의 교육을 받고 최고급 호화선을 탄 어리석은 귀족에 불과할 뿐이다. 일명 '학자(學者)'라고 함은 한자어 그대로 '배우는 놈'을 말한다. 사람이 어렵게 공부를 마쳤다고 생각하면 등 따시고 배부를 수 있는 곳을 찾아 정착하려는 기질이 생긴다. 그에 그치는 것이 아니라 최고급 호화선을 탄 귀족을 흉내 내고 싶은 욕구가 가슴에서 스멀거린다. 그 문턱을 넘는 순간 '학자'로서의 생명력은 바람처럼 사라져간다. 그러나 '배우는 놈'이라 불린다는 것은 사치와 호화스러운 삶 안에서 짝퉁 귀족의 흉내를 내는 무리가 아니라, 끊임없이 배우면서 그 장소가 어디든 자신의 현 직분과 관계없이 지식인의 목소리를 낼 수 있는 무리를 말하는 것이다.

변화가 빠른 이 시대, 특히 신자유주의 체제에서 교육받은 많은 사람들의 마인드는 인문주의적 성향과는 상당한 거리를 두게 될 것이다. 그럼에도 변해서는 안 되는 것이 있다. '지식인'이 가지고 있는 고유의 색깔이다. 시대를 바라보는 통찰력과 비판정신, 그리고 연민을 느낄 수 있는 마인드가 그것이다. 시대가 요구하는 정신이 무엇이든 간에 사회가 곪아있고 민중이 아파 있을 때 침묵하고만 있는 것이 '지식인'의 모습일 수는 없다. 그것이 바로 최고의 교육받은 사람과 지식인의 차별화다.

마틴 루터 킹의 말에서 우리는 답을 찾는다. "모든 비극의 가장 나쁜 점은, 악인들의 잔인함에 있는 것이 아니라 선인들의 침묵에 있습니다." 킹 목사의 이 연설은 흑인과 백인을 합쳐 25만 명이 함께한 워싱턴 행진의 정점이었다. 데이비드 J. 개로우는 킹의 전기 『십자가를 지고』에서 이렇게 말했다. "민권 운동의 도덕적 힘을 수백만 미국 시청자들에게 전달해준 날카로운 호소였다. 이제…, 백인의 미국은 명백한 정의를 원하는 흑인들의 요구에 직면하게 되었다." 이 행진 후에

민권법은 국회를 통과했고, 1964년 6월 존슨의 서명으로 발효되었다.

정의란 무엇인지 몸으로 보여준 지식인의 모습이고, 많은 사람들이 미국을 생각할 때 떠올리는 첫 이미지다. 미국은 열심히 일하는 것이 즐거울 수 있는 나라, 노력을 하면 성공을 기대할 수 있는 나라, 불의를 보면 법의 지원에 의해 얼마든지 인권을 다시 보장받을 수 있는 나라, 자유와 행복을 꿈꿀 수 있는 나라, 그런 든든한 지원을 해줄 수 있는 모델이었음에 틀림이 없다. 그러나 미국은 차츰 생명력을 잃은 모습으로 변해가면서 그 생기를 잃어가고 있다. 모세와 같은 지도자의 이상과 꿈으로 이 나라를 이끌어가려는 지도자의 의지와 에너지가 간절하다.

미국은 왜 오바마에게 열광했는가?
그리고 왜 반기를 들었는가?

오바마의 말은 가슴에서 흘러나온다

2009년 2월 24일 첫 의회 연설을 마치고 회의장을 나선 버락 오바마 미국 대통령에게 사인을 받기 위해 엄청난 인파가 몰렸다. 놀라운 것은 이들의 대부분은 오바마와 정치적 이념이 다른 공화당 의원들이었다는 사실이다. 오바마와 사진을 찍고 그의 사인을 받기 위해 자녀들까지 데리고 줄을 서 있던 의원들의 모습은 마치 싸이의 「강남 스타일」을 보기 위해 콘서트장을 찾은 열성 팬들 같았다. 오바마의 경기부양책에는 완강히 반대하는 공화당 의원들마저 그의 사인을 받으며 매료되었던 원인은 무엇이었을까? 우선 그의 뛰어난 언변력에서부터 살펴볼 일이다.

2008년 오바마의 대선 연설을 듣고 있자면 가슴이 찡해질 때가 많다. 그는 미국의 국민들에게뿐만이 아니라 우리 이방인의 가슴에도 희망의 메시지를 실어주고 있기 때문이다. 그 희망의 메시지를 가슴

파고드는 눈빛으로 이야기할 때면 우리는 그에게 빠져 들어가지 않을 수 없다. 핸섬한 인기 연예인도 아닌 정치인에게서 이런 느낌은 정말 오랜만인 것 같다. 흔히들 그에게 말을 잘한다고 한다. 그러나 말을 잘하는 사람은 이 시대에 너무 많다. 오히려 어리바리하게 말을 잘못하는 사람이 그리워질 정도로 말을 잘하는 사람은 많다. 그러나 그의 말은 가슴에서 흘러나온다. 청소년기를 방황하면서 정치인이 되기까지 그의 삶 안에 있었던 어려움이 잘 정화되어 희극이 되어 나타난다. 잠시 이방인으로서 와 있는 사람으로서도 이 넓은 미국 땅에서 소수민족. 유색인종. 흑인들이 살아간다는 일은 그리 만만한 일이 아닌 것처럼 느껴진다.

주택 부실 정책문제로 시작된 미국 경기침체는 세계의 경기를 침체시키는 데 단단한 몫을 했다. 부유함과 강대함의 상징이라는 미국에서 부쩍 거지들을 자주 보게 됨은 물론, 한겨울 길거리에서 추위로 얼어 죽는 사람들도 많이 보게 된다. 이곳이 강대국이고, 부유하다는 그 나라가 맞을까 싶을 정도다. 빈민들을 재워줄 수 있는 곳도 매우 제한적이라고 한다. 그들의 눈동자는 초점 없이 허공을 살핀다. 여기가 정말 미국 땅이란 말일까? 미국인들은 인권의 보호를 얘기하면서 자신들의 노동 대가를 단단히 챙긴다. 그런 나라에서 자기 몸 하나도 제대로 챙기지 못하는 사람이 이토록 많다고 하는 것은 실로 놀라운 일이 아닐 수가 없다.

그런데 흑인이 마치 빈민가의 상징인 것처럼 여겨졌던 미국 땅에서 흑인 대통령이 나왔다. 많은 한국인들은 먼저 경제문제에 초점을 맞추었다. 오바마가 미국 경기를 살릴 수 있을까? 필자 역시도 그 부분에 초점을 기울였다. 그러나 미국인들, 특히 젊은이와 유색인종, 흑인들에게는 초점이 달랐다. 경제를 잘 이끌어가길 그들은 너무나 바란다. 그러나 그들의 심장이 오바마를 향해 뛸 수 있는 이유는 국민 대다수를 상징하는 서민의 편에 서 있고, 그들의 가슴을 읽어주고 있다는 것이다. 그렇다고 그 반대편의 입장에 서 있는 사람들에게 맞서려고 하지도 않는다. 그들과 함께 미국의 이 힘든 상황을 견디어 보자고 호소한다. 편을 가르지도 않는다. 생각이 다르다고 이념적인 선을 긋지도 않는다. 지금 미국의 상황이 너무나 힘들지만, 이전에도 여러 난관을 극복해 왔던 것처럼 힘을 모아 다시 일어서보자는 것이 그의 메시지이다. 그의 언어엔 비방은 없다. 자신이 미처 생각지 못했던 질문이나 난관에 대해서는 어떻게 해결해야 할지, 어려우면 어렵다고 솔직하게 토로한다.

말이 노예이지 온몸에 족쇄를 차고 채찍질을 맞으며 그의 선조들은 미국 땅에 그렇게 끌려왔다. 특히, 여자 노예는 백인 주인들의 성적(性的)인 노예 역할까지도 해야 했던 시절이 있었다. 그리고 흑인은 너무나 무능하고 열등하다고 오랜 역사 동안 세뇌당해왔다. 그들의 가슴은 무엇을 생각했을까?

오바마의 당선은 단순한 꿈의 상징이 아니다. 단지 흑인들의 얼룩진 맘을 풀어주는 역할로 그치는 것도 아니다. 이 시대의 아픔이 뭔지, 국민이 원하는 것이 무엇인지, 그는 그 소리를 가슴으로 듣고 있었던 대통령이고, 자기 몸으로 느껴왔던 체험을 한 대통령이다. 침묵하는 사람의 말에 더 귀를 기울이는 대통령이다. 그리고 아픔을 한 맺힘으로 풀어나가려는 것이 아니라 긍정적이고 유머러스하게 해결하고자

하는 대통령이다. 한마디로 시대를 제대로 읽어가는 사람이다. 따라서 미국의 민중은 그와 '함께'라는 실감을 하게 된다는 것이다.[44]

오바마의 탄생은 단지 미국 공화당에 경종을 울리는 일만이 아니다. 그야말로 정치인이라면 너나 할 것 없이 혀를 내두르게 되었던 것은, 국민의 정서와 분리된 말장난을 일삼기 때문이었다. 문제의 핵심은 놓치고 탁상공론으로 소일하는 정치인에게서 매력을 느낄 수는 없었다는 것이다. 더군다나 그들 국민의 세금으로 말이다.

중국사에서 전국(戰國)시대는 한 마디로 '변혁의 시대'였다. 이 시대는 사회상이 아주 혼란스럽고 각 계층과 계급 간의 갈등이 한껏 고조되었던 시기다. 내로라하는 많은 사상가가 여러 가지 사상과 학설을 통해 백성을 어떻게 부양해야 할지 대책을 제시하고 시도했던 시대다. 왜 그랬을까? 나라가 혼란하고 학설이 분분하며, 뚜렷하고 명백한 지도력을 갖지 못한 리더 밑에선 국민이 흔들릴 수밖에 없다. 구심점과 방향이 뚜렷지 않은 깃발을 향해 달려갈 사람들이 어디 있겠는가? 이런 시기일수록 구구한 논리와 논쟁이 빈번해질 수밖에 없는 것은 너무나 당연한 일이다. 또한, 새로운 유형의 리더십을 요구하기도 한다. 이는 시대의 절박한 요구 때문일 것이다.

하물며 이 시대 최고의 교육을 받은 사람이 속출하고 있는 한국 상황에선 어떻겠는가? 과거에 수고하고 고생하여 나름대로 성공신화를 만들어낸 리더라고 해서 '현재'라는 시점에서도 그런 방식이 맞을 것으로 생각한다는 것은 교만이고 시대착오다. '현재'라는 시점에서 '과거'의 근거와 논리로 풀어가려는 지도자의 말을 국민은 무작정 신

---

44 졸고, 『세계화 속의 한국교육』, 221쪽 참조.

뢰할 수 있었을까? 전문가들의 말을 따를 수 있을 만큼, 정치·경제·교육적 방향이 제대로 되어 있었는가? 전문가는 새롭게 변화하는 시대적 요구와 잣대를 제대로 이해는 하고 있었던가? 전문가들이 세상을 등지고 책과 씨름하며 논증적 근거를 찾는 동안 세상은 거듭 변하고 요동치고 있다. 그들이 스펙 쌓기 삼매경에 빠져 있는 동안 사람들은 세상에 부딪쳐 오는 새로운 조류를 감지하고 그 변화에 새로운 대책을 요구했다.

2009년 인터넷에서 매회 수마다 경제 예언자처럼 느껴지는 미네르바의 글이 올랐고, 국민들이 그 글을 추종했다. 하루에도 달러 환율은 몇십 원씩이나 널뛰기를 하고 불과 한두 달 사이에 1,000원 하던 환율이 1,500원을 달리는 극도의 불안정한 상황이었다. 이런 상황 속에서 소시민으로 살아가야 하는 대중들의 심리가 어떠했을까? 그들의 재산이 하루아침에 눈 멀뚱히 뜨고도 날리고 있는 그 심경 말이다. 대중은 그 당시 환율변동은 물론, 앞으로 청년들이 살아가려면 어떻게 이 시국을 대처해야 할 것인지를 말하는 일명 인터넷의 경제 대통령으로 불리는 미네르바의 말에 귀를 기울였고, 그가 도대체 어떤 사람일지 궁금해했다. 경제학 교수거나 금융계의 거물 즈음 되지 않을까라는 추측도 난무했다. 나중에 밝혀진 사실에 의하면 그는 전문대 졸업자에 무직자로 밝혀졌고 많은 전문가들을 무색하게 만들었다.[45]

세계 어느 나라나 고대부터 현대에 이르기까지 배가 부르고, 나라가 대다수의 민중을 존중해주고, 민중을 위한다는 신뢰만 있으면 국민은 정부의 정책에 대해서 운운하지 않는다. 한 개인의 심기가 불편

---

45 졸고, 『세계화 속의 한국교육』, 231쪽 참조.

해지고 미래가 불투명해지면 종교보다는 점쟁이 집을 찾아가는 것이 추세이다. 머리에서 나오는 언어가 아니라 가슴에서 흘러나오는 사람의 언어에 의지하고 싶은 까닭이다.

오바마는 군중심리를 읽는 긍정과 희망의 메신저다

　　　　인터넷으로 자기 의사를 표명하는 일은 이미 세계인의 정서를 자연스럽게 지배하는 일이다.

1960년대와 70년대를 폐쇄적으로 살았던 중국조차도 인터넷을 통한 국민과의 소통을 강조하는 세상이 되었다. 중국의 원자바오(溫家寶) 총리가 2009년 2월 28일 오후 3시부터 실시된 사상 최초의 지구촌 네티즌들과의 실시간 대화에서 그는 네티즌들과 대화를 나누는 것은 참으로 흥미로운 일이라며 인민들은 정부가 무슨 생각을 하고 무엇을 하려 하는지 알 권리가 있다고 강조했다. 원 총리는 금융위기에 대해 어느 면에서 신뢰와 신용의 위기라고 본다며 전국 인민이 신뢰를 할 때 국가는 희망이 있으며, 난관을 넘는 데 있어 신뢰를 다지는 것이 가장 중요하다고 지적했다.[46]

과거에는 민중의 심리를 읽기 위해, 그리고 대중과 소통하는 방식으로 왕이 거리거리를 행차했다면 지금 이 시대는 인터넷에서 국민의 가십이 무엇이고, 정서가 어떻게 표출되는지를 잘 살피는 것이 민심

46　헤럴드 경제& heraldbiz.com, 2009년 3월 1일.

을 읽는 원동력이다. 굳이 남대문시장과 동대문시장을 좇아갈 이유는 없다. 쓴소리가 거슬리기 시작하고 주변에 칭찬 일색만 장황하다면 그것은 그 지도자의 하향곡선임을 인지할 필요가 있을 것이다. 아무런 기대도, 희망도 없는 지도자에게 쓴소리를 하는 군중이란 없다. 이때의 군중은 철저히 침묵으로 외면하는 일뿐이다. 여러모로 다양화되어가는 세계관이 지배하는 시대에 다양한 민심이 쏟아져 나오는 것은 너무나 당연한 일이다. 그렇게 소리 낼 수 있는 장(場)을 폐쇄하려 하거나 소리 낼 수 없게 하는 것은 그 지도자가 두려움으로 가득하다는 상징일 뿐이다. 가장 무서운 것은 민심이 침묵할 때이다. 내면의 흘러나오는 소리를 폐쇄하면 그 민심은 결국 폭동으로 일어서는 게 역사적 몸짓이었던 까닭이다.

그렇다면, 오바마에 대해서 미국이 열광하는 이유는 무엇일까? 오바마는 바로 이 시대의 절박한 요구를 잘 읽고 있다. 패션에만 유행이 있는 것은 아니다. 정치도 군중심리라고 하는 유행에 민감한 분야다. 한국인들은 거의 모두가 패션모델이라고 해도 과언이 아닐 만큼 유행에 민감하다. 유행이란 것은 그 시대와 함께하는 정서. 문화를 무리지어 함께 이야기하고 있다는 증거이다. 서로 말하지 않아도 '함께' 그 정서를 즐긴다는 것이다. 그는 국민 여론과 정서의 흐름을 언어와 몸짓으로 읽어주고 있는 대통령이다.[47]

2009년 1월 20일 오바마 취임식이 있던 날, 그는 현재 미국의 어려움을 솔직하게 고백한다. "정치가란 다 마찬가지다. 건너갈 강도 없는데 모두 다리를 세우겠다고 약속한다."라던 흐루시초프의 말처럼 자

---

47 졸고, 『세계화 속의 한국교육』, 220쪽 참조.

신이 다해내겠다고 큰소리치지도 않는다. '함께' 해달라는 도움을 오히려 국민에게 호소한다. 그래서 국민 한 사람 한 사람이 존재감과 자긍심을 느낄 수 있도록 한다. 그의 취임 연설문에는 사실 새롭고 획기적인 말은 없었다. 그러나 그는 정확하게 시대를 읽고 있었고, 국민과 함께하고 있었다.

우리는 지금 위기에 처해 있다는 사실을 잘 알고 있습니다. 우리는 지금 저 멀리 증오와 폭력의 조직과 전쟁 중입니다. 우리의 경제는 탐욕과 무책임의 결과이자 새 시대를 제대로 준비하지 못하고 과단성 있는 선택을 하지 못했기 때문에 어려운 상황에 놓여 있습니다.

집값이 내려가고 일자리가 사라지고 여러 사업장이 문을 닫았습니다. 우리의 건강보험은 너무나 비싸고 교육은 많은 곳에서 실패했습니다. 그러나 더욱 중요한 문제는 국가 전체적으로 자신감을 잃어가고 있다는 것입니다. 미국의 추락은 불가피하여 우리의 다음 세대는 안목을 낮춰야 한다는 두려움이 문제입니다.

여러분! 오늘 우리가 직면한 도전은 실제 상황입니다. 그것은 심각하고 헤아릴 수 없이 많습니다. 그것은 쉽게 짧은 시간에 극복될 수 없습니다. 그러나 미국은 할 수 있다는 점을 명심하십시오. 우리는 두려움보다는 희망을, 갈등과 반목보다는 목적을 위한 단결을 선택했기 때문에 오늘 이 자리에 모였습니다. 우리는 사사로운 불만과 허황한 약속, 그리고 우리 정치사에서 오랫동안 계속했던 반목과 낡아빠진 도그마들의 종식을 선언하기 위해 이 자리에 왔습니다.

미국의 위대함을 재확인하면서 우리는 위대함이란 결코 주어지는 것이 아니라, 스스로 일구어내야 한다는 점을 명심해야 합니다. 우리의 여정은 일보다는 여가를 좇고 부와 명성의 즐거움만을 추구하는 사람들의 나약한 길이 아니었습니다. 오히려 그것은 일터에서 묵묵히 일하면서 번영과 자유를 향해 길고 험한 길을 달려온 이들의 길이었습니다.

미국은 여전히 지구상에 가장 번영되고 강력한 국가입니다…. 우리의 능력은 쇠퇴하지 않았습니다. 우리는 오늘부터 다시 일어서 몸의 먼지를 털고 미국을 재건하는 일을 다시 시작해야 합니다. 지금 일부에서는 우리의 시스템으로 그러한 원대한 계획을 실현할 수 있을지 의심하고 있습니다. 그들은 미국이 지금까지 이룩해낸 것을 잊어버린 사람입니다. 그들은 상상이 공공의 목적과 연결되고 필요가 용기를 만날 때 자유로운 사람들이 해낼 수 있는 것을 생각하지 못했습니다….

우리가 그동안 해온 각고의 노력은 결코 약점이 아니며 강점입니다. 우리나라는 기독교, 이슬람, 유대교, 힌두교는 물론, 무신론자들의 국가이기도 합니다. 우리는 지구상 곳곳에서 온 다양한 언어와 문화로 구성된 국가입니다. 우리는 남북전쟁이라는 내전의 아픔과 분리의 아픔, 그리고 어두운 시대를 거치면서 더욱 강력해졌고, 단결해왔습니다. 따라서 우리는 과거의 증오는 언젠가 사라지고, 인종 간 분리도 해소될 것이며, 세계가 점점 부패하고, 사기가 판을 치고, 이견을 갖고 있으면서도 침묵으로 일관하는 상황에서도 이를 해결하는 데 적극 도움을 줄 수 있을 것이란 점을 믿어왔습니다….

우리 정부가 해야만 하고, 할 수 있는 만큼 국민 여러분 또한 믿음과 단호한 결의를 해주십시오. 강의 제방이 무너졌을 때, 친구를 만날 시간을 쪼개 봉사를 해온 분이 일자리를 잃었을 때 집으로 데려가 위로하는 친절을 베풉시다. 연기가 가득한 계단 속에서 진화 작업을 하는 소방대원의 용기나 자녀를 키우는 부모의 자애심 모두 우리의 운명을 결정하는 중요한 요소들입니다.

우리 앞에 놓인 도전들은 새로운 게 많은 만큼 이에 대처하는 방식도 새로워져야 합니다. 하지만 도전에 이기는 데 필요한 가치는 비록 오래되기는 했지만, 근면과 정직, 페어플레이 정신, 관용, 호기심, 충성과 애국심, 바로 그것입니다. 이런 정신들은 역사를 진보시켜 온 말 없는 강력한 힘들입니다. 그다음 필요한 것은 이러한 정신으로 우리가 복귀하는 것입니다….

다 함께 오늘 우리가 그동안 얼마나 전진해왔는지, 그리고 우리가 누구인지를 추억해 봅시다. 미국이 건국되던 해, 혹한의 겨울철에도 애국자들은 추운 강가의 꺼져가는 모닥불 주변에 모여서 싸우고 있었습니다. 수도를 적군에 빼앗긴 채 눈밭이 피로 물든 상황에서, 혁명의 성과마저도 불확실하던 상황 속에서도 우리 건국의 아버지들은 다음과 같은 내용을 외우며 견뎌냈습니다.

'미래의 세계를 생각하자. 희망과 미덕을 찾아보기 어려운 한겨울에도 공동의 위험에 놀란 도시와 나라가 공동으로 대처하기 위해 나섰다'는 구절인데, 그게 바로 아메리카입니다. 올겨울 우리는 다 함께 어려운 시절을 맞았는데, 건국의 아버지들이 외우던 구절을 다시 상기합시다. 희망과 덕목을 지니고 한 번 더 한파를 뚫고 폭풍을 견디며 나아갑시다."⁴⁸

그의 말을 들어보면 역대 미국 대통령들의 연설문과 큰 차이점이 보이진 않는다. 오히려 과거 대통령들의 문장을 부분 부분 옮겨 적은 것처럼 유사한 구석이 많다. 그러나 그의 말에선 불편한 진실들을 털어버리고 다시 일어서자는 긍정의 메시지가 강하다.

2009년 2월 24일, 버락 오바마 대통령은 의회 상·하원 합동회의 첫 연설에서 취임식 때보다 훨씬 더 자신감이 넘쳤다. 의사당 내 참석자들의 박수와 환호성은 연설하려는 순간에도 그치질 않았다. 연설 내용은 경제위기에 대한 도전과 회복에 초점이 맞춰졌다. 이날 연설에서는 조지 부시 전 대통령이 자주 사용하던 '테러'와 관련된 표현이 거의 없었다. 위기에 직면한 국민들의 심리에 안정을 주고 희망의 메시지를 전달했다. 극도로 위축되거나 위기에 대한 두려움이 깊어진 국민에겐 이 메시지가 치유가 되고 자신감이 되어줌은 두말할 것도 없다.

오바마는 군중의 시대적 정서를 읽었다

홍정욱 전 의원은 2009년 1월 29일, 국민일보 기자와의 인터뷰에서 이렇게 말했다: "간절한 희망은 간절한 위기 때 탄생한다고 하지요. 그는 이런 역사의 진리를 보여주었습니다. 오바마는 적과 동지를 모두 끌어안는 '반전의 정치'를 하고 있습니다." 위기나 변화의 바람이 불 때 어떤 사람은 창문을 만들고 어떤 사람은 벽을 만든다고 한다. 오바마는 어떤 선택을 했을까? 한마디로 오바마는 '나'와 '너', '우리'와 '그들'이란 단어로 사람을 분리하거나 적대감을 유발시키지 않는다. 사람들이 한없이 힘들고 어려울 때, 사람과 사람의 마음이 나누어지고 공감을 유발하지 못한다는 것은 고통을 한층 가중시키는 일이다. 더군다나 위기에는 낭비할 시간이 없다. 공감을 유발하지 못하면, 목표점이 아무리 숭고하다고 할지라도 가는 길목마다 막히게 마련이다.[49]

대공황으로 몸살을 앓고 있던 시대, 미국의 후버(Herbert Clark Hoover, 1874~1964) 대통령과 영부인은 나팔수들이 트럼펫으로 식사시간을 알려주고 흰 장갑을 낀 하인들이 시중을 드는 7코스 정찬을 들었다. 후버 대통령은 제왕의 체통과 품격을 유지하는 것이 국민의 사기진작에도 좋을 것이라고 생각했다. 정말 그랬을까? 백악관 밖에서는 미국인들이 쓰레기통 속의 먹을 것을 서로 차지하려고 아귀다툼을 벌이고 있는데 말이다. 그들은 1924년에 약속하여 1945년에 지급하기로 되어 있던 퇴역병들에 대한 '보너스' 지급을 의회에 요청하

---

49 졸고, 『세계화 속의 한국교육』, 221쪽 참조.

기 위해 온 것이었다. 굶주리고 절망에 빠진 이들에게는 일자리도 없었고, 앞으로 얻게 되리라는 희망도 없었다. 이들에게는 오직 허기에 지친 가족들만 있었을 뿐이다. 이들은 살기 위해서 약속한 보너스를 받아야 했다. 구제를 원하는 그들의 간청은 묵살되었다. 후버나 의회나 사법부나 언론이 보기에 그들은 퇴역병이 아닌 '빨갱이 선동자들'이었다. 후버는 보너스 군대 대장을 만나는 대신 군대를 소집했다. 국가는 이들에게 보너스 대신 최루탄과 총알을 선사했다.[50]

보너스 군대에 대한 공격은 1932년 대통령 선거전이 한창일 때 이루어졌다. 한편, 당시 미국의 칼럼니스트였던 리프만은 민주당의 루스벨트를 '대통령직에 필요한, 중요한 자질은 하나도 갖추지 못한, 귀여운 보이스카우트 단원'이라고 불렀다. 그럼에도 그가 대통령으로 당선이 되었다. 보너스 군대가 다시 워싱턴으로 돌아왔을 때, 루스벨트의 아내 엘리너는 그들의 말을 들어주고 커피를 나누어주며, 그들과 함께 어울려 노래를 불렀다. 굶주림과 추위로 심장조차 얼어버릴 것 같은 사람들에게 진정 중요한 것은 무엇이었을까? 정치인들의 시각으로 '좌'와 '우'라는 선을 긋고 그들의 정당한 요구를 왜곡하며, 최루탄을 쏘는 리더에게 편을 들어줄 시민이 있었겠는가?

어떤 리더에게든 나름대로 굳은 신념이 있었을 것이다. 그러나 어려운 일을 딛고 있는 군중의 심리는 어느 쪽으로 끌려갈 수 있었을까? 지칠 대로 지친 사람의 마음에선 어떤 말로 어떻게 다가오는 사람을 리더로 받아들이게 될까?[51] 얼어붙은 심장을 가진 군중을 만나며 차

---

50 케네스 데이비스 지음, 이순호 옮김, 『미국에 대해 알아야 할 모든 것, 미국사』, 책과 함께, 2007년, 402쪽 참조.

51 졸고, 『세계화 속의 한국교육』, 320쪽 참조.

한 잔을 함께 나누는 리더의 행위는 단순히 차 한 잔을 나누는 의미로만 해석되는 일이 아니다. 삶 전체의 희망이 되고 생명의식을 갖게 하는 거대한 힘이다.

오바마는 설교하지 않고 소통하기를 원한다

미국이 대통령에게 바라지 않는 것 중 하나는 설교다. 미국의 역사가 짧고 황무지를 개척해야 했던 그들의 의지를 기억한다면, 그들의 문화는 '젊음' 자체라고 할 수 있을 것이다. 그들은 어떤 일이든 정해진 틀을 강조하는 것을 좋아하지 않고, 좌충우돌할지라도 새로움을 제시하는 것을 좋아한다. 따라서 미국은 격려의 말을 듣고 싶어한다. 간섭과 설교라면 질색이다. 미국은 두려워해야 할 것은 다만 '두려움 그 자체'라고 말해줄 수 있는 코치를 원한다. 미국인들은 자신들이 최고라는 말과 해낼 수 있다는 말을 선호한다. 또한, 이 나라는 독립 혁명 전 보스턴의 제임스 오티스 시절부터 세금이라면 질색을 했다.[52] 1990년 부시가 재정적자를 해소하려고 세금 신설안에 동의하자 조지 부시의 지지율은 추락했던 사례에서도 금방 드러나는 일이다.

실제로 미국만 그런 것일까? 동서고금(東西古今)을 막론하고 민중

---

52 케네스 데이비스 지음, 이순호 옮김, 『미국에 대해 알아야 할 모든 것, 미국사』, 책과 함께, 2007년, 552쪽 참조.

은 세금을 두려워한다. 중국말에 '가정맹어호(苛政猛於虎)'란 말이 있다. '가혹한 정치는 호랑이보다 무섭다'란 말이다. 공자(孔子)가 노(魯)나라의 혼란한 상태에 환멸을 느끼고 제(齊)나라로 가던 중 세 개의 무덤 앞에서 슬피 우는 여인을 만났다. 사연을 물으니, 시아버지, 남편, 아들을 모두 호랑이가 잡아먹었다는 것이다. 공자가 말하기를 "그렇다면 이곳을 떠나서 사는 것이 어떠냐?"라고 했더니, 여인이 말하기를 "여기 사는 것이 차라리 나아요. 다른 곳으로 가면 무거운 세금 때문에 그나마 살 수가 없어요."라고 한다.[53]

무거운 세금이 서민에게 얼마나 고통스럽고 살얼음판 같은 것인지 알 수 있는 글이다. 이 시대 북한에서 핵무기로 아무리 한국을 위협을 해와도 국민들이 눈 하나 깜짝하지 않는 이유다. 먹고 사는 일이 통절한 심적 고통으로 와 닿는 판국에, 그래서 매일 아침 신선한 하루를 계획하기보다는 우울증과 자살 충동으로 살아가는 상당수의 서민과 중산층이 전쟁의 위협이 두려울 리 있을까?

경제를 살릴 재원의 마련과 재정적자 축소의 필요성을 절감하고 서민의 어려움을 감지한 버락 오바마는 신자유주의 핵심 교리 가운데 하나를 폐기하고자 했다. 대처리즘과 레이거노믹스 이후 지난 30년 동안 신자유주의 정책의 핵심 교리의 하나로 꼽혀온 부유층에 대한 감세를 증세로 대전환시키는 일이다.

부유층에 대한 증세와 함께 이라크 주둔 미군의 철수, 정부예산의 절약도 재정적자 축소의 주요 수단이다. 부시 대통령은 임기 첫해인 2001년 1,445억 달러의 재정적자를 부자 감세와 이라크 침공 등으로

---

53 『예기(禮記). 단궁편(檀弓篇)』

계속 확대해왔다. 이라크 파병 문제에 대해 전 국무총리였던 매들린 올브라이트는 "부시가 전 세계의 질서를 어지럽히고 있다"고 공격한 바 있으나, 부시는 고집을 끝내 꺾지 않은 채 "악의 뿌리를 뽑겠다."라는 신념을 펴나갔다. 그러나 이것이 과연 그의 신념이고 철학이라고 할 수 있었을까? 그는 2008년 퇴임을 하면서 홀연히 백악관을 떠났다. "전 세계인에게 미안하다."라는 너무나 짧은 말과 함께.

바로 이즈음에 등장한 인물이 버락 오바마다. 그는 월가 금융회사 경영진들의 과도한 보수에 제동을 걸었음은 물론, 이들이 누려온 온갖 특전들에 대해서도 짚고 넘어갔다. 골프장 회비, 운동시설 회원권, 주택 경비 시스템, 운전기사와 주차 관련 비용, 회사 자가용 비행기 이용 등 경영진들이 누리는 각종 혜택이 도마 위에 오른 것이다.[54] 이 무렵 뉴욕타임스(NYT)도 같은 목소리를 냈다. 금융기관 경영진들이 부실로 인해 국민의 세금을 지원받고도 많은 은행이 자신들의 기득권을 포기하려고 하지 않았다고 보도했다.

2009년 1월 20일, 오바마 취임식에서 "공공자금을 다루는 우리는 모두 책임성을 지니고 현명하게 자금을 지출하고, 또 나쁜 습관을 고치고 투명하게 일을 처리할 것입니다. 왜냐하면, 그렇게 할 경우에만 국민과 정부 사이에, 지극히 중요한 신뢰가 회복될 수 있기 때문입니다. 우리 앞에 놓여 있는 문제는 시장이 선한 힘을 지녔는지, 아니면 악한 힘을 지녔는지에 관한 것이 아닙니다. 시장의 힘은 부를 창출하고 자유를 신장시키는 데 그 무엇도 필적할 수 없을 정도로 막강합니

---

54 뉴욕 김준형 특파원, 〈버락 오바마 '월가 보너스 몰염치'〉, 『머니 투데이』, 2009년 1월 30일.

다. 그러나 지금의 위기는, 감시의 눈이 없다면 시장이 통제에 완전히 벗어나 혼란으로 빠져들고, 시장이 부유한 사람들만을 위할 때 한 국가가 더 이상 번영할 수 없다는 점을 여실히 보여주었습니다."라고[55] 한 바를 실천하는 사례다.

그렇다면 오바마 대통령은 월가를 향해 날 선 비판만 했던 것일까? 그렇지 않았다. 백악관 직원 가운데 연봉 10만 달러 이상 고임금 직원들의 연봉을 2009년 현재 시점 수준으로 동결한 것은 '고통분담' 차원의 조치로 받아들여졌다.

2013년 11월 25일(현지시각), 버락 오바마 미 대통령이 이민법 개혁 관련 연설을 하던 중 반대구호를 외치는 한 한인 청년의 방해를 받아 연설이 중단되는 사태가 벌어졌다. 오바마 대통령은 이날 샌프란시스코 차이나타운을 방문해 이민개혁법 통과를 촉구하는 연설을 펼쳤다.

연설 말미, 연단 뒤에 자리한 한 청년이 오바마 대통령에게 "내 가족들은 추수감사절에도 만나지 못하고 있다."라며 "대통령의 도움이 필요하다. 미국 내 1,150만 명에 달하는 증명서 미소지자들의 추방을 당장이라도 멈추기 위해 당신의 행정 권한을 사용해 달라."고 소리쳤다. 오바마는 이들을 퇴장시키기 위해 다가온 경호원들을 저지하고 "가족을 생각하는 이 청년의 열정을 존중한다. 만약 내가 의회의 법안 통과 없이 이 문제를 해결할 수만 있다면 그렇게 하겠다."고 말했다. "그러나 우리는 법으로 이루어진 국가다. 소리를 지르거나 법을 위반해서라도 해결할 수 있는 척하기는 쉽겠지만, 좀 더 어려운 방법

---

55 뉴욕 김준형 특파원, 〈버락 오바마 '월가 보너스 몰염치'〉, 『머니 투데이』, 2009년 1월 30일.

을 제안하겠다. 바로 같은 목표를 달성하기 위해 민주적 절차를 사용하는 것이다."라고 덧붙였다.[56]

분노와 절규를 힘으로 저지하는 것이 아니라, 그 목소리를 듣고 입장의 차이를 설명할 수 있는 것은 배려고, 사랑이다. 또 다른 견해를 가진 사람의 생각과 입장을 듣고 기다리자는 민주적 절차와 타협안은 평범한 이야기에 그치는 문제가 아니다. 대중과 소통하는 시간은 또다시 불만에 그치고, 만족스럽지 못한 결과에 머물게 될지라도 '함께' 가고 있다는 의식을 심어주는 끄나풀인 까닭이다.

오바마의 유머는 용서와 사랑에서 흘러나온다

오바마의 글에는 유머가 있다. 유머가 나오기 위해서는 상대방에 대한 용서가 있어야 하고, 증오를 넘어선 사랑이 있어야 한다. 말이 쉬워 '용서'지, 용서란 자기 심장이 유리조각에 수백 번 수천 번을 찢기고 헤지는 것을 기우고 또 기워낸 정서적 표현이다. 이게 어디 보통의 내공으로 되는 일인가?

오바마에게 모든 미국인이 열광하고 있는 것만은 아니다. 오바마의 열풍이 있는 반대편에서는 흑인인 오바마가 대통령으로 당선된 것은 미국의 오욕이라고 생각한다. 그뿐만 아니라 탄핵해야 한다고까지도

---

56 정이나 기자, 〈오바마, 이민개혁 연설도중 한인 청년 방해로 중단〉, 『서울뉴스』, 2013년 11월 26일.

생각한다. 도대체 왜 그럴까? 이 점에 대해선 그들의 역사 속으로 들어갈 필요가 있기에, 여기서는 그들의 흑인 노예제의 역사적 아픔만 언급해보기로 하겠다.

프레드릭 더글러스(1817~1895)의 자서전인 『프레드릭 더글라스의 인생이야기(Narrative of the Life of Frederick Douglass)』는 1845년 노예제 폐지협회에서 출간했다.

이 자서전은 '흑인 노예제'에 반감을 불러일으키게 하는, 요컨대 메릴랜드 노예의 삶을 가장 잘 다룬 책이라고 할 수 있다. 책이 출간되고 강연자로 유명세를 타게 되면서 탈주자로 붙잡힐 위험성이 커지자, 그는 영국으로 옮겨 가지 않을 수 없었다. 더글러스는 1847년 미국으로 돌아와 이렇게 연설했다. "자유가 좋다고 말하면서도 그것을 위한 운동을 비난하는 자는 밭도 갈지 않고 수확만을 바라는 자, 천둥·번개 없이 비가 내리기를 바라는 자, 폭풍우 없이 잠잠한 바다를 바라는 자와 같다."

프레드릭은 1848년 9월 8일, 『노스 스타』를 통해 자신의 전 주인에게 다음과 같은 편지를 보낸다.

노예제의 섬뜩한 공포가 끔찍한 두려움이 되어 내 앞에 나타나고 있습니다. 수백만의 곡소리에 내 가슴은 찢어지고 피는 얼어붙습니다. 쇠사슬, 재갈, 피투성이 채찍, 족쇄 채워진 노예의 멍든 마음에 드리운 죽음과 같은 적막감을 나는 똑똑히 기억하고 있습니다. 처자식과 생이별하고 시장에서 짐승처럼 팔려가야 했던, 무섭도록 끔찍한 일도 잊지 않고 있습니다….

묻고 싶습니다. 이런 일이 생긴다면 당신은 나를 어떻게 보겠습니까? 어느 깜깜한 밤에 파렴치한 인간들과 함께 당신의 주거지에 침입하여 사랑스러운 딸 아만다를 유괴하여 당신의 가족, 친구, 그리고 젊은 시절에 알았던 그 모든 사랑하는 이들로부터 빼앗아 간다면 어떻겠습니까? 그녀를 노예로 만들어 강제로 일을 시키고, 임금은 내가 다 착복하고, 장부 책에 그녀를 내 재산으로 올려놓는다면 어떻겠습니까? 아만다의 인권과 읽고 쓰는 법을 배울 수 있는 권리를 빼앗고, 그녀가 지닌 그 불멸의 영혼의 힘도 꺾어놓는다면 어떻겠습니까? 헐벗고 굶주리게 하는가 하면, 때로는 채찍으로 벗은 등짝을 후려치고, 그것으로도 모자라 그녀를 방치하여 악마 같은 감독자들의 야비한 욕망의 비참한 희생물이 되게 만든다면, 그리하여 그들이 그녀의 맑은 영혼을 더럽히고, 시들게 하고, 망쳐놓는다면…, 그런 짓을 한다면 당신은 나를 어떻게 보겠습니까…? 나는 당신의 노예가 아니며, 당신과 똑같은 인간입니다.[57]

위의 단편적 사례를 통해서 보면 흑인들의 역사 안에는 많은 피와 눈물이 있었다. 노예로 살아가는 동안 그들 대부분은 회초리에 저항하는 것조차 잊은 사람들도 있었지만, 본능적으로 자유에 대한 갈구와 인간으로서 살아가고자 간절히 절규하는 이들도 있었다. 그 분노와 오열이 없었다면 언젠가는 자유인으로 살아갈 수 있을 거라는 희

---

57   케네스 데이비스 지음, 이순호 옮김, 『미국에 대해 알아야 할 모든 것, 미국사』, 책과 함
      께, 2007년, 263쪽 참조.

망 또한 있을 수 있었을까? 그 분노와 함께 저항하지 않았다면 오늘날 오바마라는 대통령이 나올 수나 있었을까? 남부연합의 신임 대통령 제퍼슨 데이비스는 이렇게 말했다. "노예가 될 것인가, 자유인이 될 것인가? 귀하의 재산을 빼앗아 가는 것에 동의하는가?" 데이비스에게 복종은 곧 자유, 재산, 명예 상실을 의미했다. 그러나 그 길을 선택하고 걸어간다는 것이 어지간한 고통과 사람에 대한 연민 없이 가능할 수 있을까?

많은 사람이 오바마 대통령은 흑인이 아니라 검은 얼굴을 한 백인일 뿐이며, 실제 미국을 쥐락펴락하는 유대계 미국인들의 생각대로 움직이게 될 것이라고 말했다. 그러나 적어도 그의 지난 임기 6년만큼은 그렇게 보이진 않았다. 지도자들에겐 아군과 함께 적군을 물리쳤다고 하더라도 다시 아군이 나의 적이 될 수도 있다는 사실을 인지해야 한다. 편을 가르는 일은 결국 지도자의 외로움과 고독을 가중시키는 일이고, 시간이 지나면 결국 아군도 적군도 모두 외로워지는 일일 뿐이란 사실을 일찌감치 알고 있어야 한다. 오바마는 바로 이런 마음의 준비를 하고 있었던 대통령이었다. 정치라는 것이 한 개인의 생각만으로 움직일 수 없기에 자신의 소신을 펴나가기가 녹록지 않았지만, 그는 자기의 정치적 신념을 위해 타협을 제시했고, 그 타협안의 근저는 대다수 서민에게 초점을 기울였다. 동시에 용서와 화해와 포용을 보일 줄 알고 있었다. 대중이 그를 환호하는 이유다.

오바마의 언어는 시어(詩語)적 표현을 동반한다

　　　　군중은 오직 단순하고 극단적인 감정들만 인식한다. 따라서 군중의 상상력을 감동시키는 모든 것은 구구한 설명이 일절 필요치 않다. 그들은 지극히 선명한 이미지와 인상에 대해서만 기억하는 경향이 있다. 군중의 상상력을 사로잡는 기술을 아는 것이 곧 그들을 통제하는 기술을 아는 것이라고 할 수 있을 것이다. 그런 기술력과 수단이라면 확신에 찬 말과 반복적인 언어와 감염력이다.[58]

　여론이든 사상이든, 심지어 단순한 의복이든 간에 유행을 거역할 수 있는 용기를 지닌 사람들이 과연 얼마나 있겠는가? 군중은 논증에 끌리는 것이 아니라 독특한 어떤 사람이나 사물을 본보기로 삼아 무의식적으로 모방하는 것이다. 그래서 『군중심리』에서는 다음과 같이 말하고 있다. "지도자는 특히 단어와 격언과 이미지의 매력적인 영향력을 간파해야 한다. 또한, 그는 논증 없이 하는 강력한 확언과 간결하게 요약된 주장을 내세우는 특유의 웅변술도 겸비해야 한다.[59]"

　군중의 여론은 갈수록 정치를 좌우하는 최고의 원칙으로 변하는 경향을 보인다. 따라서 정치는 논리와 이성의 영향만 받는다고 생각하기 어렵다. 오직 감정으로만 지도될 수 있는 군중의 변덕스러운 충동에 정치가 갈수록 강하게 지배당하는 오늘날에는 더더욱 그렇다.

　지도자는 가장 인간적인 방법으로 군중에게 접근할 수 있어야 한다. 섣부르고 냉혹한 논리로 이끌어간다거나, 혹은 위압적인 설교를

58　귀스타브 르 봉 지음, 김성균 옮김, 『군중심리』, 이레미디어, 2008년, 108~109쪽 참조.
59　『군중심리』, 283쪽 참조.

통해 독재자적 이미지로 부각된다면 대중과의 교감에선 실패했다고 할 수 있다. 현대의 상당수 정치인과 언론인, 그리고 대중의 언어는 폭력에 가까운 것이 많다. 이것은 사람들의 내면을 감동시킬 수도 없고, 잘못하면 분노만 유발시키게 된다.

그렇다면 어떻게 세상을 인간화할 수 있을까? 페어스트레텐 교수는 우선 시적(詩的) 언어를 재발견해야 한다고 말한다. 시적 언어는 쉽게 말해 『성경』에서 만나는 시적 언어라고 할 수 있다. 시적 언어는 나에게 영광과 기쁨을 주고 내 삶을 헌신하도록 이끄는 가치와 의미를 발견할 힘을 준다. 우리에게 영감을 주는 텍스트를 읽으면서 새로운 눈으로 세상을 볼 수 있어야만 21세기의 지도자가 될 수 있다. 기업을 비롯한 사회의 모든 곳에서 의미를 상실해버린 대중에게 시적 언어와 상상력을 다시 불러일으켜 삶의 모델과 의미를 줄 수 있는 사람이 지도자가 되어야 한다는 것이다.[60]

중국 고전시대에는 정치인들이 시인이거나 문인인 경우가 대부분이었다. 그들의 시어에는 많은 뜻을 함축하고 있으면서도 절묘한 방법으로 자기 위안을 줌과 동시에 상대의 가슴을 두드렸다. 그것이 세상과 소통하는 방법이었고, 군주에게 완곡하게 자기 뜻을 전달하는 방식이었다. 오바마의 언어는 시어처럼 정화되어 사람들의 가슴을 두드린다. 그것이 언제나 막바지까지 타협점을 찾지 못하던 의회와 오바마가 절묘한 순간에 타협점을 찾을 수 있는 이유다.

---

60 김승혜, 『유교의 시중(時中)과 그리스도교의 식별』, 바오로딸, 2005년, 24~25쪽 참조.

군중은 과실을 인정할 줄 아는 리더에게 환호한다

자공(子貢)은 자부심이 강하기는 했지만, 공자(孔子)의 사상을 깊이 이해했다. 자공은 이렇게 말했다.

군자의 과실은 일식이나 월식 같다. 과실이 있으면 사람들이 다 그것을 보고 또 그것을 고치면 사람들이 다 그것을 보고 우러러 본다. (子貢曰 君子之過也 如日月食焉. 過也 人皆見之更也 人皆仰之「자장편(子張篇)21」)

여기서 군자는 공자를 지칭한다. 사회적으로 지위가 있거나 명성이 있는 사람들은 잘하거나 잘못할 때 금방 드러난다. 공자는 잘못을 저질러서는 안 된다고 하기보다는 잘못을 하거든 고치라고 말하고 있다. 특히, 지도자는 도덕적 영향력을 가지고 있기 때문에 잘못을 반성하거나 고치려는 노력이 매우 중요하다. 학교에서 이론적으로 가르치는 것보다 정치나 구체적인 사회현실 속에서 교화하는 것이 더 큰 힘이 되는 법이다. 따라서 지도자가 어떻게 하느냐가 도덕적 사회를 형성하는 데 근본이 됨을 강조하였다.

성왕들이 정치사상을 요약한 요왈편 1장을 보면 죄(罪)와 과(過)가 같은 뜻으로 쓰이고 있다.

저 자신에게 죄가 있으면 만방의 백성들에게 묻지 마시고, 만방의 백성에게 죄가 있으면 그 죄는 저 자신의 부덕한 탓이다.

(朕躬有罪 無以萬方, 萬方有罪 罪在朕躬.)

상나라의 시조인 탕왕이 상제(上帝)에게 드리는 제사 때의 기도문
이다.[61] 참된 정치가는 나라의 죄와 고통을 온전히 자신의 몫으로 삼
았다. 백성이 아프면 자신이 아팠고 백성이 잘못한 것은 곧 지도자로
서 잘못 이끌었기 때문이라고 자신의 가슴을 쳤던 것이다.

버락 오바마 대통령은 취임한 지 불과 14일 만에 탈세 논란으로 사
퇴한 톰 대슐 보건장관 지명자 때문에 사과의 말을 멈추지 않았다.
"내가 망쳤다(CBS 인터뷰)", "내 생각에는 내가 망쳤고, 모든 책임은
나에게 있다(CNN 인터뷰)". 평소 평정심과 자신감 그 자체였던 오바
마 대통령이었지만, 이날 방송 인터뷰에서는 확연히 다른 모습을 보
였다. 그러면서 NBC 인터뷰에서는 "나는 나 자신과 우리 팀에 대해
좌절감을 느낀다."며 "책임의 시대에는 실수를 하지 않는 것이 아니
라, 실수를 인정하고 다시는 그러한 실수를 하지 않는 것이며, 우리는
그렇게 할 것."이라고 다짐했다.[62]

잘못했을 때, 잘못했다는 말을 한다는 것은 너무나 중요한 일이다.
그런데 번번이 같은 상황이 계속 반복해서 일어나게 하면서 사과만
거듭하는 행위는 사회성이 없거나 부도덕하거나 무책임하다고밖에 볼
수 없다. 청소년기의 책임의식이나 개념 정도에 머물러 있는 사람이라
고 할 것이다. 과실을 인정한다는 것은 말로만 사과하는 일에 그치는
것이 아니라, 그에 상응하는 대처와 책임 있는 반응과 행위를 반드시

---

61 『유교의 시중(時中)과 그리스도교의 식별』, 201쪽 참조.
62 졸고, 『세계화 속의 한국교육』, 256쪽 참조.

수반해야 하는 것을 의미한다. 지도자의 대응력과 태도 여하가 그 조직에 대한 신뢰도를 좌우하는 까닭이다. 아이러니하게도 지도자 한 사람이 하는 행동과 처신을 보면 그 조직구도가 고스란히 드러나는 것도 이런 이유에서이다.

오바마의 변신인가 타협인가?

2012년 미국 대선판에 괴물이 돌아다녔다. 괴물의 정체는 '수퍼 정치행동위원회(Super Political Action Committee−수퍼팩)'다. 수퍼팩은 2010년 1월 미 연방대법원의 판결로 탄생했다. 연방대법원은 특정 후보를 펀드는 선거 광고를 기업들이 못하게 막는 법 규정이 언론자유를 제한한다며 위헌 결정을 내렸다. 그 결과 미국의 기업이나 노동조합 등은 임의단체를 만든 뒤 돈을 모아 정치·선거 광고를 할 수 있다. 금액 제한도 없고, 돈의 출처도 묻지 않는다. 이름도 마음대로 지을 수 있어 이름만 봐서는 누구를 지지하는지 알 수 없다. 이 괴물은 2012년 미국 대선을 '돈의 전쟁'으로 몰아가고 있다. 버락 오바마 대통령은 그동안 수퍼팩을 비판해왔다. 2010년 판결 직후 '이는 민주주의의 적'이라고 말했다. 금권선거가 판을 칠 수 있다는 거다. 그랬던 오바마 대통령이 굴복했다.[63]

---

63 박승희 기자, 〈2012년 미국 대선: '신념'보다 돈' 오바마의 변신〉, 『중앙일보』, 2012년 2월 9일.

오바마 선거캠프의 책임자인 짐 메시나는 2012년 2월 6일 밤, 블로그에 공화당 후보가 무제한으로 돈을 쓰는 상황에서 민주당의 논리만 고집할 수 없다는 해명의 글을 올렸다. 수퍼팩은 규정상 후보에게 직접 돈을 줄 수 없다. 대신 모은 돈으로 무제한 선거광고를 할 수 있다. 선거에서 지면 그들의 정치철학을 펼칠 수 있는 방법이란 없다. 한순간 물거품이 되는 것이다. 여기서 정당한 경쟁만을 고집하며 자유로울 수 있는 사람은 얼마나 될까? 금권주의의 무시무시함이다.

2세기 전 미국에서는 '1인 1표' 원칙에 기초한 정치제도를 구축하려는 투쟁의 역사를 이어왔다. 제2차 세계대전이 발발하기 전, 연방대법원 판사 루이스 브랜다이스는 "이 나라는 민주주의의 체제와 한 줌의 소수에게 엄청난 부가 집중된 체제 가운데 하나만 선택해야 한다. 둘 다 선택하는 것은 불가능하다."라고 역설하였다. 민주주의냐 금권정치냐는 선택의 문제다. 그러나 돈과 미디어 연합은 미국의 선거 풍경을 19세기 말 이후 가장 폐쇄적으로 만들어놓았다.[64] 시민들은 자신이 내는 기부금이나 투표소에서 행사하는 한 표의 권리가 40억 달러의 돈벼락에 비하면 아무것도 아니라는 사실을 깨달았다. 유권자들의 냉소와 무기력은 시스템을 움직이는 이들에게는 더없는 이익이 된다.[65]

이들이 국가를 장악하려면 시민연대와 시민사회는 더 쇠퇴해야 한다는 것이다. 1913년 연방준비법 발효에 서명한 우드로 윌슨 대통령

---

64 하워드 진, 〈거물급 도둑의 시대〉, 『르몽드 디플로마티크』, 2002년 9월호.
65 Robert W. McChesney & John Nichols 글, 정기현 옮김, 〈미국 권력의 막후, 금언복합체 시대〉, 『MONDE diplomatique』, 2011년 8월 8일.

의 말이 떠오르는 장면이다. "우리는 문명세계에서 최악의 피지배자, 가장 완전하게 통제된 정부가 돼버렸습니다. 이제 더 이상 자유로운 의견을 가진 정부도 아니고, 다수의 투표에 의한 정부도 아닙니다. 소수 지배자 집단의 의견과 강요에 의한 정부일 뿐입니다." 100년이 지난 미국의 역사 안에서도 똑같이 일어나는 일이다.

미국 국민으로부터 역대 존경을 받던 대통령들은 모두 이 금권의 개입과 맞서 싸웠다. 그것이 어느새 바닷물에 휩쓸려가는 모래처럼 스러져갈지라도 그들은 자기 목숨을 담보로 싸웠다. 그것이 미국이 내세운 민주주의의 기초를 이뤄가는 근간이었고, 자유와 인권이 보장될 수 있는 핵심이란 것을 그들도 너무나 잘 알고 있었기 때문이다. 아울러 그렇게 정의를 펼쳐가는 것만이 온 국민이 행복하고 자유롭게 살아가는 길이고, 다시 그들의 역사를 뿌리 깊게 이어갈 수 있다는 것도 말이다.

시대와 대중의 심리를 잘 읽어 군중을 사로잡았던 오바마 대통령이 국민에게 실망감을 던져줌은 물론, 월가를 향해 날 선 비판을 해오던 그의 신선한 마인드는 어디로 사라져가는 것일까? 여기에 미국의 퍼스트레이디 미셸 오바마까지 호화판 스페인 휴가로 인해 구설수는 극에 달했다. 도대체 무슨 일이었을까?

뉴욕 데일리 뉴스에 의하면 막내딸 사샤(9)와 함께 스페인 여행을 떠난 오바마 여사는 이번 휴가에 친구 40명, 경호요원 70여 명을 대동했다. 리츠칼튼 계열로 세계 10대 호텔에 들어가는 '빌라 파디에르나'는 하루 숙박료가 최대 2천 5백 달러에 달하며 18홀 골프장을 갖추고 있다. 로버트 깁스 백악관 대변인은 "이번 휴가비용은 오바마 여

사가 개인적으로 지출하는 것이다."라고 해명했지만, 뉴욕 데일리뉴스
는 오바마 여사를 태운 부통령 전용기 '에어포스투(Air Force Two)'
의 운항 비용은 물론, 70여 명에 이르는 경호요원들의 수송과 숙박
비 등은 모두 납세자들의 부담으로 남게 될 것이라고 꼬집었다.[66]

많은 미국인이 경기침체로 여름휴가 계획을 취소하는 상황에서 퍼
스트레이디 미셸 오바마의 호화판 휴가를 프랑스 루이 16세의 왕비
마리 앙투아네트에까지 비유하였다. 그러나 핵심은 언제나 대중의 편
에 서서 극소수 부유층이나 월가의 금융세력을 냉혹하게 비판하던
오바마 대통령이 어떤 생각으로 이런 휴가를 수용할 수 있었는지, 우
리의 관심은 바로 여기에 있다.

평화와 자유, 정의와 도전을 이야기해오던 오바마가 처음 대통령으
로서의 임기를 시작했을 때 세계인들에겐 설렘이 있었다. 흑인들의
아픔을 어루만져줄 수 있는 이면에 인간에 대한 연민으로부터 시작
될 수 있는 정치를 펼쳐줄 것이란 기대감이 있었다. 그런 맥락에서 그
는 인기 연예인 그 이상의 아름다움과 매력이 있었다. 그런데 그의 임
기 6년이 지나면서 그 이전의 부시가 전쟁을 일삼고 테러란 말을 일
삼던 그 정부를 닮아가려는 꿈틀거림은 참으로 두려워지는 장면이다.
버락 오바마 대통령이 미국 그 뒤에 숨어 있는 국제금융세력과 싸우
기엔 너무나 외롭고 두려웠던 것일까?

버락 오바마 대통령이 현지시각으로 지난 9월 10일 밤 9시, 백악관
스테이트룸에서 대국민 연설을 했다. 오바마 대통령은 시리아와 이라

---

66 워싱턴=CBS박종률 특파원, 〈미셸 오바마의 호화판 스페인 여행 비난 쇄도〉, 『뉴욕 데
    일리뉴스』, 2013년 12월 9일.

크에 걸쳐있는 수니파 극단주의 무장세력인 이슬람 국가(IS)를 궤멸시키기 위해 시리아 내에서 전투기를 이용한 본격적인 공습을 시작하겠다고 밝혔다.

오바마는 IS에 의해 참수된 기자들의 이름을 일일이 열거하며 대테러 전쟁임을 분명히 했다. 그는 다만 "미국은 지상군을 파견하지 않는다는 점에서 이라크 전쟁과 아프가니스탄 전쟁과는 다르다."라며 "예멘과 소말리아에서 수행했던 대테러전과 같은 차원이다."라고 말했다. 미군은 항공모함과 전투기를 동원해 하늘에서 공격하는 공습에 집중하며, 미군 지상군은 시리아 국경을 넘지 않겠다고 했다. 마무리로 오바마는 "주님이 우리 군대와 우리나라를 축복하시기를…."이라고 기도했다.[67]

미국은 하느님이 특별히 선택한 곳이라는 미국인의 우월의식과 선민의식에 대해선 앞에서 이미 설명한 바 있다. IS의 외국인 살해나 인권 침해는 정말 비탄할 일이다. 그렇다고 해서 어느 날 갑자기 미국이 직접 IS 공습을 감행하여 파괴와 살인을 해도 된다는 명분과 정당성은 있을 수 없다. 아무리 그럴듯한 명분을 내세운다고 하더라도 그렇게 총알을 쏟아 붓는 행위는 '살인'에 불과하다. 하느님은 모든 인간을 사랑하신다. 어떤 인간에게도 그렇게 생명을 함부로 대해도 된다고 하신 일이 없다. 더군다나 하느님은 전쟁을 내세워 오만과 돈벌이 수단으로 삼는 행위를 축복하실 리 없다.

미국이 결국 시리아의 IS(이슬람 국가)에 대한 공습에 들어갔다. 지

---

67 우성규 기자, 〈중동에서 또 전쟁…. 오바마, 9.11 하루 전 시리아 공습 선포〉, 『국민일보』, 2014년 9월 11일 내용 참조.

상군 투입이 아닌 공중 작전이었던 만큼 민간인 사상자도 적지 않을 것이다. 미국의 시리아 공습은 국제법상으로 명백한 불법이다. 미국은 시리아 정부의 요청을 받지도 않았고, 유엔 안보리의 결의에 기초하지도 않았다. 5개 아랍국가가 이번 공습에 동참했다고는 하지만, 국제정치적 의미는 전혀 없다고 할 수 있다.

미국은 알 아사드 정권에 반대하여 지역 내의 반대세력을 부추겨 왔으며, 3년 6개월 전 시작된 내전에서도 노골적으로 반군 편을 들었다. IS는 시리아 반군의 한 분파에서 출발하여 반군을 주도하는 세력으로 성장했고, 이라크 내 수니파 거주 지역에서 그 세력을 넓혔다. 결국, 이라크와 시리아 양쪽에서 미군은 IS를 직접적으로 돕거나 성장의 토양을 제공한 셈이다. 그런데 지금에 와서 IS를 몰아내기 위한 전쟁을 하고 있다.[68]

우리가 알고 있던 그 위대한 미국은 찾아볼 수가 없고 졸렬한 미국의 몸짓만 느껴진다. 오바마 대통령이 처음 임기를 시작할 때의 그 아름다운 언어들은 어디로 간 것일까? 그가 내세웠던 민주주의와 평화는 어디로 사라져버린 것인가? 그는 끝내 위대한 개츠비가 사랑했던 데이지, 그녀의 이미지로 각인될 것인가?

---

68 이정무 편집, 〈정당성도 명분도 없는 미국의 시리아 공습〉, 『민중의 소리』, 2014년 9월 24일.

AMERICA AND CHINA

Part 3

미국의
불편한 진실을 찾아서

미국과 중국,
그 불편한 진실

미국과 중국, 불안전한 공생?

       워싱턴 포스트(WP)는 2009년 11월 16일 미국과 중국의 관계는 마치 냉전 시대에 존재했던 '상호확신 파괴전(Mutual Assurance of Destruction, MAD)'의 모습처럼 보인다고 말했다. MAD는 냉전 시대 핵무기를 보유했던 미국과 소련의 이른바 '핵 억제 전략'이다. 즉, 적이 핵으로 공격해오면 적의 공격 미사일 등이 도달하기 전이나 후에 반드시 핵 보복을 하겠다는 의미다. 이것은 무엇을 말하는 걸까?

  WP는 '미국은 중국이 보유하고 있는 국채에 묶여 있고 얽히고설킨 관계'라고 규정했는데, 실제로 극심한 재정적자로 허덕이는 미국의 입장에서 중국은 8천억 달러에 이르는 미국 채권을 보유하고 있는 최대의 채권국이다. 값싼 제품을 생산하며 세계의 공장 역할을 하는 중국의 경우는 미국이 최대 시장이다. 중국의 입장에서도 달러 올가미에 걸려 포로가 되고 말았다는 비판론도 일고 있다. 달러화 자산을 너무 많이 보유하고 있다 보니 내다 팔 곳이 마땅치 않고, 팔겠다는 의사만 알려져도 달러화 보유 자산 가치가 급격히 하락해 오히려 큰 손실을 보게 된다. 지난해 미국이 경기침체에 빠지자 수천 개에 달하는 광동성의 공장이 문을 닫고 수십만 명의 노동자가 해고됐던 사례가 이를 입증해주고 있다.[69]

과거 미국이 중국을 견제하기 위해서 항상 거론했던 문제가 타이완에 대한 문제와 중국의 티베트 인권문제에 대해서였다. 그러나 그들이 중국에 엄청난 빚을 지고 있는 것이 현실이니 무슨 수로 그런 문제를 거론하겠는가. 더군다나 중국은 경제적으로 쪼들려 기운을 못 차리는 남미, 아프리카, 서유럽, 아시아 국가들에 달러를 이자 없이 빌려주기도 했다. IMF가 빌려줄 때처럼 비싼 이자도 아니었고, 고압적인 태도도 아니었다. 돈에 쪼들리는 사람들의 입장에서 이보다 고마울 데가 있을까? 외교 문제가 발생할 때 누구의 손에 힘을 실어주게 될까?

2008년 이후 미국의 주택 부실정책으로 미국의 집값이 추락하자, 가장 먼저 현장으로 달려온 인물들 역시 중국인들이었다. 미국 내에서 같은 동양인들 사이에서조차도 무시해왔던 중국인들이 미국 주택 경매장에 은행 대출을 받아오는 것도 아니고, 현금만 두둑이 들고 와서 집을 턱턱 사버리니 미국인들은 물론 많은 동양인들이 눈이 휘둥그레졌다. 특히, 한국인들이 그랬다. 무질서와 지저분한 중국인들의 이미지만 보았지, 부유한 중국인들이 얼마나 많은지 그 실체를 볼 생

---

69 정성일 기자, 〈미국과 중국, 불안전한 공생〉, 『보스턴 코리아』, 2009년 11월 20일.

각은 해보질 않은 것이다. 그뿐만이 아니다. 미국의 명품점에 줄을 이어 들어서는 사람들은 중국인들이다. 그들은 우르르 들어와 현금을 내고 명품 백을 사면서 '정말 싸다'는 말도 아끼지 않았다. 2008년 10월부터 가파르게 오르던 환율의 부담으로 한국의 많은 미국유학생들이 급하게 한국으로 돌아갈 즈음부터 시작되었던 일이다.

이렇게 중국 경제는 물론 세계경제를 '들었다 났다' 하는 소비 세력의 핵심, 큰손은 누구일까? 단연 중국의 '따마(손 큰 아줌마)'이다. 시끌벅적한 말투로 삼삼오오 짝을 지어 다니지만, 어디를 가더라도 부동산과 호화로운 쇼핑, 성형 의료에 엄청난 돈을 쓰는 VIP 고객의 중심에 서 있다는 사실은 이제 놀라운 일도 아니다.

중국 아줌마들은 2013년 세계적인 금값이 28% 폭락했을 때도 전혀 개의하지 않고 중국에 황금 사재기 열풍을 일으킨 주체 세력으로, 중국의 황금 소비량은 세계 금 생산량의 70%에 달하는 2,000톤에 육박했다. 한국은 물론 미국 등 해외 부동산 투자의 큰손으로 대접받을 정도의 위력을 갖추고 있다. 또 최근 중국에 온라인 전자화폐 '비트코트' 투자 열풍을 몰고 온 주인공 역시 중국의 손 큰 아줌마들이다. 그들이 전문지식이 부족한 개인 투자자로 평가되기도 하지만, 중국 경제의 한 축을 담당하고 있음과[70] 동시에 세계의 경제를 담당하고 있다는 사실은 부인할 수 없는 현실이 되었다. 2014년이 되면서 미국과 중국의 불안정한 공생이란 말은 이미 무색할 지경이다.

---

[70] 김승룡 기자, 〈중국판 복부인 '따마(아줌마)' 대륙경제 쥐락펴락…〉, 『디지털 타임스』, 2014년, 2월 3일.

미국은 중국의 채무자

　　최상층 부자가 작은 나라의 경제와 맞먹을 재산을 쌓아 가고 있지만, 미국 하층민들은 식품 및 의료비를 마련하느라 허덕이고 있다. 개인파산 신고는 1995년에서 2005년 사이에 두 배 이상 늘더니, 급기야 2008년 서브 프라임 문제가 발생한 후 중산층이 퍽퍽 쓰러지고 있는 것이 현실이다.

　한 나라의 정부가 은행가의 돈에 의존하면, 정부 지도자가 아닌 은행가가 뒤흔들기 마련이다. 이미 19세기 나폴레옹도 언급한 바가 있다. "돈에는 조국이 없다. 금융재벌은 무엇이 애국이고 고상함인지 따지지 않는다. 그들의 목적은 오로지 이익을 얻는 것이다(1815년)."

　서양의 근대사는 금전을 둘러싼 각축전으로 진화되었으며, 금전의 계략을 제대로 이해하지 못하면 서방 역사의 흐름을 파악할 수 없다. 미국의 성장 과정은 국제 세력의 개입과 음모로 점철되었다.[71] 쑹홍빙은 『화폐전쟁』에서 다음과 같이 덧붙여 말하고 있다. "인류의 역사적 경험에서 볼 때 부상하는 나라는 언제나 더 왕성한 생산력으로 거대한 부를 창조한다. 이들 지역은 무역 거래에서 환율 차이로 손해를 보지 않으려고 순도가 높은 화폐의 내재적 동력을 유지한다. 이를테면, 19세기에 견고했던 황금 파운드와 20세기 전 세계를 주름잡던 금은 달러가 그러했다. 이와 반대로, 강성한 국가가 하락세를 걸을 때 사회 생산력은 계속 위축하며 방대한 정부 지출과 전쟁 비용으로 과거의 저축을 조금씩 갉아먹는다. 정부는 언제나 화폐를 평가절하하

71　쑹홍빙 저, 차혜정 역, 『화폐전쟁』, 랜덤하우스, 2006년, 54쪽 참조.

는 것을 시작으로, 높은 채무에서 도피하고 국민의 재산을 갉아먹으려고 기도한다. 이때 부는 자기를 보호해줄 곳을 찾아 흘러가버린다. 화폐가 튼튼한지 아닌지로 그 나라 흥망성쇠의 흐름을 알 수 있다."[72]

외자 은행이 어느 나라에 진입하든 그 목적은 당연히 돈을 벌기 위해서다. 그러나 금융 개방으로 말미암은 전략적 위험은 금융업 그 자체에만 그치지 않는다. 금융업의 피해는 사회 전체를 뒤흔들 수 있다. 전쟁보다 더한 폐해가 예견되는 일이다. 주권과 국민이 흔들리는 일이다.

미국은 매년 국가부채 증액 문제로 난리다. 눈덩이처럼 늘어나는 빚은 둘째 문제다. 매번 돌아오는 부채를 막기 위해 법으로 정한 국가부채 상한을 늘려야 할 정도로 미국 경제는 심각한 위기다. 급기야 2013년 10월 미 정부는 일시적이나마 셧다운을 발표하기에 이르렀다.

미국의 디폴트 사태가 현실화할 경우 미국의 피해는 어떻게 될까? 미 국채와 달러가 폭락하고 금리는 폭등해, 그렇잖아도 회복세가 흔들리는 세계경제가 돌이킬 수 없는 국면으로 추락할 것이라는 전망이다. 더욱이 인플레를 우려한 중국이 2011년 다섯 차례나 은행 지급준비율을 올리는 등 긴축기조에 들어서 있다. 미국은 정부 지출이 중단돼 연금, 학자금 대출[73] 등의 사회복지 시스템이 마비되고 주택담보대출 이자율이 올라가 주택시장이 붕괴할 수 있다. 실제로 무너지는 중산층으로 인해 경매로 나온 집은 중국인들이 발 빠르게 사들이고

---

72 『화폐전쟁』, 404쪽 참조.
73 2014년 10월 현재 미국 소비자금융보호국(CFPB)에 따르면 학자금 대출과 관련해 디폴트를 갖는 미국인은 이미 700만 명에 이른다.

있는 실정이다.

미 의회예산국(CBO)은 2011년 6월 보고서를 통해 미국의 부채가 2차 세계대전 이후 가장 높은 수준이라고 밝혔다. 지금의 정부 지출과 세수 등을 고려할 때 재정위기는 10년 이상 계속되리라 전망했다. 미 정부의 재정이 이처럼 허약해진 것은 과거 공화당 정권의 유산이다. 로널드 레이건과 아버지 부시 행정부 12년 동안 계속된 군사비 증액과 부유층 감세로 미국의 부채는 GDP 대비 60%대로 치솟았다. 그 이전까지 미 정부의 부채는 35% 수준이었다. 그다음 들어선 빌 클린턴 민주당 정권에서 경제 호황, 균형예산 정책이 맞물리면서 국가부채는 50% 이하로 떨어졌으나, 다시 부시 행정부가 아프가니스탄과 이라크 전쟁을 일으키고, 주로 부유층이 혜택받는 2조 달러에 달하는 감세를 추진, 재정은 급속히 나빠졌다.[74] 추락하는 것에는 날개가 없는 법이다.

그렇다면 이것이 바다 건너 불구경의 일일까? 이 상황이 고스란히 한국에서도 똑같이 일어나고 있다. 『월스트리스저널』의 보도 영상에서는 다음과 같이 말했다. "한국의 가처분 소득대비 가계부채 비율은 2012년 말, 136%까지 올라갔다. 2008년 미국 금융위기 직전 미국의 비율이 140%까지였으니까 한국의 가계부채는 매우 심각하다."[75]

채무자들은 상환 능력이 있을 때는 금융회사들의 고객이었겠지만, 상환능력을 상실하자마자 노예나 다름없는 처지가 되어버린다. 한국

---

74 황유석 특파원, 〈시한 보름앞… 미 해법 못찾으면 세계경제 치명상〉, 『워싱턴 한국일보』, 2011년 7월 9일.

75 〈부동산 게임은 끝났다.〉, 『뉴스타파』, 2013년 9월 17일.

의 부채는 어느 정도인가? 원금은 상환하지도 못하고 이자만 납입하고 있으며, 심지어 기존 대출이자를 내고 나서 생활비가 부족해 다시 받은 생계형 대출이 2011년 4분기에만 250조 원을 돌파했다. 전체 가계 부채의 25%가량을 차지하는 수준이다. 상위 소득 20% 안에 해당하는 중상위 계층도 이 지독한 생존의 벌판에서 자유롭지 않다. 상위 소득 20% 계층도 전체 가구 중 77.4%가 채무를 가지고 있다. 그들이 짊어지고 있는 빚의 규모는 억 단위에 해당한다. 소득이 높지만, 평생 정년을 보장받고 있는 것은 아니다. 100만 원 이상을 부채 이자로만 지출하고, 나머지 소득으로 원금을 상환하는 것이 '불가능'하다는 것은 우리 사회 중상위 계층에게도 해당하는 냉엄한 현실이다. 말 그대로 1%를 제외한 나머지 99%에게 패자가 될지 모른다는 절박감을 심어주는 데 그 무엇보다 구체적인 메시지가 빚으로 전달된다.[76] 한국의 가계부채가 1,000조인 시대인 만큼 정부도 빚잔치에서 자유롭지가 못하다.

은행에 담보대출을 받는 중산층을 생각해보자. 담보대출을 받고 난 뒤 갑작스레 은행대출 이자가 상승하고 직장에서 퇴출당한 중산층이 늘어나게 하는 현상을 어떻게 감당할 것인가? 제1금융계에서 신용대출과 담보대출을 받을 수 없는 사람들은 제2금융계의 높은 이자를 감당하는 쪽으로 옮겨가야 하고, 이마저도 어려워진 사람들은 대부업체에 자기 생명을 담보로 대출을 맡겨야 하는 신세가 된다. 빚이란 범죄나 우울증, 자살로 이어지게 하는 심각한 사회현상일 뿐 아니라, 나라 하나가 흔들리게 하는 법이다. 이때 올바른 사리분별을 가

---

76 제윤경 기자, 〈고객에서 노예로 전락… 무서운 '빚'〉, 『위드세이브』, 2012년 3월 21일.

지고 사회적 이념이나 이해관계, 인간적으로 살아가는 법이나 신념을 따질 수 있는 사람이 있을 수 있을까.

빚에 묶인 미국이 직면한 현실

돈과 부는 동의어가 아니지만, 신자유주의에선 돈이 곧 부의 상징이 되어버렸다. 돈이 힘이고 권력이며, 상대국을 제압할 수 있는 시대다. 초강대국이었던 소련이 망한 것은 군사력 때문이 아니라 경제파탄이 핵심이었다. 이라크 전쟁을 반대해오던 오바마의 초심이 사라지고 2014년 9월 23일, 시리아 공습을 가한 것도 이와 무관한 내용이 아니다. 미국은 지금까지 2차 대전 이후 많은 전쟁을 했지만, 그 목적은 늘 경기부양에 있었다. 미국이 2008년의 금융위기에서 벗어나려고 시도했던 국채발행이 이자율 상승을 가져와 저금리 정책을 흔들고 있다. 추가적인 국채발행을 위해서는 국채시장과 달러 안정이 시급하다. 이때 최대 채권자인 중국의 태도가 가장 중요했다.

후진타오를 만나기 전까지 환율조작국을 혼내주어야 한다며 펄쩍 뛰던 가이트너의 태도가 확연히 달라졌던 것은 2009년의 일이다. 그는 후진타오에게 고개를 몇 차례나 숙여가며 미 국채를 사 달라고 부탁했다. 이즈음부터 중국인들은 미국인들을 어떻게 생각하고 있었을까?

실리적인 중국인들은 미국인의 모습을 부잣집 아들이 아버지로부터 물려받은 엄청난 재산을 흥청망청 다 써버린 꼴에 견주었다. 부잣집 재산을 넘보던 금융가들은 부잣집 아들이 조를 때마다 돈을 왕창 더 빌려줘 그를 완전히 무력하게 만든다. 당장 쓸 돈이 넘치면 빚을 지고 산다는 자각조차 어려워지는 법이다. 빚을 지고 사는 것도 마약과 같은 일이다. 그다음 어떤 일이 벌어질까? 무능해질 대로 무능해진 부잣집 아들의 모든 재산은 뱀의 혓바닥처럼 내민 금융가의 금고로 삼켜진다. 19세기 영국이 지속적으로 중국에 아편을 팔아넘겼고, 아편이 아니면 철저히 망가져 가던 중국인이 연상되는 장면이다.

최상층 부자가 작은 나라를 삼켜버릴 재산을 쌓아가고 있지만, 미국의 서민들은 식품 및 의료비를 마련하느라 허덕이고 있다. 개인파산 신고는 1995년에서 2005년 사이에 두 배 이상 늘었다. 대출이 부도로 소멸하면 통화량은 줄어들고, 디플레이션과 불황이 이어진다. 이 두 세력의 충돌은 '스태그플레이션'을 일으킬 수 있다. 경제 성장 없는 물가 상승이다.

2005년 6월의 한 뉴스레터에서 엘 마틴은 2010년 이전에 주택 시장이 40%나 위축될 것임을 경고한 바 있고,[77] 그 경고는 섬뜩할 정도로 아주 정확하게 들어맞고 있다. 미국 정부는 급증하는 부채를 차환하는 데 외국인 투자자의 자금에 의존해왔다. 옛 채권이 만기가 돼서 대체하려면 새 채권이 계속해서 투자자들에게 팔려야 했다. 이에 따라 연방준비제도이사회는 금리 인상 압력을 받고 있었다. 외국인 투자자를 끌어들여야 할 뿐만 아니라 인플레이션을 억제하자는 것이기도 했다. 그러나 고금리는 담보로 잡힌 더 많은 주택이 몰수된다는

---

77 『달러』, 435쪽 참조.

의미였다.[78]

2005년 5월 『행정정보 리뷰』에 실린 한 글에서 로타 콤프(Lothar Komp)는 이렇게 썼다. "자기네의 악화된 상태를 덮어줄 현금이 어느 때보다 절실한 상태에서 더욱 투기적인 헤지펀드에 의지한 것이다. 금융에 목매다는 분위기와 연방준비제도 이사회의 유동성 잔치, 그리고 저금리의 폭리제한 효과가 어우러져 근년에 헤지펀드 수의 폭발적 증가를 유발했다." 그러나 연방준비은행이 달러를 대량으로 찍고 있다는 사실이 널리 알려지면 경종이 울리게 된다. 투자자들은 서둘러 달러 보유를 다른 것으로 바꾸고, 달러와 주식시장은 폭락하게 된다.[79]

미국발 금융위기에 선진국들은 금융기관의 구조조정에 정신이 팔려 있었다. 중국은 이 위기 동안 어떻게 대처하고 있었을까? 중국이 대외적으로는 미 국채와 달러 지지를 말하지만, 내부적으로는 달러를 원자재로 바꾸는 작업을 지속적으로 진행해왔다. 달러가 혹 휴지가 되어버릴 수도 있으니, 그 아찔한 순간을 대비해야 하는 중국의 차선책이었다. 중국은 신장(630만 배럴), 랴오닝(1140), 산동(1900), 저장성(6600) 등에 지은 석유비축기지가 거의 차버려 더 이상 추가 비축이 어렵게 되자, 2단계로 간수성 란저우, 허베이 성 등에 추가 비축기지를 지었다. 중국은 원자재 확보는 물론, 세계 각국의 부동산 사들이기, 금 사들이기를 꾸준히 해오고 있다. 중국의 손 큰 아줌마들의 움직임이 갈수록 활발해지는 이유이며, 동시에 이민정책에 가속도를 붙이고 있는 이유다.

---

78 『달러』, 436쪽 참조.
79 『달러』, 451쪽 참조.

'세계의 공장'인 중국의 실물경제지표가 이제는 미국의 경제지표보다 더 중요해졌다. 중국의 실물경기지수가 세계증시를 좌지우지하는 단계까지 왔다. 1998년 이후 중국자본수지가 14년 만에 첫 적자가 나타났다. 위안 절상 압박 완화라는 얘기도 있고, 월가에선 '세계 경제와의 불균형 개선증가'라고 평가하고 있다.[80]

2014년 10월 8일, 미국제조업연맹(AAM)은 미 재무부에 중국과 일본을 환율조작국으로 지정해달라고 촉구하는 서한을 보냈다. 스콧 폴 AAM 대표는 각국의 환율조작은 미국에 지속적으로 무역적자를 가져오고 있으며, 2008년 경기침체로 잃은 제조업 일자리의 31%만이 회복된 것도 이 때문이라고 주장했다. 그는 2014년 4월, 미 재무부가 환율 보고서에서 중국의 대규모 외환 개입에 대해서는 우려를 나타냈으나, 중국을 환율조작국으로 지정하지 않았던 것에 대해서도 비판했다. 폴 대표는 "달러-위안 환율은 17개월 전과 같아졌으며 중국의 공격적인 개입은 위안화를 2014년 1월 고점 대비 1.03% 하락하게 만들었다"고 주장했다.[81] 이 얘기는 사실이다. 그러나 빚에 묶인 미국이 중국에 더 이상 환율문제를 거론하기엔 중국은 이미 너무 거대해져 있으며, 그동안 세계 여론에 의해 중국도 적지 않은 노력을 해온 것도 사실이다. 어떤 노력을 해온 걸까?

원자바오(溫家寶) 중국총리는 위안화 환율문제와 관련, "2005년 7월 환율개혁 이후 인민폐는 미국 달러화에 대해 21% 평가절상됐다"

---

80 『서울경제 TV』, Youtube.com, 2013년 2월 3일.
81 윤영숙 기자, 〈미 재무부, 강 달러로 고민 커져… 15일 환율보고서 주목〉, 『연합인포맥스』, 2014년 10월 13일.

면서 "특히 최근 유로화나 아시아 통화들이 대폭 평가절하되면서 인민폐가 실제로 평가절상돼 중국이 수출에 압력을 받고 있다."고 말했다. 그는 위안화 환율과 관련해 인민폐를 합리적이고 균형된 수준으로 유지하고 있다며, 어떤 나라도 절상이나 절하 압력을 행사할 수 없다고 말했다. 중국은 2009년 3월 현재 8% 성장을 못하면 900만 명의 신규 일자리를 창출할 수 없어 심각한 사회혼란이 우려되는 상황이다. 이에 최근과 같은 수출부진을 만회하기 위해서는 위안화를 함부로 절상할 수 없다는 것이다.[82] 이 얘기는 무엇을 의미하는가? 중국은 미국이 계속해서 위안화 절상 압력을 행사한다면 중국은 미국 채권을 처분할 수도 있다는 입장이다. 미국의 입장에서 가장 두려워하는 장면이다.

원 총리는 또 "중국은 미국의 최대 채권국으로 세계 최대 경제국인 미국의 경제상황에 관심을 갖고 있다."면서 "우리는 미국에 거액을 투자하고 있기 때문에 당연히 우리 자산의 안전에 관심을 갖고 있다."고 말했다. 그는 "우리는 시종 외환의 안건과도 유동성, 가치보전의 원칙을 견지하고 있으며 다원화 전략을 실행하고 있다."면서 "외화보유액 문제와 관련해 우리는 국가 이익을 유지한다는 원칙과 동시에 국제금융 전체의 안정을 고려하고 있다."고 강조했다.[83]

원 총리가 외화보유액의 안전성을 강조한 것은 시장을 안심시키기 위한 조치로 보인다. 중국은 외화보유액의 30% 이상을 미국 채권에

---

82 최재석 특파원, 〈원자바오 중국 총리… '위안화 절상 압박'에 반대〉, 『연합뉴스』, 2009
    년 3월 13일.
83 권영석, 홍재성 특파원, 〈원자바오 '새 경기부양책 언제든 가능〉, 『베이징 연합뉴스』,
    2009년 3월 13일.

투자하는 등 그동안 파생상품과 부동산 등 각종 상품에 투자한 것으로 추정된다.[84]

그러나 중국이 이렇게 안일한 경제조치에 그칠 리 없다. 세계 각국의 부동산 사들이기와 이민정책을 적극 추진하는 것을 보면, 중국의 세계화는 마치 거센 회오리바람처럼 느껴진다. 미국이 중국과 공생한다는 말이 거의 힘을 잃었다고 해도 과언이 아닐 만큼 중국은 이미 거대해 질대로 거대해졌다.

2009년 11월 여정의 절반을 할애한 중국에서 오바마는 최소한 경제문제에서 미·중 간에 달라진 현실을 확인해야 했다. 오바마는 정상회담 뒤 공동기자회견에서 위안화의 가치절상 필요성과 티베트 지도자 달라이 라마 측과의 직접대화를 언급했지만, 후진타오 주석은 차갑게 침묵을 지켰다.[85] 왜일까? 빚더미에 앉아 자국의 문제로도 골치 아플 오바마 대통령이 또 다른 강대국을 방문해 티베트의 인권문제를 거론하는 것은 중국의 심기를 한층 더 불편하게 건드리는 일에 불과하기 때문이다.[86]

과거 미국이 중국을 견제하기 위한 수단으로 등장했던 타이완 문제[87]와 티베트 인권문제는 서서히 입에 거론조차 하기도 힘들어졌다. 그러면 미국은 어디를 건드리게 될까? 당연히 한국의 남북관계 문제

---

84 최재석 특파원, 〈원자바오 중국 총리… '위안화 절상 압박'에 반대〉, 『연합뉴스』, 2009년 3월 13일.

85 워싱턴 김진호 특파원, 〈너무 커버린 중국 앞에 오바마, 혹독한 여정〉, 『경향신문』, 2009년 11월 19일.

86 이와 관련된 내용은 Noah Feldman, 『Cool War』, Random house, 2013년, 46~47쪽에도 잘 나타나 있다.

87 Edited by William C. Kirby, 『Normalization of U.S-China Relations』, Harvard University Asia Center, 209~251쪽 참조.

로 집중하게 되어 있다. 중국이 이런 사실을 간과할 리 없다. 불과 얼마 전에도 중국은 미국의 케리 장관에게 경고성 메시지를 남겼다.

관영 신화통신에 따르면 왕이(王毅) 중국 외교부장이 존 케리 미국 국무장관에게 "우리는 한반도에서 동란이 일어나거나 전쟁이 발생하는 것을 절대로 허용하지 않겠다."고 말했다. 한반도의 혼란 방지를 위해 중국이 실질적 행동에 나설 것임도 분명히 했다.

중국이 특히 미국 외교 수장 앞에서 이 같은 표현을 한 데는 최근 미국의 태도에 대한 불만이 담겨 있다는 분석이 나온다. 미국이 비핵화 문제에서 북한을 압박하는 데서 더 나아가 중국 쪽에 "북한을 더 옥죄라."고 공공연하게 요구해온 데 대한 불편한 감정이 담기지 않았겠느냐는 것이다.[88] 중국의 입장에서도 북한에 얘기할 만큼 강도 있게 하고 있으니, 미국이 지나치게 압박하지 말라는 돌직구다. 지나치게 한 개인을 압박하면 그 사람은 결국 주변인까지 괴롭히며 파멸을 자초하는 사례를 종종 만나게 된다. 범죄 심리다. 따라서 중국이 추가 핵실험 등 도발 징후를 보이는 북한에 경고 메시지를 보내는 동시에 한미 합동군사훈련에도 반대 입장을 보인 것이라는 해석이다.

중국은 미국을 견제하기 위한 수단으로서 동북공정 문제를 학문적 진실조차 왜곡하며 거론하고, 미국은 미국대로 아주 조용히 한국문제를 좌우하려고 할 것이다. 데이빗 쑤이의 말에 의하면, "1950년 6·25는 북한을 앞세운 중국의 마오쩌둥(毛澤東)과 소련의 은밀한 지지가 있었고,[89]" 미국은 미국대로 이념문제를 앞세워 한국의 전쟁에 대

---

88 〈중국 외교, 케리 면전에서 '전쟁' 거론 눈길〉, 『노컷뉴스』, 2014년 2월 14일.
89 데이빗 쑤이 저, 한국전략문제연구소 엮음, 『중국의 6.25 전쟁 참전』, 다이, 2011년, 31쪽 참조.

해 기꺼이 동참했던 사실은 우리가 기억할 필요가 있다. 미국이 이념적 문제를 거론하며 내분을 조장했던 사례는 베트남 전쟁에서만 발생했던 문제가 아니다. 남북전쟁에서도 고스란히 드러났던 현상이다. 이러한 역사적 사례는 표면적으로 크게 드러난 것은 아니었지만, 한국인이 사고의 폭을 다양하게 접근해야 할 많은 이유 중 하나이며, 어느 한 쪽에 기우는 외교정책을 펼쳐서는 안 되는 이유기도 하다.

미국이 중국의 인권문제를 제재할 입장인가?

2014년 5월 미국에서의 일이다. 필자가 머물던 아파트에서 우연히 창밖을 내다보던 중 진기한 장면을 목격했다. 2차선 도로를 달리던 차가 곧바로 외진 호숫가로 방향을 돌다가 뒤따라오던 차량과 추돌사고를 냈다. 순식간에 경찰차 2대가 나타나자 제3의 차량이 자신이 목격한 것을 경찰에게 보고하고, 경찰은 보고내용을 기록하고 있었다. 앞차에 타고 있던 할머니 한 분은 목의 통증을 호소하는 것처럼 보였다. 그리고 아주 잠시 후 대형 소방차 2대가 급하게 그 앞 차량의 앞으로 향해 가더니, 소방대원 6~7명이 내려 앞 차량을 한참 점검하고 있었다. 혹시라도 차량이 화재로 이어질까 하는 우려에 의한 점검이었다. 그리고 얼마 후 구급차가 달려와 통증을 호소하던 할머니 한 분의 상태를 보살피더니 구급차에 싣고 사라졌다. 필자는 이런 미국의 모습에 감동을 받았다. 이 미미한 사고에서도 단 한 사람의 인권조차도 철저히 보호받고 있으니 말이다. 세계를 떠들썩하게 했던 한국의 '세월호 사건'을 접하던 즈음에 목격한 사건이어서 극명한 대조를 실감했다. "역시 미국은 미국이다."라는 감탄사가 절로 나오는 장면이다.

과연 평화와 인권, 자유와 행복을 추구하는 강대국임에 틀림이 없다. 미국인이라면 미국 국적을 가진 것에 대해 자부심을 느낄 만도 하다. 따라서 찰머스 존슨이 쓴 『Blowback』의 내용인 "중국의 지도자들과 외국인 투자자들은 값싼 노동자 시장의 개척으로 인권에 대해선 무시하고 있다. 서구사회에서 인권을 우선으로 하는 방식과 정의롭게 살려는 생각이 중국인 문화에는 기본적으로 내재하여 있지 않다.[90]"라고 하는 부분에 필자 역시 상당히 공감하고 있다.

그렇다면 과연 미국이 대외적으로, 특히 중국의 인권문제에 대해서 제재를 가해도 될 만큼 인권의 문제에 대해서 자유로울 수 있을까? 세계화와 신자유주의를 주도하며 인건비 절감을 위해 값싼 노동의 임금을 강행했던 나라는 미국이다. 더불어 9·11 이후 미국 부시 정부는 1941년 이래 가장 단호한 군사행동을 단행했다. 그러면서 세계 각국에 미국 정책을 찬성하거나 반대하는, 어느 한 쪽을 택하라고 강요했다. 'Yes'나 'No' 중에서만 결정하라는 것이다. 중간적 입장이란 없다는 것인데, 대외정책은 물론 국내정책에도 미국의 이러한 입장은 늘 똑같이 적용되었다.

수많은 인종 그룹과 이민들이 '우리'가 아니라 '그들'의 범주에 들어 통제와 배제의 대상이 되고 있다. 국가 통합이라는 이름 아래 애

---

90 Chalmers Johnson, 『Blowback』, HOLT, 2004년, 169쪽 참조.

국주의 열풍이 나타나고 있지만, 사실 이는 국가 통합이 아니다. 이들 소수 인종과 이민자들은 자신들이 원해서 '그들'이 된 것이 아니라 미국 정부의 정책 때문에 그렇게 되었다. 이는 제2차 세계대전 중인 1941년 모든 미국 거주 일본인(미국 국적자도 포함하여)을 강제수용소에 수용했던 역사적 경험을 되풀이하는 것이다. 물론, 아랍인들을 강제수용하지는 않고 있다. 그러나 미국 국민들의 여론 조사에 의하면 1/3이 합법적 이민에 대한 강제 수용을 찬성하는 것으로 나타났다. 지지 여론이 분명히 있는 것이다. 인종에 따른 선별이 공공연히 나타나고 있다. 이민 지도자들에 대한 체포, 구금, 그리고 감시가 자행되고 있다. 아랍인과 이슬람 신자들 중에는 9·11 이후 재판도 없이 구금된 사람들이 많으며, 이들 가운데는 8개월이나 구금된 사람들도 있다. 이는 제2차 세계 대전 때의 일본인들에 대한 조치와 같다.[91]

『워싱턴 포스트』의 조사에 의하면, 미국 국민은 미국 정부 예산의 15%가 해외 지원에 사용되고 있다고 믿고 있으며,[92] 미국이 OECD 국가 중에서 가장 지원 비율이 높다고 믿고 있는 것으로 나타났다. 그러나 실제는 OECD 국가 중 꼴찌다.

미국은 UN의 위임도 없이, 유고 전쟁과 아프가니스탄 전쟁, 2차 걸프전쟁을 진행하였고, 이로써 인권의 이름으로 서방국가가 개발도상국을 압박하는 새로운 시대가 시작되었다.[93] 세계 강대국이라고 하는 자아도취에만 빠져든 채 세계의 빈곤과 미래에 관심을 보여주지 않는

---

91 윤진호 저, 『보스턴 일기』, 지식의 디즈니랜드에서, 2005년, 137~138쪽 참조.

92 실제는 0.06%, 그마저도 이스라엘, 이집트, 사우디아라비아 등 미국의 전략적 이해 국가에 대한 지원이 대부분이다.

93 葉子成, 『中國大戰略』, 中國社會科學出版社, 2003년, 95쪽 참조.

다면, 결국 미국의 안보와 생활양식의 유지에도 상당한 문제를 일으킬 수 있다는 것은 9·11 사건을 통해 이미 시사되고 있다. 세계화가 선전하는 소위 인권 개념은 개별 국가의 주권을 크게 능가하는 추세다.

과거의 봉건국가 혹은 노예 제국 국가, 부족국가들은 강력한 군대만 있으면 다른 국가들을 정복하거나 강국이 될 수 있었다. 그러나 그런 시대는 이미 지나갔다. 미국과 쌍벽을 이루던 러시아가 망한 것도 군사력이 부족해서가 아니다. 이제 세계적 강대국이 되려면 강력한 경제력과 교육수준이 갖추어져야 한다. 이러한 측면에서 미국은 더 이상 강대국으로서의 리더십을 보이기 어려워졌다. 안타깝게도 미국은 이따금 이 사실을 망각하고 있는 것처럼 보인다. 망해가는 청(淸)나라를 품에 안고 끝까지 황제의 자리를 고집하려던 마지막 황제 푸이(傳儀)가 떠오르는 장면이다.

미국은 중국을 어떻게 이해해온 걸까?

미국 의회의 전반적 사고방식은, 적어도 중국 문제에 관한 한 1950~1960년대 사고방식에서 벗어나지 못하고 있었음이 분명하다. 그뿐만 아니라 중국식 사회주의에 대해서 인식이 너무나 부족하다.

중국에 진출한 외국 기업인들은 중국 시장에서 일고 있는 역동적인 변화에 대해 미국 본사 임원진에게 설명하면서 너무나 자주 좌절을 느낀다고 말하고 있다. 기업과 경제에 있는 의사 결정권자들의 머릿속은 중국에 관한 부정적인 이미지로 가득했기 때문이다. 중국 주재 미국 상공회의소의 전 공보관 두안즈 셔는 워싱턴 방문 중 미국 의회 의원들이 중국에 대해 어떻게 생각하는지 다음과 같이 설명했다.

> 미국 의회 의원들은 중국에 대한 수준을 높일 필요가 있다. 그들 대다수는 중국에 가본 적도 없다. 따라서 그들이 가진 중국에 관한 지식은 언론 매체에서 보고 들을 뿐이다. 미국 언론은 인권 유린, 무기 확산, 이동 노동, 호전성, 종교 박해 등 중국의 부정적 이미지만 강조하는 경향이 있다. 미국 의원들이 중국에 대해 온갖 이상한 말만 되풀이하는 것도 그리 놀랄 일은 아니다.[94]

일정 기간 중국에서 살았던 필자의 경험으로도 충분히 공감할 만한 말이기도 하다. 특히, 티베트에서 일어나는 문제라든가 장애인에 대한 처우, 도심지와 시골의 현격한 생활 수준 차이만 보더라도 위와 같이 생각할 법한 일이다.

그런데 위와 같은 관점으로만 바라보던 중국이 어떤 변화를 일으켰는가? 팍스 아메리카(Pax Americana: 미국 중심의 세계질서)는 팍스 시니카(Pax Sinica: 중국 주도의 세계 질서)로 대체되고 있다. 사실 이러한 관점은 2008년 미국 서브 프라임 문제가 발생한 상황에서

---

94 주룽지, 제임스 머독 외 35인, 로렌스 브람 엮음, 이진수, 이희재 옮김, 『중국의 시대 〈중국의 국제관계〉』, 민음사, 2002년, 116쪽 참조.

도 많은 학자들은 중국은 아직도 멀었다고 강조했으며, 2040년 즈음이나 되어야 가능할 얘기라고 했다. 심지어 레스터 C. 서로우 교수는 "중국의 경제가 세계를 지배할 세기가 있을지도 모른다. 하지만 그런 때가 있다고 해도 21세기는 아닐 것이다. 22세기는 되어야 할까?[95]"라고 비아냥거리기도 했다. 그러나 많은 중국 경제학자들은 이미 밀실에서부터 "2020년이면 충분히 중국이 세계를 장악할 것[96]"이라고 얘기해왔고, 그 분위기는 2008년 미국의 서브 프라임과 함께 고조되고 있다.

중국이 미국과 더불어 세계 경제 성장의 강력한 엔진 역할을 해온 것은 사실이지만, 미국의 힘을 따라가기란 역부족이었다. 그렇다면 '차이나 효과'가 왜 이렇게 거세진 것일까? 중국은 누가 뭐라 해도 20세기 후반 세계화로 인해 가장 큰 수혜를 입은 나라다. 그러던 중 미국은 서브 프라임 부실에서 촉발된 금융, 실물 경제 위기를 맞으며 비틀거리면서 과거의 위상을 잃게 된 것도 한몫하게 되었다. 물론, 중국 역시 대미수출 경제가 상당 부분을 차지하고 있고, 전 세계경제가 서로 얽혀있는 상황에서 적지 않은 타격을 입은 것도 사실이다. 그러나 30년 전 중국의 경제 전문가들이 2020년이면 중국이 세계를 이끌어갈 것이라고 했던 얘기들이 망상이 아니었다는 사실, 고스란히 드러나고 있지 않은가.

---

95 레스터 C. 서로우 저, 현대경제연구원 역, 『세계화 이후의 부의 지배(Fortune Favors The Bold)』, 청림출판, 2005년, 246쪽 참조.

96 채현위 엮음, 김익겸 옮김, 『21세기 중국은 무엇을 꿈꾸는가』, 도서출판 지정, 1998년, 이 책에선 여러 가지 중국과 미국의 정황을 비교하며 2020년이면 중국이 충분히 세계를 장악할 수 있을 것으로 내다보고 있다.

중국, 팍스 시니카(Pax Sinica: 중국 주도의 세계질서)로 우뚝 서다

　　'차이나 효과'가 거세진 그 배경에 대해서 살펴보기로 하자. 우선, 중국이 사회주의 국가이기 때문에 정책들이 더 큰 파급효과를 가져올 수 있기 때문이다. 중국은 아직 산업화가 진행되고 있는 경제구조란 점도 중요하다. 인프라 스트럭쳐 건설은 일자리를 만들어 내 성장세를 가속할 것이며, 상품수요를 크게 일으켜 상품시장을 끌어올릴 수 있다. 또 미국을 비롯해 전 세계 장비업체의 주문을 늘릴 수 있다는 점도 '차이나 효과'를 키운 것으로 풀이된다. 중국의 부양책이 미국과 다른 점은 실물 경제에 직접적으로 영향을 미치는 정도가 세다는 것, 전 세계의 상품가격 및 관련 업체에 즉시 효과를 낼 수 있다는 것이다. 반면에, 미국의 부양책은 주로 망가진 금융 시스템 안정, 자산가격 하락방지, 국내 수요 촉진 등에 초점이 맞춰져 있다. 효과가 나타나려면 시간이 걸릴 뿐 아니라 간접적이어서 미지근한 반응을 보일 수밖에 없다.[97]

　중국의 개혁 개방 정책이래 중국의 '이민 프로젝트'는 열기를 더해 가더니 세계화 추세는 이민의 열기를 한층 가속화시켜 나갔다. 중국이 최고로 선호하는 이민 목적지는 단연 미국이다. 왜일까? 자유와 민주주의에 대한 흠모와 열망이 미국을 선호하게 된 가장 큰 이유다. 그들은 현재 화교 사회에서 중요한 세력으로 자리 잡아가고 있다. 이들은 미국과 기타 서구 선진국에서 친중국 세력을 이루는 근간이 되고 있으며, 신이민자 네트워크를 강화하는 일은 실제적인 의미를 지

97　김윤경 기자, 〈중국이 미국보다 강한 이유〉, 『이데일리』, 2009년 3월 5일.

니고 있다. 이민행렬은 중국 본토의 인구 압력을 줄이고 실업 해소에 실리적 영향을 주고 있는 것도 사실이다.

'부동산 큰 손'으로 떠오르는 중국 부자들은 이전에는 채권, 주식에 투자하는 형식으로 이민을 떠났지만 2012년 이후의 상황은 확연히 달라졌다. 부동산 구입, 기업투자, 기업설립 등의 방식을 통해 영주권을 갖는 일에 더 적극적이다. 중국의 자녀 교육 열풍과 반부패 운동 등의 영향으로 자기 재산을 국외에 분산시키려는 성향이 강하게 나타난 것이다. 중국인들은 언제든지 자신의 재산을 몰수당할 수도 있는 사회주의 국가에 살고 있다. 따라서 해외에 재산을 분산시켜 투자하는 것이 더 안전하다는 속내도 함께한다.

중국의 이민행렬은 호주와 뉴질랜드, 남미에 그치는 것이 아니라, 태평양의 소국들에까지도 뻗어 가고 있다. 이들은 고작 몇만 명에 그치는 작은 국가에 불과하지만, UN 총회와 국제회의의 의사결정에서 기꺼이 중국에 일조하는 지원군 역할을 해낼 만큼 힘을 가지고 있다. 또한, 이들 국가가 점유하는 해역과 경제적 배타수역은 광대하다. 더군다나 미국의 군사적 팽창을 제어할 수 있는 전략적 위치에 있기 때문에 중국이 이들 나라에 무이자 차관은 물론 군사적 지원까지도 아낄 이유가 없는 것이다.

특히, 중국의 윈난(雲南) 성을 거쳐 미얀마의 이라와디 강으로 가는 육로와 수로를 연결하는 야심 찬 프로젝트가 주목된다. 이 새로운 운송로는 중국본토와 인도양을 직접 연결한다. 2009년 미얀마를 거쳐 중동과 아프리카 석유를 실어 나를 송유관 건설에 합의한 것도 이를 구체화하는 실행 사업의 하나다. 말라카 해협을 건너 싱가포르를

경유하는 옛 운송로보다 5천8백 킬로미터를 단축하는 획기적인 사업이다.[98] 이 '에너지 로드'가 중국의 경제적 부상을 뒷받침하는 것은 시간문제일 뿐이다.

이러한 이민정책과 지원은 아프리카에도 이어지고 있다. 아프리카를 향한 중국인 이민자 수만 해도 이미 100만 명이 넘고, 지원정책 역시 아낌이 없다. 1963년 중국의 저우언라이(周恩來) 총리가 아프리카 10개국을 순방한 이래 아프리카에 대한 행보가 활발해지더니, 세계화와 신자유주의의 바람이 불면서 해마다 중국 외교부장의 첫 순방지는 늘 아프리카로 이어졌다. 서구와 선진국들의 눈으로는 '버림받은 땅'에 불과했지만, 중국 지도자들의 눈에는 일찌감치부터 투자와 개발을 할 만한 '기회의 땅'이었다. 2014년 8월 뒤늦게 미국의 버락 오바마 대통령이 아프리카 50개국 정상을 불러 아프리카에 330억 달러(약 34조 원)의 투자를 약속했지만, 누가 봐도 중국이 아프리카 자원에 집중하고 있는 사실을 견제한 약속으로 보인다. 그렇다면 아프리카의 무한한 자원은 앞으로 누구의 몫이 될까?

최근 '세계의 공장' 중국이 제조업 기지를 대거 아프리카로 옮기는 가장 큰 이유는 인력이다. 중국에선 이미 값싼 인건비라는 제조업 기반이 사라지고 있다. 아프리카에선 인건비 말고도 중국 기업이 얻을 수 있는 부대 효과가 크다. '메이드 인 차이나'라는 라벨 대신에 '메이드 인 아프리카'라는 라벨을 얻을 수 있다. 이러한 방법은 미국과 유럽 국가들이 중국을 견제하기 위해 가하는 각종 규제를 막을 수가

---

98 박경귀, 〈세계를 집어삼키는 중국의 문어발 식 이민전술〉, 『박경귀의 중국 돌아보기』, 2013년 11월 9일.

있다.[99]

21세기는 교육 강대국이 세계를 주도할 것이라는 의견에는 누구도 반박하기 어려울 것이다. 중국이 2010년 이후 미국 대학에 투자하는 것은 경이로울 지경이다. 사례를 살펴보자. 홍콩 부동산 재벌인 헝룽(恒隆)그룹 창업자인 고(故) TH 챈(1986년 사망) 가문이 미 하버드대 보건대학원에 3억 5,000만 달러(약 3,590억 원)를 기부했다고 하버드대가 2014년 9월 8일 밝혔다.

하버드대는 기부를 기념해 보건대학원의 명칭을 '하버드 TH 챈 보건대학원'으로 바꾸기로 했다. 미국 명문대에 대한 중국인의 거액 기부는 2010년 이후 이번이 세 번째이다. 이 문제를 놓고 중국의 네티즌들 사이에선 날 선 비판이 일기도 했다. "중국에서 번 돈으로 왜 미국대학에 기부하느냐"는 것인데, 중국인의 이민행렬이 날로 성해지고 있는 가운데, 이러한 중국인들의 기부는 중국인들의 인적네트워크에 엄청난 힘을 실어줌과 자존심을 높여줄 것이라는 점에 대해선 의심의 여지가 없다. 또한, 중국인 학자를 비롯한 인재를 배출하는 일은 성큼 다가왔다고 해도 과언이 아니다. '하버드'란 이름을 빌려 중국인들이 교육을 받고 사회적 지위를 향상해나갈 것은 물론이고, 중국인의 힘을 과시하며 다시 세계적 인재들을 길러 내는 것은 중국인들의 입장에선 생각만 해도 가슴 설레는 일 아닌가?

---

99 홍주희, 〈'세계의 공장' 중국이 제조업 기지를 대거 아프리카로 옮기는 가장 큰 이유〉, 『중앙일보』, 2014년 8월 27일.

달러, 기축통화의 파멸은 올 것인가?

2011년 8월, 미국의 시사주간지 『Time』 최신호 표지 제목에는 1달러 지폐의 모델인, 미국 건국의 아버지 조지 워싱턴의 눈가가 시퍼렇게 멍든 사진과 함께 "위대한 미국의 쇠락(The Great American Downgrade)"라고 적혀 있었다. 동시에 글로벌 신용평가 기관인 S&P가 미국 국가 신용등급을 AAA에서 AA+로 한 단계 강등시켰다. 불과 얼마 전까지만 해도 경제 대국이었던 미국의 신용등급 AAA가 강등될 거라는 상상은 누구도 할 수가 없었다.[100]

미국의 제도는 완벽하다고 믿는 것도 대부분의 미국인들이 고수하고 있는 신앙이었다. 경제학자 레스터 C. 서로우의 주장에 따르면, "미국의 국부들은 세계 다른 나라들의 경우와는 그 의미가 다르다.[101]"라고 하지 않았는가? 그러나 어쩐 일인가? 그가 극찬을 아끼지 않았던 조지 워싱턴의 눈가에도 멍든 사진을 실었다는 것은 미국의 위기와 권위 실추를 적나라하게 보여주는 장면이다. 1944년 브레턴 우즈 체제 이후 달러를 기축통화로 한 미국의 경제적 패권 지위가 서서히 무너지는 장면으로 해석할 수 있다.

개발도상국 투자자문을 맡고 있는 헨리 C.K. 류(Henry C. Liu) 교수는 현재의 통화 시스템을 '잔혹한 사기'[102]라고 부른다. 왜일까? 연방준비은행은 사실 아주 큰 다국적 은행들의 협의회가 소유한 민

---

100 이우탁 특파원, 〈위대한 미국의 쇠락〉, 『워싱턴 연합뉴스』, 2011년 8월 9일.
101 Lester Thurow, 『Head to Head』, Morrow New york, 1992년, 261쪽 참조.
102 『달러』, 23쪽 참조.

간법인이다. 주화를 제외하면, 정부는 화폐를 발행하지 않는다. 합친 실물통화(주화와 달러 지폐)는 미국 통화량의 3% 미만을 차지한다. 나머지 97%는 컴퓨터 화면상의 입력 자료로만 존재하며, 정확히 말해서 이 돈 전부는 대출이 일어나기 전까지는 존재하지 않는다. 은행은 회계 처리해 발행한 돈의 30%를 자신의 계좌에 넣어놓고 자가 운용한다.

　미국의 금융 시스템은 지금 거대한 도박 장치로 변했다. 좀 더 사실적으로 표현하면 미국이란 얼굴을 내세운 국제금융세력이 금융 시스템을 이와 같이 이끌어가고 있는 것이다. 국제 금융재벌이 큰돈을 벌기 위해 계획하는 수단은 무엇일까? 경제불황의 조작에 초점을 맞춘다. 그들은 먼저 신용대출을 확대함으로써 경제적 거품을 조장하고, 사람들로 하여금 투기에 집중하게 한다. 수익이 나는 부동산의 가치와 통장 잔고를 들여다보는 일은 꿀처럼 달콤하다. 바로 그때 무차별 공격이 쏟아진다. 통화량을 급작스럽게 줄여 경제불황과 재산 가치의 폭락을 유도하는 것이다. 수벌이 여왕벌과 하늘로 밀월여행을 떠났을 때 그것이 곧 그의 마지막이었고, 형편없이 추락한 자산은 날카로운 뱀의 혓바닥으로 삼켜진다. 뱀이 매우 느리게 똬리를 하다 목표했던 물체를 순식간에 삼키는 꼴이다. 돈벌이에만 관심이 있는 국제금융재벌은 늘 이 '양털 깎기(fleecing of the flock)' 방식을 선택해왔고, 이 방식은 그들을 돈으로 꽉 찬 성곽에 앉아있게 만들어주었다. 그들이 안락의자에 앉아 숫자놀이를 즐기면 즐길수록 서민과 군중의 숨통은 더욱 조여들었다. 이방인이 구매한 부동산은 이방인의 것이지 자국민의 부동산이 아니다. 이때 자국민은 무력해진다. 돈이 힘이고 권력인 시대인 까닭이다. 국민이 무너지는 순간 국가도 주권도 사라지게 되어 있다. 지금 미국에서만 일어나는 일일까?

2007년 12월 현재 681조 달러로 추정되는 돈이 파생상품으로 알려진, 복합적이고 위험성 높은 투기에 몰려 있었다. 전 세계 연간 생산량의 열 배나 되는 규모이다. 거대 미국 은행들이 이런 투기의 뒷돈을 대고 있었다. 이들 파생상품은 시장을 조직하거나 기업을 탈취하고 경쟁국을 무너뜨릴 수 있는 규모다.

걷잡을 수 없는 인플레이션은 대개 정부가 통화를 과다 발행해서가 아니라, 국제적 기관 투기꾼들이 해당 국가의 통화를 공격해 국제시장에서 화폐가치를 떨어뜨리기 때문에 발생한다. 같은 방식의 투기적 공격과 이에 따른 평가절하는 미국 달러에 대해서도 일어날 수 있다. 국제 투기자들이 더 이상 미국 달러를 세계의 기축통화로 인정치 않는다면 말이다. 그들은 이미 미국의 경제적 제국주의에 대한 보복으로 그렇게 하겠다고 위협하고 있다.[103]

이 늪에서 빠져나갈 수 있는 방법은 없을까? 초기 미국 이주민들이 발견했고, 에이브러햄 링컨과 다른 일부 국가 지도자들이 이미 실천했던 방법으로, 정부는 은행들에 화폐발행권을 되찾아올 수 있는 권리가 있다. 화폐 발행권은 정부와 국민에게로 되돌려져야 한다. 그러나 지도자들이 그 권리를 찾아오기 위해선 자신의 목숨을 기꺼이 담보로 내놓아야 했다.

---

103 『달러』, 26쪽 참조.

평화를 위한 전쟁인가,
돈을 위한 전쟁인가

조지 부시, 그가 남기고 간 과제들

부시 대통령은 작은 정부와 겸손한 외교정책을 약속하며 취임했다. 하지만 그가 자유 경제 시장을 흔들고 이라크와 아프가니스탄 전쟁의 인상만 남기게 되자, 전 미 국무장관이었던 매들린 올브라이트는 부시 정권 당시 "부시가 세계의 질서를 어지럽혔다."고 일침을 가하기도 했다. 그는 후임인 버락 오바마 당선인에게 엄청난 빚과 산더미 같은 과제만 남기고 자리를 떠났다. 그는 대통령직을 마치며 '지금 현재'란 시점이 아니라 '미래'와 '역사'가 심판할 것을 당부했지만, 세상은 이미 그에 대한 평가를 모두 마쳤다는 사실을 그는 정말 모르는 것이었을까? 강대국으로서의 그 화려하던 명성은 스러져 가고, 심지어 나라가 부도의 위기마저 맞고 있는 상황이 도대체 누구에 의한 것인지 말이다. 엄격히 말해서, 2008년 버락 오바바가 대통령직을 넘겨받았던 순간은 이미 미국의 부도를 얼마나 더 늦출 수 있는지 그 여부에 초점 맞출 수 있을 뿐이지, 미국은 그 훨씬 전부터 부도 위기에 직면해 있었다.

2002년 1월 부시 대통령이 신년 연설을 통해 "우리의 진보는 미국이 가진 군사력의 힘을 통해 입증되고 있다."고 했다. 그러나 그의 8년 임기 동안 미국에는 어떤 일이 벌어졌던가? 미국 역사상 최악의 9·11 테러 공격을 당했고, 그 사이에 두 번의 전쟁을 치렀다. 주택시장이 붕괴하는가 하면 중산층은 줄줄이 파산하고 있다. 그뿐인가? 월가의 엘리트들과 함께 전 세계 경제에 쓰나미를 일으켰으니 미국의 권위와 체면은 말이 아니다.

부시 정부에선 1천100만 명 이상의 국민이 직업을 잃었고, 다우존스 지수는 2008년에만도 33.8% 급락하며, 1931년 이후 최악의 하락률을 기록했다. 이라크와 아프가니스탄 전쟁 때문에 부시 정부는 중동지역에 반미감정의 불을 지폈고 테러리즘의 위험을 더욱 높였다. 또 재정적자는 사상 최고 4천550억 달러를 기록했다. 게다가 미국 국민은 물론 세계여론도 좋지 않았다. 부시 대통령은 애초 작은 정부를 약속하며 당선됐지만, 막대한 재정적자에 직면하고 미국이 테러의 공격을 받으면서 마음을 바꿨다. 데이너 페리노 백악관 대변인은 이에 대해 "그가 약속한 가장 중요한 것은 미국을 안전하게 지키겠다는 것이었다."면서 "루스벨트 대통령이 2차대전에, 로널드 레이건 대통령이 냉전에 천착했듯이 부시 대통령은 이런 생각에 집중했다."라고 말했다. 부시 대통령의 선제공격 독트린도 이런 측면에서 나왔다. 하지만 여론의 지지를 받기에는 부족했다. 그는 대통령직을 마치며 "나는 인기를 끌기 위해 나의 영혼을 더럽히지 않았다."고 강조했는데,[104] 그러면 단지 인기만을 위해서 치열한 전쟁을 강행하는 사람도 있었을까? 또한 '전 세계 악의 뿌리를 뽑고 말겠다'던 그가 폐허가 된 전쟁에서 얻은 것은 무엇일까?

여기서 멕시코의 북미자유무역협정 협상 주역 가운데 한 사람인 루이스 데 라 카에의 말에서 교훈을 얻어 보자. "모든 나라가 '자기 성찰을 하는 능력'이 필요하다. 왜냐하면, 어떤 나라도 자신이 어떤 처지이고 자신의 한계가 무엇인지 점검하지 않는다면 누군가가 그 자리를 차지하게 될 것이고, 자기 관찰을 하지 않고는 발전할 수 없기 때문이다."[105]

미국은 무기 천국

경기 침체로 세계의 무기 수입이 크게 줄어드는 상황 속에서도 미국은 전 세계 무기 시장에서 점유율과 판매량을 늘려온 것으로 나타났다. 연방의회의 자료를 보면 미국의 지난 2008년 세계 무기 판매액은 378억 달러에 달했던 것으로 집계됐다. 이는 전 세계 무기 판매시장의 68.4%를 차지하는 것으로 미국은 무기수출국 부동

---

104 현재규 기자, 〈AP 통신, 부시 재임 8년 신랄한 평가 '전쟁들, 경기침체, 구제금융, 채무, 어둠'〉, 『워싱턴 AP=연합뉴스』, 2009년 1월 12일.

105 Thomas L. Friedman, 『The World is Flat』, Picador, 2005년, 407쪽 참조.

의 1위 자리를 놓치지 않는다. 과연 미국은 무기 천국이다.

조지 부시 전 대통령 말기에 전 세계의 분쟁이 이어지고, 미국 내 안보가 강조되면서 미국의 무기 판매가 획기적으로 증가하였다. 과연 미국이 진정 인권과 평화, 인간의 자유를 생각하는 나라인가 하는 의구심과 그들 자신의 모순에 대해 질문을 던지게 되는 첫 번째 주제다.

의회 보고서는 "미국의 무기수출 증가는 중동과 아시아 지역에서의 신규 주문뿐 아니라, 기존 수입국들의 꾸준한 장비 도입 및 유지 계약에 따른 것."이라고 설명했다. 보고서 작성자인 리처드 그리메트는 "세계적인 경기 후퇴 속에서 미국의 무기 수출 증대는 이례적인 현상."이라고 지적했다. 미국은 개발도상국의 무기 계약에서도 전체의 70.1%(296억 달러)를 차지해 단연 앞섰다. 특히, 개발도상국들에 대한 미국의 무기 수출 증대는 정치적 영향력 확대로 이어질 것이란 분석도 나온다. 과거 미국으로부터 무기를 사들인 나라들은 장비의 유지, 보수, 개선과 탄약, 부품 공급을 위해 장기 계약을 맺은 상태이기 때문에 극심한 불황 여파에도 불구하고 미국의 무기 판매실적은 상승세를 지속할 것으로 보인다.[106]

버락 오바마 대통령은 2010년 2월 1일 3조 8,300억 달러 규모의 2011년 회계연도 예산안을 발표했다. 재정적자에도 불구하고, 국방 분야에선 2010년 대비 2% 증가한 7,000억 달러 이상을 배정했다. 아프간 치안 유지군 증강 116억 달러를 비롯해 이라크와 아프간 전쟁 비용으로 1,590억 달러를 지급할 것을 요청하기도 했다. 『폴리티코』는 "오바마 행정부가 환경예산은 줄이면서 전쟁비용은 늘렸다."며 "조

---

106 정성일 기자, 〈불황을 모르는 미국 무기 산업〉, 『보스톤 코리아』, 2009년 9월 11일.

지 부시 행정부와 비교해도, 이라크 전쟁이 한창때인 지난 2007년, 2008년 회계연도 전쟁 비용(1760억 달러)보다 겨우 10% 낮은 수준." 이라고 지적했다.[107]

지난 몇 년 동안 이라크전쟁에 이어 아프간전쟁을 놓고 보자면 미국은 무너질 것처럼 보였다. 그러나 미국은 '전우 유해 찾기 운동'이라는 특별한 시스템을 유지하고 있는데, 미국인의 조국애를 부추기는 일이다.

2009년 '실종' 상태인 미군은 모두 8만 4,000명이었는데, 기존 발굴 속도(연간 70여 구)로 국방부가 '발굴 가능'으로 판단하는 3만 5,000구를 모두 찾아내는 데만도 500년이 걸린다. 하지만 미군은 아무리 오랜 시간이 걸리고 값비싼 대가를 치르더라도 유해를 발굴한다는 방침이다.[108] 이러한 방침이 어떠한 측면에선 극소수에 불과한 참전용사들의 용기와 희생을 기념하는 쇼맨십에 불과한 것일지라도, 여전히 역사 안에서 감사하고 기억한다는 의미에선 감동적일 만하다.

그러나 이따금 질문을 던지게 된다. 이 전쟁이 왜 일어난 것인가 하고. 동시에 또 하나의 질문을 던지게 된다. 그들이 애국심을 부추기는 쇼맨십에는 앞장서면서도 "제1차 걸프전쟁 이후 지금까지 8천3백 명의 군인들이 죽었고, 재향군인 관리국에는 장애에 대한 16만 명의 배상청구가 제기됐다.[109]"는 사실은 어떻게 해석해야 할까?

미국이 알 카에다의 지도자 오사마 빈 라덴을 체포하고 탈레반의

---

107 한겨레 편집정리, 〈미 예산안 3조 8000억달러 발표〉, 『보스턴 한인회보』, 2010년 2월 3일.
108 강만준 지음, 『미국사 산책 17』, 인물과 사상사, 2010년, 294~295쪽 참조.
109 『권력을 이긴 사람들』, 30쪽 참조.

알 카에다 지원을 차단하기 위해 시작한 아프간 전쟁. 그동안 미국과 나토군은 아프간 전쟁을 승리로 이끌기 위해 10만 명 이상의 병력을 파견했지만, 확실한 승리를 잡지 못하면서 '제2의 베트남전'이 될 것이라는 우려가 컸다.

버락 오바마 대통령도 취임 이후 2만 1천 명의 병력을 추가로 투입했지만 가시적인 성과를 내지 못하면서 명분 없는 전쟁이라는 비판에 직면했다. 그럼에도 공화당과 보수진영은 추가 파병을 하지 않을 경우 아프간전의 패배를 자인하면서 테러리스트들의 입지만 강화해주는 결과를 초래할 것이라고 지적한 바 있다.[110] 2009년 10월의 일이다.

그로부터 5년이 지난 2014년 9월 10일 오바마 대통령은 시리아와 이라크에 걸쳐있는 수니파 극단주의 무장세력인 이슬람 국가(IS)를 궤멸시키기 위해 시리아 내에서 전투기를 이용한 본격적인 공습을 시작하겠다고 밝혔다. 연설에서 오바마는 "우리의 목표는 분명하다. 반테러 전략으로 이슬람 국가를 약화시키고 결국 파괴하는 것."이라고 말했다. 오바마는 IS에 의해 참수된 기자들의 이름을 일일이 열거하며 대테러전쟁임을 분명히 했다.[111]

미국은 천하무적의 강대한 국방력을 쌓기 시작했지만, 결과는 몇몇 테러리스트의 습격에서 더 이상 안전하다고 볼 수는 없다. 9·11 테러를 악몽처럼 기억하는 미국인들이라면 언제 다시 일어날지 모르는 테러에 대한 두려움이 엄청나게 크다. 따라서 미 정부가 그것을 방어하

---

110 정성일 기자, 〈아프간 증파 놓고 갈등 고조, 8년이 지나온 가시적 성과 없어〉, 『보스턴 코리아』, 2009년 10월 9일의 내용 요약.

111 우성규 기자, 〈중동에서 또 전쟁… 오바마, 9.11 하루 전 시리아 공습 선포〉, 『국민일보』, 2014년 9월 11일.

기 위해 내세우는 정책이 있다면 그것이 무엇이었든 그들은 기꺼이 받아들일 자세가 되어 있다. 공항 출입국에서 출입자들의 전신 스캔 같은 문제는 테러리스트들로부터 선한 사람들의 인권을 보호하기 위한 부득이한 행위로 보고 있다.

평범한 미국인들의 생각이란 정말 어처구니없을 만큼 순박하기만 하다. 그들은 정확히 미 정부가 내세운 그럴듯한 정당성과 구호를 한 치의 의심도 없이 받아들인다. 대다수 미국인들의 사고방식으로는 이국만리에서 벌어지는 전쟁은 모두 정의와 평화를 위한 것이지만, 그들의 나라에서 벌어지는 테러에 대해서는 '어떻게 이런 일이 미국에서 벌어질 수 있는 것인지'에 대해 경악을 금치 못한다. 그들의 사고에 모순이 있다는 생각은 전혀 없다. 그들은 우월하고 그들은 평화주의자이며 인권과 자유를 최고로 생각하는 나라라는 자부심과 긍지로 가득한 채 말이다. 정부의 일이라면 털끝만 한 의심도 품지 않을 만큼 순박한 것이 미국인들의 일반적인 모습이다.

2013년 4월 13일, 보스턴 마라톤대회에서 일어난 테러는 미국 국적을 가지고 있는 학생에 의해 벌어진 일이라서 미국을 더 당황스럽게 만들었다. 그리고 어떻게 미국의 가장 안전할 것 같은 최고의 교육도시에서 이런 일이 벌어질 수 있는지 의문을 제시한다. 물론, 그 의문점은 당연한 일이다. 그러나 미국 정부에 의해 총알받이가 되었던 세계의 많은 평범한 사람들의 심경에 대해선 생각이나 해보았을까?

최근 세계 각국은 사이버 테러의 위험에 대해서도 경각심을 요구하고 있다. 최근 온라인을 이용한 공격이 급격히 늘고 있는 것이 그런 증거인데, 이 역시 물리적인 테러 못지않게 미국의 안보에 심각한 위협이 되고 있다. 핵무기와 미사일로 전쟁을 일으키는 시대가 아니라 사이버 테러를 통해서 개인정보와 개인의 재산을 빼내는 전쟁의 시대다.

우리는 새롭게 직면한 세상에 다음과 같은 질문을 던져야 할 것이다. 돈을 우상으로 삼던 미국이 중국과 일본에 채무국이 되었다. 빚을 지고 있는 신세여서 급기야 파산의 위기에 직면한 사람들은 돈의 문제보다 더 힘들고 고통스러운 일이 없다. 체면은 물론 죽음 그 자체도 두려워하지 않는 근성이 있다. 한마디로 숨이 턱턱 막혀 죽을 것 같은 그 절벽 앞에 서 있으면서 이것저것 따질 것이 무엇이겠는가? 그들은 결국 깊은 본성을 찾아간다. 한바탕 전쟁을 치를 각오를 하거나 전쟁을 부추기는 일을 기꺼이 한다. 더군다나 자국이 아닌 강 건너 불구경이라면 그들에겐 나쁠 것이 없다. 그것이 늘 경제위기에 직면한 미국이 문제를 해결하는 방식이었다. 그런데 안타까운 것은 사실상 파산의 위기에 직면해 있는 것은 미국이지만, 미국의회와 국제금융세력들은 자신들의 금고를 더 단단히 채워줄 전쟁놀이를 어디서 벌일 것인가를 최고의 엘리트들과 논의하면서 자신들의 계획을 세워나간다는 점이다.

무엇을 논의하는 것일까? 어떻게 합리적으로 사람들의 갈채를 받으면서 전쟁의 합리성과 정당성을 내세울 것인가? 그리고 어떻게 그 명분을 유지하면서 혼란과 피폐해진 곳의 치안과 통치를 해나갈 것인가? 그들은 온통 이런 계획을 세우며 미국의 경기부양책의 명맥을 이어갔다.

돈의 문제라면 전쟁도 한 편의 연극무대일 뿐인가

　　제1차 세계대전 선전포고를 하기 전 우드로 윌슨(Wood-row Wilson)은 전쟁 승인을 받기 위해 의회에서 다음과 같은 연설을 한다. "평화를 사랑하는 이 위대한 국민을, 문명 자체의 운명이 걸려 있다고도 할 극도로 참혹하고 파괴적인 전쟁으로 몰고 가기란 참으로 두려운 일입니다. 하지만 정의는 평화보다 값진 것이기에 우리는 우리 마음속 깊은 곳에 소중히 간직해온 것들을 위해 싸우려고 합니다. 민주주의를 위해, 그들 정부에 대한 발언권을 갖기 위해, 권위에 복종한 이들의 권리를 위해, 약소국들의 권리와 자유를 위해, 자유민들의 완벽한 협조로 모든 나라에 평화와 안위를 가져다주고 최소한 세계를 자유롭게 해줄 그 같은 보편적 권리를 위해 싸울 것입니다." 윌슨의 연설 뒤 의회는 압도적으로 전쟁을 승인했다.[112]

　미국이 유럽의 전쟁에 가담하기 한 해 전, 평화주의자였던 헬렌 켈러는 카네기 홀에서 청중들에게 이렇게 말했다.

　　전쟁을 거부하십시오! 여러분이 없으면 어떤 싸움도 할 수 없습니다. 독가스탄과 일체의 살인 무기를 거부하십시오! 수백만의 죽음과 불행을 상징하는 군비를 거부하십시오! 파괴를 위한 군대의 어리석고 복종적인 노예가 되지 마십시오![113]

112　『미국에 대해 알아야 할 모든 것, 미국사』, 356쪽 참조.
113　헬렌 켈러, 『New York Call』, 1916년 1월 6일자에 재수록.

미국은 이런 평화주의자들의 반전에도, 일부 리더는 '평화와 정의'라는 구호를 앞세워 전쟁을 진행하는 데 거침이 없었고, 군중은 '평화와 정의'라는 소리만으로도 가슴이 벅차오르는 듯 기꺼이 동조하며 열광한다. 전쟁이 남기고 간 황폐함과 잔혹한 죽음은 역사 안에서 그 본질을 여실히 보여주었음에도, 마치 수백만 명의 죽음을 기다리고 있는 하이에나들처럼 환호한다.

2001년 9·11 테러리스트의 공격 이후, 조지 부시 대통령은 9월 20일 의회에서 다음과 같은 질문을 던졌다. "왜 그들은 우리를 증오하는가?" 그의 대답은 다음과 같았다. "그들은 종교의 자유, 말하는 자유, 선거의 자유와 같은 우리의 자유를 증오한다." 그는 상당히 놀라워하며 다음과 같은 말을 덧붙였다. "우리를 증오하는 사람들은 우리를 잘못 이해하고 있기 때문이다. 왜냐하면, 나는 우리가 얼마나 선한지 잘 알고 있기 때문에 그런 사실을 믿을 수가 없다." 과연 그럴까? 미국이 그렇게 선하다면, 왜 그렇게 많은 외국인들로 하여금 증오심을 갖게 했을까?[114] 미국은 기꺼이 이 부분에 끊임없이 질문을 던져야 할 것이다. 무엇보다도 평화와 자유, 정의와 인권을 위한다는 말 이면에 끊임없이 전쟁을 부추김에도 불구하고, 아름다운 생명의식과 숭고한 철학이란 것이 내재할 수 있는 것인지 헤아려야 할 책임이 있는 까닭이다.

그렇다면 민중에게 중요한 것은 무엇일까? 편견 없이 객관적으로 사건과 상황, 역사를 바라볼 수 있는 지식과 상식, 시각이 중요하다. 그것을 도와줄 수 있는 역할이 바로 역사교육이다.

114　Chalmers Johnson, 『Blowback』, HOLT, 2004년, 서문 1쪽 참조.

그런데 미국의 역사진술은 지나치게 영웅적인 관점에서 서술하고 있다. 매우 긍정적인 마인드로 보일 수도 있지만, 역사는 위에서 말한 바와 같이 사실(fact)을 중심으로 성과와 실패, 문제점을 냉혹히 볼 수 있도록 도와주어야 한다.

하워드 진이 쓴 『살아있는 미국역사』에서는 애국심이란 무엇인가에 대하여 다시 생각해보게 한다. 하워드 진은 미국 건국의 기초가 되는 문서인 독립선언서에 포함된 민주주의 원칙을 받아들인다면, 애국이란 정부에 대해 무조건적인 지지를 말하는 것은 아니라고 말한다. 『A Power governments cannot suppress(권력을 이긴 사람들)』에서는 다음과 같이 말하고 있다. "독립선언서에 의하면 정부란 '생명, 자유, 행복추구'에 대한 모든 국민의 권리를 지키는 목표와 일을 하라고 국민이 세운 자산이다. 만일 정부가 이 신념을 산산조각낸다면 국민은 그런 정부를 바꾸거나 무너뜨릴 권리가 있다."[115] 마크 트웨인의 말처럼 국가와 정부란 분명 구별되어야 할 관계이기 때문이다.

미국의 남북전쟁을 사례로 들어도 마찬가지다. 전쟁터에 시체가 쌓여가는 동안 J.P. 모건 같은 거대 금융세력들은 그들의 안락의자에 앉아 쌓여가는 돈에 흠뻑 취해 있었다. 이때 우리는 한 가지 질문을 던지게 된다. "미국 정부는 에이브러햄 링컨이 표현한, '인민을 위한' 정부인가? 아니면 인민당 웅변가였던 매리 엘리자베스 리스가 1890년에 묘사한, '월스트리트의, 월스트리트에 의한, 월스트리트를 위한

---

115 Howard Zinn, 『A Power governments cannot suppress』, City Lights, 2007년, 112쪽 참조.

정부'인가?[116]" 쟁점은 하나다. 즉 누구를 위해 정부가 봉사하는가? 어떤 사회 계층을 위해 존재하는가?

전쟁에 나가 위험을 무릅쓰고 국가를 지키고자 하는 청년들의 의지는 결국 자기 가족과 형제, 조국의 평화와 안정, 자유가 지켜지기를 간절히 소망하는 맘에서 마지막 선택을 하는 것이다. 자기 목숨을 담보로 돈을 벌기 위해 선택한 청년도 있을 것이고, 그것만이 국가를 지키고자 하는 신념의 표현이며, 숭고한 헌신일 거라고 믿는 청년도 있을 것이다. 그런데 그것이 단지 탐욕으로 가득한 아주 극소수의 국제금융세력과 정부를 위한 희생에 그친다는 사실을 알게 된다면 어떨까? 그들에게 '애국'이란 말은 절망이라는 참혹한 표현 그 이상의 무슨 의미가 될까?

그렇다면 애국이란 어떻게 정의를 내릴 수 있을까?

사실 애국심이란 논란이 많을 수 있는 도덕 감정이다. 이를 미덕으로만 보는 사람이 있는가 하면, 국가 우월주의 발상이라든가 전쟁의 근원으로 보는 사람도 있다. 상당히 근거 있는 말이다. 장 자크 루소는 공동체에 대한 애착과 정체성은 보편적 인간성에 반드시 덧붙여야 할 요소라고 주장한다. 루소는 애국심이 다음과 같은 점을 강화한다고 말했다. "같은 시민 사이에 응집된 인간성이 서로를 습관적으로 만나면서, 그리고 서로를 결합하는 공동의 관심사로 인해서, 새로운 힘이 생겨나는 것은 좋은 일이다.[117]" 시민들이 충직함과 동질성으

116　Howard Zinn, 『A Power governments cannot suppress』, City Lights, 2007년, 33쪽 참조.

117　Jean-Jacques Rousseau, translated by Donald A. Cress, 『Discourse on Political Economy(1755)』, Cambridge, Mass: Hackett Publishing, 173쪽 참조.

로 묶여 있다면, 외부인들보다는 서로에게 더 큰 의무를 느낀다는 뜻
이다.

사람들이 덕을 갖추기를 바라는가? 그렇다면 우선 조국을 사
랑하게 하자. 하지만 조국이 그들에게 주는 것이라곤 다른 사람
들에게도 줄 수밖에 없는 것들뿐이라면, 그래서 조국이 외국인
들보다 내게 딱히 더 큰 의미도 없다면 어떻게 조국을 사랑하겠
는가?[118]

여기서 필자는 중국 사회에서 최고의 미덕으로 여겼던 '순종'이라는
덕목을 통해 국가와 정부에 대해서 설명하고 싶다. '순종'과 '복종'의
의미는 분명 다른 것이다. 어떻게 다른 것일까?
사실 유가(儒家) 본연의 사상은 군주는 군주답게, 아버지는 아버
지답게, 남편은 남편답게, 아들은 아들답게라는 이슈로서, 각자 자기
의 지위와 입장에서의 의무를 다할 수 있어야 한다는 논리에서 출발
하였다. 그런데 중국 한(漢)대는 군주는 자신의 지위를 확고히 다지
기 위한 논리적 근거와 합리성, 정당성을 내세우기 위하여 유가의 이
론을 빌어서 종교화시킨다. 그것이 한대에 시작한 유교(儒敎)다. 많은
사람들이 유가(儒家) 본래의 사상과 혼용하여 쓰는 면이 있는데, 이
것은 명백한 오류다. 한대에는 군주가 폭군일지라도 민중은 군주를

---

118 Jean-Jacques Rousseau, translated by Donald A. Cress, 『Discourse on Po-
litical Economy(1755)』, Cambridge, Mass: Hackett Publishing, 174쪽 참조한
내용을 마이클 샌더, 『정의란 무엇인가(Justice)』, 320쪽에서 재인용.

섬겨야 하고, 아버지와 남편은 어떠하든지 간에 아들과 아내는 윗사람을 존중하여야 한다는 일방적인 관계를 성립시켰다. 쌍방이 인격적으로 이루어지는 관계가 아니다. 명백히 강자와 약자가 성립될 수밖에 없는 수직적 관계다.[119] 이러한 수직적 관계는 순종이 아니라 복종을 의미한다.

표면적으로 어떤 논리로 정당화된다고 하여도 그 속 깊이 지닌 의미가 인권과 평화, 사랑을 기초로 한 것이 아닌, 극소수의 이기심과 이권을 위해 많은 순진한 사람들이 움직이고 동원되어야 한다면 그것은 어리석은 복종에 불과하다. 더군다나 무모한 정부의 권한이 곧 국가를 대변할 수 없는 민주주의 사회에서라면 더 말할 것도 없다.

무기를 학교 안으로 들여라?

미국 총기협회(NRA)가 최근 "모든 학교에 무장 경찰관을 배치하자."라고 제안한 이후 "교사가 총기를 소지하자."는 주장이 확산되고 있다고 미 언론이 전했다. 유타주에 이어 오하이오주에서도 총기 단체가 교사 대상 총기훈련을 실시하겠다고 밝혔다. 애리조나주의 톰 혼 법무장관은 학교당 교사 1명이 총을 소지할 수 있게 주법을 개정할 것을 제안했다. 앞서 버지니아 주에서는 교사를 무장하게 하는 법안이 발의됐고, 텍사스주의 릭 페리 주지사는 "관할 교육구가

---

119 졸고, 『세계화 속의 한국교육』, 172~173쪽 참조.

교사 총기 소지를 승인하면 지지할 것."이라고 밝혔다.

교사의 총기 소지를 옹호하는 측은 "학교에 합법적인 자기방어 능력을 줘야 한다"고 주장한다. 유타스포츠 사격위원회의 클라크 아포시안 회장은 "총기범이 교실에 침입했고, 경찰이 제때 도착하지 못했을 때 총을 가진 교사들에게는 한 가지 선택지가 더 생긴다."고 말했다. 하지만 많은 교사들은 "학교에 더 많은 총을 배치하는 게 아니라 없애는 게 해결책!"이라고 말한다.[120]

코네티컷은 미국에서 총기규제법이 가장 엄격한 주인 동시에 총기 문화가 발달한 주이기도 하다. 샌디후크 초등학교는 2012년 12월 14일 아담 총기 난사로 초등학교 20명과 교직원 6명을 살해한 지역이다. 대형 총기 제조업체들도 바로 이곳 코네티컷 주에 포진해 있다.

총기 난사 사건에서 사용된 총기는 모두 아담의 어머니 낸시 란자가 소유하고 있던 것들이다. 그녀 역시 사건 당일 아들이 당긴 방아쇠에 의해 끔찍한 죽음을 맞았다. 코네티컷주 이스트 윈저에서 낸시 란자에게 총기를 판매한 적이 있다는 상점 주인은 다음과 같이 말했다. 그는 "몇 년 전에 판 물건이 이렇게 끔찍한 범죄에 사용될 수 있다는 것을 보고 경악을 금치 못했다."고 말했다. 모순이다. 어떻게 주변에 총기를 매일 보고 사는 어린 청년의 손에서 방아쇠가 당겨질 수도 있을 거라는 생각을 한 번도 해보지 않을 수 있단 말인가?

박물관 관장인 딘 넬슨은 "콜트사에 관한 이야기 없이는 코네티컷 정부의 역사, 미국전쟁에서 코네티컷의 역할, 코네티컷의 산업 역사

---

120 박우진 기자, 〈교내 총기 난사 막는 방법… 교사 총기 무장이 해법?〉, 『한국일보』, 2012년 12월 28일.

등에 대해 논할 수 없다."면서 "코네티컷은 '민주주의의 무기고'로 알려져 있다."고 말했다. '불법 총기에 반대하는 시장들의 모임'에서 내놓은 보고서는 코네티컷의 총기규제법이 신원체크를 의무화하고 폭력 전과가 있는 사람들의 총기 소지를 금지하며 지방 커뮤니티의 총기법 제정을 허용하는 것 등에 대해 높이 평가하고 있다. 뉴햄프셔와 버몬트 등 인근 주의 총기법이 느슨한 이상 코네티컷이 총기법을 강화한다고 해도 의미가 없을 수 있다는 지적이다.[121]

총기 소유권 옹호론자들은 신원조회 확대 규정이 도입된다 하더라도 암시장에서 손쉽게 화기 구입이 가능한 만큼, 총기 폭력 감소 효과를 가져오지 못할 것이라고 주장한다. 반면, 이 조치를 크게 환영하고 있는 총기규제 지지자들은 친구와 이웃 간의 개인적인 화기 거래를 신원조회 의무대상에서 제외한 합의안에 대해 불만을 토로하고 있다. 헌법 수정조항 제2조 전문가인 아담 윙클러는 신원조회를 의무화하는 목적은 마약 남용자와 탈주자, 중대한 전과자, 법원 등 기관에서 정신질환자로 규정한 자 등의 총기 구매를 금지하기 위함인데, 이 법안엔 허점이 가득하다고 밝혔다.

반면, 법안의 반대파 의원들은 총기규제법에 대대적인 수정을 가하게 되는 법안의 통과를 막기 위해 필사적인 노력을 기울이고 있다. 미국 최대 총기권리 옹호 단체인 전미 총기협회(NRA)는 신원 조회 수정조항에 결사반대하고 있다. 이 조항이 향후 총기 범죄를 예방하는 데 아무런 효과가 없을 것이라는 주장이다. 버지니아주 스프링필

---

121 박우진 기자, 〈총기규제법 강화 추진하는 코네티컷주의 모순〉, 『네이버 블로그』, 2012년 12월 21일.

드에 소재한 미국 총기소유자협회도 회원들에게 편지를 보내, 의원들에게 수정조항에 찬성표를 던지지 말라며 압력을 넣었다.

어떻게 되었을까? 2013년 4월 미국의 총기 규제안 표결을 앞두고 찬반양론이 팽창하더니,[122] 결국 미국 상원에서 부결되고 말았다.[123] 그뿐만이 아니다. 콜로라도에서는 판매 탄창수 제한 등 강력한 총기 규제를 추진했던 주 의원들이 미국 총기협회의 로비에 부딪혀 퇴출당했다. 존 모스 콜로라도주 민주당 상원의장과 앤젤라 지롱 상원의원은 협회가 추진한 소환투표로 8월 10일 주 역사상 처음으로 의원직 박탈 결정이 내려졌다.[124] 불법 총기를 반대하는 시장들의 모임(MAIG)의 마크 글레이즈 국장의 말에서 답을 들어보자. "대규모의 총격 사건이 계속되는데도 의원들이 아무것도 하지 않으면서 그들의 정치 생명을 얼마나 유지할 수 있다고 생각하는가?"

하워드 진이 "법에 대한 절대적 복종도 일시적으로 질서를 가져올 수는 있으나 정의를 가져오지는 못한다."고 했던 말이 떠오르는 장면이다. 이것은 무엇을 의미하는 것일까? 우리에게는 법을 준수하는 것보다는 정의를 추구할 의무가 더 많다는 것이다. 왜냐하면, 법의 통치는 종종 부와 권력을 가진 자들의 이익 위주로 판이 짜여가고, 그러다 보면 불평등한 분배는 물론 인권의 문제와 자유와 평화조차도 불평등한 법의 권위로 침략받을 수 있다는 것을 알기 때문이다. 말하

---

122 〈미국 '총기 규제안 표결' 앞두고 찬반양론 팽팽〉, 『The Wall Street Journal』, 2013년 4월 16일.

123 김영신 기자, 〈신원조회 총기 규제안 미국 상원에서 결국 부결〉, 『기독일보』, 2013년 4월 18일.

124 김보미 기자, 〈미 총기규제안 논의 재점화 될 지 미지수〉, 『경향신문』, 2013년 9월 17일.

자면, "세계 상위 200위안에 드는 부유층이 세계 특허의 90%를 가지고 있고, 전 국가의 무기창고에 가득한 대부분의 무기를 생산한 장본인이 이들이 않은가.[125]" 그들이 세계 곳곳에서 문어발식으로 엮어져 힘을 발휘하면 모든 단체, 기업, 정부는 그들이 죄어들어오는 힘에 의해 너무나 쉽게 무너지는 이유다.

한국이 F-35 사면 미국 국방비 20억 달러 절약

"좋건 나쁘건 미국은 미국이다. 미국은 여러 특징적인 권력의 모습과 그 자체의 의미를 가진 독립적인 문화이다." 막스 러너(Max Lerner,1902~1992)의 말이다. 모든 논쟁과 논란에도, "미국은 모든 면에서 다른 국가들과는 다르다"[126]라고 하는 그들만의 우월의식과 특권의식은 종교와 같다. 그래서 "나는 미국인이다."란 사실을 너무나 자랑스러워한다.

그러나 진실로 무서운 것은, 그들의 이러한 생각을 우리는 모두 너무나 합리적이고 당연한 것이라고 생각한다. "미국을 배워라. 미국인처럼 행동하라. 그러면 우리도 그들처럼 우월해질 수 있다. 그들을 거부하지 말고 그들이 요구하는 것은 무엇이든 들어주어라. 그들의 무기까지도, 기꺼이 수용하라. 비겁한 행복보다는 정의와 평화를 위해

---

125 페테르 빈터호프 슈푸르크 지음, 배영자 옮김, 『바벨탑에 갇힌 세계화』, 53쪽 참조.
126 Chalmers Johnson, 『Blowback』, HOLT, 2004년, 서문 참조.

우리가 기꺼이 선택해야 할 것이 아니겠는가?"라고. 그러나 참혹한 전쟁을 견뎌낸 세대들이 '전쟁'이라면 한결같이 고개를 설레설레 내젓는 이유를 우리는 깊은 사색과 침묵 속에서 알아들어야 할 것이다.

한국이 미국 록히드 마틴의 F-35기를 차기 전투기 기종으로 선정함에 따라 미국 국방비 20억 달러가 절감되고 미국 내 일자리도 1만 개가 창출되는 효과가 발생한다고 로이터통신이 워싱턴발로 보도했다. 한국이 F-35 전투기 40대를 구매키로 하면서 미국 국방부의 F-35기 대당 구입 가격이 하락하게 되는데, 그 차액이 무려 20억 달러에 이른다는 계산이다. 현재 진행 중인 주한미군 방위비분담금 협상에서 한미 간에 이견을 보이는 분담금 차이가 2억 달러 미만인 점을 감안하면 그 10배에 달하는 금액이다.

싱크탱크인 렉싱턴연구소의 로렌 톰슨 군사 전문가는 "한국의 결정이 F-35기 생산 프로그램에 중요한 활력을 불어넣을 것."이라고 말했다. 세계에서 가장 비싼 무기인 F-35기는 설계와 생산이 동시에 이뤄지면서 개발 비용이 초기 예상보다 70% 이상 높아져 있다. 미국 국방부는 사상 최대 규모인 2,443대의 F-35기를 도입기로 했으나, 이에 필요한 3,920억 달러의 예산 확보에 어려움을 겪어 도입시기를 일부 연기했다. 그러나 한국 등의 도입 결정으로 F-35기가 대량생산 체제를 갖추면 가격이 크게 떨어져 미국 국방부로선 부담이 감소하는 반사이익을 누릴 수 있다.[127]

차기 전투기 F-35를 정부 간 계약인 대외군사판매(FMS) 방식으

---

127 워싱턴=이태규 특파원, 〈한국이 F-35 사면 미국 국방비 20억달러 절약〉, 『인터넷 한국일보』, 2013년 12월 3일.

로 도입하는 과정에서 2천억 원대의 국민 세금을 미국 정부에 일종의 '거래세'로 납부해야 한다. 25일 방위사업청의 발표로는 미 정부와 F-35A 40대를 도입하는 계약을 체결하면 FMS를 통한 구매금액의 3.5%와 0.85%를 각각 FMS 행정비와 계약행정비로 지불해야 한다. 구매 금액의 4.35%를 미 정부에 행정비용으로 납부하는 셈이다. FMS 제도는 동맹국이 미 정부를 통해 미국산 무기를 구입하는 방식으로, 미 정부는 행정비용을 구매국에 부과하고 있다. 우리나라가 대형공격헬기 아파치(AH-64E) 등을 구매할 때도 FMS 방식이 적용된 바 있으나, 구매금액이 많아야 1조~2조 원 수준이어서 FMS 행정비용이 수백억 원에 그쳤지만 F-35A 도입에는 7조 원대 예산이 투입돼 FMS 행정비용이 사상 최고치를 기록하게 됐다.[128]

그렇다면 이 무기들은 한국의 가장 아름다운 지역 제주도행일까? 2011년 초등학생들에게 무료급식을 주느냐 마느냐의 문제를 놓고 한국이 한참 시끄러웠던 일이 있었다. 급기야 서울시장이 중도하차를 강행하면서까지 나라 살림의 어려움을 호소했다. 더군다나 2014년 11월 전시작전통제권 전환 재연기를 보는 일반 미국인들의 시각은 냉랭한 상태다. 한 민간 주간지 『아이 타임스』의 관련 기사에 달린 댓글을 보면 한 누리꾼은 "한국전쟁 이후 60년 이상이 흘렀고, 대한민국은 동북아에서 강력한 경제력을 가지고 있다. 그런데 왜 아직도 우리가 그들의 국방을 위해 돈을 내야 하는가?[129]"라고 말하고 있고, 많은 네

---

128 김호준 기자, 〈F-35A 도입으로 2천억원대 '거래세' 미국에 납부 논란〉, 『연합뉴스』, 2014년 9월 25일 내용 요약.

129 김외현 기자, 〈미국 누리꾼 '한국을 차라리 우리 주로 만들어라'〉, 『한겨레』, 2014년 11월 7일.

티즌들 역시 한국의 전시작전통제권 문제에 대해 비아냥거리는 댓글을 올렸다. 이처럼 심각하게 왜곡된 미국인들의 시각에 대해 정정이 필요할 때다. 그런데 이런 천문학적 숫자의 값을 치르고 무기를 들여놓아야 할 이유가 무엇일까?

레이먼드 오디어노 미국 육군참모총장이 13일 워싱턴DC 전략국제문제연구소(CSIS)에서 강연했다. 그는 이날 강연에서 '미래에 일어날 수 있는 긴급상황 가운데 가장 위험한 것은 무엇이냐'는 질문에 "한반도에서의 전쟁은 믿을 수 없을 만큼 어려울 것이다. 만일 한반도에서 싸워야 한다면 그것은 극도로 위험한 일."이라고 답변했다.[130]

미 육군 보고서에 의하면 전 세계에 걸쳐 미국의 지배력에 도전하는 지정학적 또는 경제적 적국을 제압하는 '총력전'의 개념을 담았는데, 펜타곤 주변에서는 속칭 '제3차 세계대전 시나리오'로도 불리고 있다. 미 육군은 잠재적 무력충돌 대상국가 가운데 북한을 "위험한 군사적 위협이자 중국의 후원에 의존해 살아가는 실패한 국가."라고 규정하고 "북한은 핵무기를 늘리고 탄도미사일 능력을 강화해 노후화됐으면서 규모가 큰 재래식 전력을 보완하고 있다."고 평가했다. 미 육군은 이어 "북한군이 사이버전과 생화학전쟁을 수행할 능력을 갖추고 있다."며 "북한은 정부와 군의 주요시설과 무기들을 지하 은신처에 설치해놨다."고 지적했다. 미 육군은 "현재 북한 지도부에 대한 경제·사회·정치적 압력이 전쟁 또는 정권 붕괴로 이어질 수 있어 미국은 육·해·공군이 한국군과 공동으로 작전을 펼 수 있도록 준비하고

---

130 강의영 특파원, 〈가장 위험한 미래… 한반도 전쟁〉, 『워싱턴=연합뉴스』, 2014년 3월 14일.

있다."고 설명했다.[131]

우리는 여기서 김민웅 교수의 말에 귀를 기울일 필요가 있다. "우리 민족이 미국의 확전 대상이 되는 비극을 막는 것은 아프가니스탄, 이라크, 북한 등을 대상으로 미국이 전개하는 대테러 전쟁 논리에 우리가 승복하지 않는 일에서 시작된다. 세상에서 가장 큰 테러는 초강대국이 약소민족을 상대로 벌이는 전쟁이다.[132]"

미국이라는 나라의 민주주의란 백인 자신들만의 민주주의였을 뿐, 약소민족과 종족에 대해서는 가차없는 잔혹성을 발휘하는 체제였다. 최초의 근대적 민주국가라는 문명성과 잔혹한 살인자로서의 야만성이 공존하는 기이한 현실이 존재했던 것이다.[133] 미국은 지난 역사 안에서 자신의 문명을 앞세워 자신의 경기부양과 야망을 성취하는 데 기꺼이 그들의 열정과 에너지를 쏟아 부었다. 따라서 수많은 생명과 맞바꿔온 전쟁의 역사와 책임 앞에서 결코 자유로울 수 없다.

『사슴 사냥꾼(The Deer Hunter)』으로 베트남 전쟁을 기억하지 마라

대부분의 사람들은 로버트 드니로가 주연했던 『사슴 사냥꾼』이란 영화가 베트남 전쟁의 진면목이라고 생각한다. 마이클

---

131 노효동 특파원, 〈미 육군, 속칭 '제3차 세계대전 시나리오'작성〉, 『연합뉴스』, 2014년 10월 16일.
132 김민웅, 『밀실의 제국』, 한겨레신문사, 2003년, 56쪽 참조.
133 상동, 265쪽 참조.

치이노 감독의 이 영화는 아카데미 작품상에서부터 주·조연 남우상과 뉴욕비평가협회 작품상에서 이르기까지 영화부문 전체를 싹쓸이했다. 1978년 작으로 베트남 전쟁에 참전해 상처를 입은 세 남자, 마이클(로버트 드니로), 스티븐(존 사베지), 닉(크리스토퍼 월켄)의 이야기다.

마이클은 가까스로 전쟁에서 살아남아 돌아오는데 전쟁에서 본 인간 본성의 참혹함에 다시는 사슴에게 총을 쏠 수 없는 '사슴 사냥꾼'이 되었다. 왜 그랬을까? 고립된 마을에서의 일이다. 풀 속에 엎드린 마이클의 눈앞에서 적의 병사가 수십 명의 주민이 숨어있는 대피호 속으로 수류탄을 던졌다. 갓난아이를 안고 도망치는 여인에게조차 적군은 마치 컴퓨터 게임을 통해 한바탕 총알을 쏟아붓는 반항아처럼 기관총 수십 발을 쏘아댔다. 여기서 잔혹함이라든가 생명에 대한 안타까움을 인지하고 있다는 느낌은 전혀 없다. 증오에 찬 마이클은 버려져 있던 화염방사기를 집어들고 적군을 불덩어리로 만들어버린다. 그와 친구들은 잔학한 고문을 당하지만, 마이클의 기지로 탈출한다. 스티븐은 전쟁으로 양다리를 잃고 하반신 불수가 되어 고향으로 돌아왔고, 닉은 포로생활 동안 벌어진 가혹행위로 정신이 이상해져 베트남에 남아 자기 목숨을 담보로 도박을 한다. 그리고 그 돈을 고스란히 고향의 가족에게 부친다.

전쟁에서 돌아온 마이클은 자신이 사랑하던 마을 사람들과 미묘한 거리감을 느끼며 이전처럼 그들과 섞이지 못했다. 인간적 교감도 소통도 어려워진 것이다. 철저히 고통을 체험한 사람이 찾는 유일한 장소는 자기 내면에 철저히 숨어 있는 것이었기 때문일까? 닉은 전쟁

포로 기간에 '러시안 룰렛 게임'[134]의 희생양이 되었다. 가까스로 탈출하고 나서도 다시 베트남에 남아 도박장에서 목숨을 걸고 '러시안 롤러 게임'에 참여한다. 사람의 생명줄을 향해 방아쇠를 당기던 사람이 더 이상 삶의 희망을 찾기란 불가능했기 때문이었을까?

닉을 찾아 다시 베트남으로 찾아온 마이클은 이렇게 말한다. "이제 전쟁은 끝났다. 나와 함께 돌아가자. 모든 건 끝났다. 너만 돌아가면 된다." 마이클이 너무나 간곡하게 얘기하는데도, 친구 닉은 마지막 눈물 한 방울과 함께 자신의 머리에 방아쇠를 당겼다. 포로생활 동안 겪은 비인간적인 행위에 몸서리쳐 했지만, 습관처럼 권총을 머리에 대고, 살아있어도 언제 다가올지 모를 죽음을 생각했던 친구 닉은 결국 그렇게 전쟁의 희생자가 되었다. 그는 사슴 사냥꾼이 아니라 그들의 총알받이가 되었던 슬픈 사슴이 되어 쓰러진다. 닉의 장례식에서 살아남은 자들의 "God Bless America!"의 소리가 구슬프게 울려 퍼진다.

이 영화만을 보면 베트남 전쟁의 모든 책임은 베트콩에 있었던 것처럼 보이고 그들이 고약하게 느껴진다. 그렇다면 그 전쟁의 뒤에 서 있던 미국 정부는 무엇을 했던 것일까?

린든 존슨과 케네디 행정부로부터 넘어온 가장 명석한 관료들이 진주만 신판을 만들어내려고 작정했을 때는 이미 미국이 10년도 넘게 베트남에 발목이 잡혀있는 상태였다. 베트남 정부의 부정부패가 극도로 심각해지자, 정부를 비판하는 다른 한 편의 세력은 또 다른 정부

---

134 총알 하나를 넣은 권총을 서로 돌아가며 자신의 머리에 쏘는 게임. 여섯 발이 들어가는 탄환에 한 발의 총알을 장진한 체 탄창을 돌리고 나서 자신의 관자놀이에 대고 쏘는 게임으로, 영화 속에선 베트남인들이 미군포로들에게 시켰다.

를 필요로 했다. 베트남 내에선 그들을 공산세력으로 몰아세웠고, 사회주의나 공산주의라면 질색을 하는 미국은 그들을 도와야 한다며 베트남 전쟁에 적극 참여했다. 그들은 "우리의 군대와 우리의 무기가 그대의 땅에 마음대로 들락거릴 수 있게 하라…. 그러면 우리는 그대들을 지켜줄 것이다.[135]"라는 구호도 결코 잊지 않는다. 이 전쟁에서 미국은 미군 병력을 더 투입하기 위해 대외적으로 명분이 서고 보다 더 정당한 어떤 구실을 필요로 했다. 마침내 그 기회가 찾아왔다. 어떤 사건이었을까? 1964년, 베트남 북부 해안의 통킹 만에서의 짧은 교전을 그 구실로 삼게 되었다.

베트남은 프랑스군이 인도차이나에서 철수하고 1954년 나라가 남북으로 분단된 이래 줄곧 내전에 시달려왔다. 미국은 그러한 베트남에 돈, 물자, 고문단을 계속 지원해주었고, 1963년 말에는 반공 사이공 정부에 자그마치 1만 5천여 명의 군사 고문단을 파견하기에 이르렀다. 그 같은 원조 외에도 CIA는 사이공 정부의 내정에도 깊숙이 개입하여 1963년에는 쿠데타 세력을 도와 고 딘 디엠 수상을 실각시켜놓고, 군 장성들이 그를 처형하자 짐짓 놀라는 시늉까지 했다.[136] 미국 정부만의 일은 아니지만, 이따금 그들은 배우처럼 연기하는 일을 그다지 어려워하지 않는다는 사실을 역사 안에서 자주 목격하게 된다.

1968년 3월 16일, 베트남의 한 작은 마을에서 아주 조용하게 처참한 사건이 일어났다. 무슨 일이었을까? 찰리 부대의 미군 병사들은

---

135 William Blum, 『불량국가(Rouge State: A Guide to the World's Only Super-power)』의 내용을 김민웅, 『밀실의 제국: 전쟁국가 미국의 제국 매커니즘』, 한겨레신문사, 2003년에서 재인용.
136 『미국에 대해 알아야 할 모든 것, 미국사』, 518쪽 참조.

미라이를 핑크빌이라 불렀다. 윌리엄 L. 캘리 중위 지휘하에 있던 미 육군 11보병 부대인 찰리 부대는 대대장 어니스트 메디나 대령으로부터 '그 마을을 일소하라'는 명령을 받았다.

찰리 부대 병사들이 헬리콥터로 마리아 촌에 당도해 보니, 눈에 띄는 것은 노인과 부녀자뿐이었다. 베트콩 본거지로 생각했었지만, 베트콩이 있을 것 같은 징후는 전혀 없었다. 은닉해둔 무기도, 곡물 저장소도 그 외에 미라이가 게릴라 공격 기지임을 말해주는 증거도 없었다. 하지만 캘리 중위의 명령에 따라 병사들은 부락민들을 촌락 한가운데로 집합시켰고, 모인 사람들을 향해 발포 명령을 내렸다. 무방비 상태의 부락민들은 무차별 공격을 해대는 기관총 세례를 받았다. 다음에는 움막들이 수류탄 공격을 받고 쑥대밭이 되었다. 아직 사람이 있는 움막도 있었다. 마지막으로, 생존자 몇 명이 병사들에게 끌려와 시궁창 속에 던져진 뒤 역시 무자비한 기관총 세례를 받았다. 미국은 매사추세츠만 한 아주 작은 땅덩어리에 제2차 세계대전 때 유럽과 아시아에 퍼부은 양의 두 배인 700만 톤의 포탄을 퍼붓고 각종 화학 고엽제를 살포하고도 전쟁에서는 패했다.[137]

미국의 정치, 군사 지도자들이 베트남의 특성이나 전통, 문화, 역사를 제대로 인지하지 못한 결과였다. 미국 최고의 결점은 그들만이 최고라는 권위의식으로 인해 자기 문화 이외에 다른 문화나 관습을 제대로 익히지 못하는 습성이 있다는 것이다. 그런 무지는 컴퓨터 게임에서나 볼 수 있는 총알을 쏟아붓고도 미국에 참담한 패배를 가져왔다. 30년간에 걸친 베트남 전쟁, 오늘날 미국은 그들 자신들조차 다

---

137 『미국이 알아야 할 미국의 모든 것』, 537쪽 참조.

음과 같이 질문을 던진다. "그 전쟁이 왜 발생했으며, 왜 필요했던 것인가?" 하고.

1956년, 통일로 가기 위해 실시할 예정이었던 베트남의 선거를 미국이 비밀리에 방해함으로써 북과 남의 분단이 고착화되는 결과가 빚어졌고, 결국에는 100만 이상의 인명을 희생시킨 전쟁으로 이어졌다. 만약 미국 대중들이 정부가 국방부 문서에 비밀리에 기록해 둔 사실, 즉 우리가 공산주의자들로부터 그 독립성을 지켜주고 있다고 알고 있던 남베트남 정부가 '사실상 미국에 의해 만들어진 정권'이라는 사실을 알고 있었더라면? 그리고 '오직 베트콩만이 광범위한 농촌지대에서 실질적인 지지 기반과 영향력을 가지고 있다'는 사실을 알았더라면? 아마도 그 전쟁을 중지시키기 위한 운동이 더 일찍 시작되었을 것이고, 무수한 인명을 구할 수도 있었을 것이다.[138]

정의와 자유를 위해 사수하려던 그들의 평화 이야기 뒷면에는 이런 어두운 색깔의 이야기가 많다. 그럼에도, 미국의 많은 젊은이들조차 이런 이야기를 아는 사람들은 그다지 많지가 않다. 알고 있더라도 침묵할 뿐이다.

1965년 봄, 보스턴 공원에서는 50만 미군이 베트남에 파병되고 수백만 톤의 폭탄이 투하되는 전쟁에 반대하기 위해 많은 젊은이들이 모였다. 마틴 루터 킹 2세도 공공연히 전쟁반대를 하는데 거침이 없었다. 이런 비판은 존슨의 국내 개혁프로그램의 입지를 약화시킬 것이라는 일부 민권운동 지도자들의 우려 섞인 충고가 있었으나, 킹은 침묵을 거부하였다.

---

138 하워드 진 지음, 이아정 옮김, 『오만한 제국』, 당대, 2001년, 386쪽 참조.

무슨 일이 있어도 이 광적인 전쟁을 끝내야 합니다. 지금 당장
그만두십시오. 나는 하느님의 자녀이자 고통받는 베트남 형제로
서 말합니다. 국토가 불모지가 되어버리고 안식처와 문화유산이
파괴되고 있는 저 사람들을 대신하여, 나는 말합니다. 국내에서
는 희망이 산산조각 나고 베트남에서는 죽거나 패닉에 이르러
야 하는 대가를 치르며, 미국의 빈민으로 살아야 하는 사람들
을 대신하여, 나는 말합니다. 우리가 취해 온 행태에 대해 개탄
하는 세계 시민의 한 사람으로서, 나는 말합니다. 한 사람의 미
국인으로서, 나는 내 나라의 지도자들에게 말합니다. 이 전쟁의
주도권은 우리에게 있고, 이 전쟁을 끝내기 위한 주도권 역시 분
명 우리에게 있다는 것을 말입니다.[139]

정의와 평화를 위한다는 미국은 도대체 30년 동안 무엇을 했단 말
인가? 그 오랜 침묵도 범죄이고 그 전쟁의 의미를 몰랐다는 것도 범
죄였다는 사실에 대해 그들 스스로 고백하기 시작했다.

미국의 일방주의 나아가 패권전략, 제국주의 전략은 부시 정부 내
의 강경파들이 추진하는 것이다. 그러나 갈수록 많은 외교 분석가들
과 워싱턴이 군사적 패권을 남용하면 할수록, 현재 미국의 초강대국
의 지위는 더 빨리 몰락할 것이다. 자만은 폐단을 키우는 법이고, 반
감을 더 상승시킬 수 있기 때문이다. 만약 미국이 계속 군사적 측면

139 이 연설의 배경은 David J Garrow, 『Bearing the Cross: Martin Luther King
Jr, and the Southern Christian Leadership Conference』, William Morrow,
1986년, 552~53쪽 참조.

에 집중하면 할수록, 미국은 곧 경제를 중시하는 국가에 의해 대체될 것이다.[140] 그렇다면 그들을 대체할 다윗은 도대체 누구란 말일까? 사실 다윗은 이미 골리앗의 형체를 갖추어가고 있고, 새로운 골리앗의 영향력을 가지고 있다고 해도 과언이 아니다. 2014년 10월 현재 미국은 142년 만에 '경제 1위' 자리를 중국에 내주었다는 사실에서 고스란히 드러나는 사실이 아닌가.

골리앗이 기억해야 할, 미국 역사의 그림자

『세계체계(World Systems Analysis: An Introduction)』로 유명한 예일대학의 임마누엘 월러스틴 교수는 다음과 같이 말했다. "미국은 지금 몰락하고 있는가? 지금 이 시대에 이런 사실을 믿을 사람은 아마도 거의 없을 것이다. 오직 미국의 매파만이 이런 말을 믿고 있으며, 따라서 그들은 무력을 사용하여 이 몰락을 방지하자고 적극 주장한다.[141]"

2008년 이후 미국 서민들이 살고 있던 집이 은행에 빼앗겨 경매로 팔리는 일은 아주 가까운 이웃들에게서 일어나는 일이다. 그 집의 대부분을 중국인들이 사들이고 있는 중에도 자부심과 긍지로 자국을

---

140 吉姆 勒貝, "走單邊主義道路是自拆台脚: 단독주의 노선을 걷는 것은 스스로 실족하는 것이다.", 〔미국〕『外交政策聚集』, 2002년 7월 2일.

141 임마누엘 월러스틴(Immanuel Wallerstein), 〈늙은 매의 추락〉, 『Forign Affairs』, 2002년 7~8호.

미화하고 있는 엘리트들은 많다. 순진하게도 미국의 국민들은 경매로 집을 빼앗기고 길바닥에 나앉은 서민들이 갈수록 늘어만 가는 상황 속에서도 미국의 실체, 진실을 깨닫는 미국인들은 거의 없다. 무엇보다도 이 나라가 그들을 위해 무엇을 해주고 있는지에 대해 저항하는 국민들도 거의 없다. 그들은 다시 일어설 것이라는 지도자의 말을 전폭적으로 신뢰한다. 아주 미미한 극소수의 사람들만 정부에 저항하지만, 그들의 대부분은 수면 아래로 가라앉고 수면 위로 오르는 극소수의 저항자들은 테러범이라고 불리는 극소수의 극단주의자들로 드러나 보이기 일쑤다.

신자유주의 경제체제의 위기를 타개하기 위해 미국이 적극 추진하는 방식도 역시 군비지출 확대전략이다. 미국이 군사패권주의를 더욱 강화시켜 전 세계의 평화를 위협하자는 것인데, 이러한 방식은 미국이 그들의 역사 속에서 경기부양을 위해 늘 이용해오던 방식이다. 도대체 300년 전에 출발했던 청교도 정신과 미국의 신화는 어디서 찾아볼 수 있을까?

『강대국의 흥망(The Rise and Fall of the Great Powers)』의 저자인 폴 케네디의 말에서도 진지한 답을 들을 수 있다. "미국이 과잉팽창하고 있는 것은 맞다. 미국의 국방비에는 이라크 전쟁 비용이 포함되지 않았고, 이를 포함하면 미국은 중국보다 8배의 돈을 군사비로 쓰고 있다. 미국이 재정적자에도, 군사팽창을 계속하면 역사적으로 과잉팽창한 국가들이 겪었던 그대로 갈 것이다.[142]"

---

142 배극인, 김선우 기자, 〈『강대국의 흥망』의 저자 폴 케네디 교수 인터뷰〉, 『dong A.com』, 2006년 9월 15일.

미국의 부는 때때로 인권, 정의, 평화를 위한 전쟁이라는 말과 함께 명맥을 유지해가고 있었다. 또한, 대외적으로 전쟁이 필요할 경우 명분을 내세우기에 적합한 이론을 내세웠는데 이때 최고의 교육받은 사람들은 기꺼이 협조해왔다. 엄청난 권력과 부를 몰아주는 것에 극소수 엘리트들은 기꺼이 매혹되었고, 그들이 제시한 이론의 결과가 엄청난 참혹함으로 매듭을 짓게 되었을지라도 그들은 단 한 번도 책임을 져본 일이 없다. 그러나 우리가 알아야 할 진실은 "군사력이란 늘 한계가 있고, 그 한계는 인간들에 의해서, 인간들의 정의감과 방어력에 의해 결정된다는 사실이다.[143]" 이것이 최신 무기를 가진 미국이 놓친 진실이고, 베트남전에서 그렇게 무차별 공격을 하고도 그 전쟁에서 이길 수 없었던 이유다.

우리는 긴 역사와 사회적 경험을 통해 매번 교훈을 얻게 된다. 또한, 역사의 뒤를 돌아보면 끊임없이 작은 투쟁과 저항은 있었다는 것, 그 속 깊은 곳을 들여다보면 군중의 양심과 끈질긴 생명의식에 의해 이어져 온 몸부림에 대해서 생각하게 된다. 그리고 한없이 무력한 군중이 끊임없이 일어서는 이유와 절규에 대해 사색하게 될 때 비로소 잃어버리고 있던 인간적 양심을 새삼 돌아보게 된다. 군중의 생명력의 대해서는 진보학자 하워드 진의 말에서도 잘 나타난다. "정부의 권력이란 시민들이 그 권력의 권위에 복종할 때만 발휘될 수 있는 것이다. 그 복종의 자세가 사라지면, 정부는 무력해진다.[144]" 진실은

---

143 Howard Zinn, 『A Power governments cannot suppress』, City Lights, 2007년, 15쪽 참조.

144 하워드 진 지음, 김민웅 옮김, 『왜 대통령들은 거짓말을 하는가?』, 일상이상, 2012년, 229쪽 참조.

진실 그대로의 힘을 지니고 있는 까닭이다.

미국은 그들의 역사를 신화적이거나 영웅적으로만 바라볼 것이 아니라 과거를 정확하게 회고할 필요가 있다. 역사 안에 나타나 있는 성과가 있었다면 반드시 그 어두운 그림자도 함께 있을 수 있었다는 점, 그들이 짚고 넘어가야 할 문제다. 사람이든 정부든 국가든 권위가 세워지고 힘과 영향력이 커질수록 놓치기 쉬운 문제다.

미국 역사 안에서 저지른 과오에 대해서 비교적 솔직한 심경을 드러내었던 전 미국 대통령 클린턴(Clinton)의 말을 빌려보기로 하자. 클린턴은 퇴임 후인 2001년 11월 7일 모교인 미국 조지타운 대학에서 한 연설 중에 다음과 같이 언급했다. "미국은 건국 이전에 노예제도를 시행했는데 노예들은 자주 무고하게 피살되었습니다. 누군가가 토착민들을 내몰거나 그들을 대량 학살하고, 인디언들의 땅을 빼앗고 파경으로 몰아갈 때 이 나라는 이를 보면서도 침묵했습니다.[145]"

무슨 일이 벌어졌던 것일까? 1855년 워싱턴 주의 한 인디언 족장(시애틀)인 Suquamish의 추장이 프랭클린 피어스 미 대통령에게 보낸 편지를 살펴보자.

워싱턴의 대통령이 우리 땅을 사고 싶다는 전갈을 보내왔다. 우리는 그대들의 제안을 진지하게 고려해볼 것이다. 우리가 땅을 팔지 않으면 백인이 총을 들고 와서 우리 땅을 빼앗을 것임을 우리는 알고 있다. 그대들은 어떻게 저 하늘이나 땅의 온기를 사고팔 수 있는가? 우리로서는 이해가 되지 않는다. 공기의

---

145 클린턴의 연설 2001년 11월 7일 조지타운 대학의 인터넷 홈페이지에 발표.

신선함과 반짝이는 물을 우리가 소유하고 있지도 않은데 어떻게 그것들을 팔 수가 있다는 말인가? 우리에게는 이 땅의 모든 부분이 거룩하다. 빛나는 솔잎, 모래 기슭, 어두운 숲 속 안개, 맑게 노래하는 온갖 벌레들, 이 모두가 우리의 기억과 경험 속에서는 신성한 것들이다.

우리는 땅의 한 부분이고 땅은 우리의 형제들이다. 바위산 꼭대기! 풀의 수액, 조랑말과 인간의 체온 모두가 한가족이다. 워싱턴 대통령이 우리 땅을 사고 싶다는 전갈을 보내온 것은 곧 우리의 모든 것을 달라는 것과 같다. 대통령은 우리만 따로 편히 살 수 있도록 한 장소를 마련해 주겠다고 한다. 그는 우리의 아버지가 되고, 우리는 그의 자식이 되는 것이다. 그러니 우리들의 땅을 사겠다는 그대들의 제안을 잘 고려해보겠지만, 우리에게 있어 이 땅은 거룩한 것이어서 그것은 쉬운 일이 아니다. 개울과 강을 흐르는 이 반짝이는 물은 그저 물이 아니라 우리 조상의 피다.

우리의 아이들은 그들의 아버지가 패배의 굴욕을 당하는 모습을 보았다. 우리의 전사들은 수치심에 사로잡혔으며, 패배한 이후로 헛되이 나날을 보내면서 음식과 독한 술로 그들의 육신을 더럽히고 있다. 우리가 어디서 우리의 나머지 나날을 보낼 것인가는 중요하지 않다.

그리 많은 날이 남아 있지도 않다. 몇 시간, 그리고 몇 번의 겨울이 더 지나가면 언젠가 이 땅에 살았거나 숲 속에서 조그맣게 무리를 지어 지금도 살고 있는 위대한 부족의 자식들 중에 그 누구도 살아남아서, 한때 그대들만큼이나 힘세고 희망에 넘쳤던 사람들의 무덤을 슬퍼해 줄 수도 없을 것이다. 그러나 내가 왜 우리 부족의 멸망을 슬퍼해야 하는가? 부족이란 인간들로 이루어져 있을 뿐 그 이상은 아니다. 인간들은 바다의 파도처럼 왔다가 간다….

　미국 정부가 '독립' 200주년을 기념해 공개했던 인디언 추장의 편지다. 수꾸아무쉬족의 시애틀 추장은 '땅을 팔라'고 압박하는 미 대통령에게 자신들의 처절한 심경을 전했다. 인디안 원주민의 땅을 밀고 들어가는 미국 앞에서 인디안들이 꿈꾸던 생명의식과 자연인으로서 고유한 삶은 한순간 물거품이 되어버렸다. 그들이 사랑하는 것은 그저 황홀할 만큼 아름다운 자연과 공기를 들이키며 평화롭게 살고 싶은 삶일 뿐이었는데, 순식간에 적이 되어 쳐들어오는 미국에 의해 자신들의 땅을 내주어야 하는 외로움과 고독이 고스란히 전달된다. 미국이 말하는 개척과 도전의 뒷면에는 위와 같은 어두운 그림자를 드리우고 있었다는 사실, 미국의 역사서는 미국인들에게 진실 그대로의 진실을 보여주어야 할 필요가 있다.

NEOLIBERALISM

Part 4

욕망이라는 이름의 신자유주의

욕망이라는 이름의
신자유주의

　　　　　자본주의란 끊임없이 고장 난 라디오를 보수, 수리하는 것처럼 보완과 개선이 필요하기 마련이다. 케인스주의는 정부가 적극적으로 총수요를 확대하는 경제정책을 폄으로써 공황을 예방하고 서구 자본주의의 호황을 이끄는 데 한몫을 해왔다. 정부가 펼치는 적절한 규제와 함께 사회복지정책을 펼쳐나갔고, 이것은 소득의 재분배를 하는 데 큰 도움을 주었다.

　그러나 '세계화'와 '국제화' 전략이 추진되면서 자본가들의 시각에선 케인스주의의 경제이론을 기피하기 시작했다. 여러 나라로 생산기반을 분산시키는 다국적 기업이나 여러 나라의 은행과 증권시장에 분산 투자하였다가 철새처럼 순식간에 이동하는 다국적 금융자본들이 지속적으로 등장하게 된다. 그들의 목적은 하나다. 높은 세금을 피하거나 그들에게 유리한 경제정책을 펴는 국가로 몰려들기 위해서다.

　개별국가의 역할이 사실상 유명무실해져 간다. 더군다나 세계화와 신자유주의로 인해 거대자본이 빠른 속도로 국경을 넘나들 수 있게 되면서부터, 아무리 훌륭한 경제 전문가가 경제이론과 체계를 세운다고 하더라도 개별국가를 만족시키기엔 역부족이다.

국경을 넘나들지는 않는다고 하더라도, 거대자본가들은 높은 세금을 피하기 위해 수단과 방법을 가리지 않기 때문이다. 설혹 법적 기준과 절차는 철저히 지켜낸다고 할지라도 그들이 선택한 방법은 결코 정의롭다거나 윤리적이지도 않을뿐더러 거대자본가의 아름다운 정신이란 과연 존재하기나 하는 것인지 되묻게 될 때가 많다.

대처리즘과 레이거노믹스로부터 시작된 신자유주의의 모습은 어떤 형태에서 출발했을까? 국가가 거대자본의 이윤과 효율을 극대화시켜주기 위해 신자유주의 정책들을 모든 분야에 펼쳐나갔다. '이윤'이라는 이름 앞에서 법과 윤리, 도덕과 정의, 그 어떤 명분도 정당화되지 못했다. 노동의 유연화를 강제하고, 노동조합을 무력화하며, 공공부문과 사회복지를 축소하는가 하면, 더러는 적극적인 군비확장도 서슴지 않았다. 정부는 경제개입의 최소화와 시장의 자유를 거론했지만, 거대자본의 이익을 위해서라면 수단, 방법을 가리지 않고 적극적인 경제개입에 나섰다. 상어가 피 냄새를 맡으면 그 목표물을 향해 전력을 다해 물살을 헤쳐 가다가 기어이 피를 보고야 마는 이치다. 공포와 소름이 돋는 장면들이다. 여기서 국가·국민·사회·복지를 거론할 수 있을까? 이러한 체제하에선 인권, 인간의 자유, 행복이란 이름은 자연스레 침략받을 수밖에 없다.

인간의 생명의식에 심각한 타격을 입혔고, 인간은 숨 막히는 경쟁 속에서 차츰 병들어가고 있다. 무엇보다 이러한 윤리와 사명감을 심어주어야 할 '대학'이 지나친 경쟁 위주의 사회 논리에 의해 차츰 '돈'

이라는 권력 앞에 무릎을 꿇기 시작했고, 지식인의 참여할과 목소리
는 거센 물결 앞에서 뚜렷한 징표도 보이지 않은 채 서서히 사라져가
고 있다.

영국에서의 대처리즘

신자유주의는 영국에서 가장 먼저 등장했던 만큼 그 유
래를 살펴볼 필요가 있다. 1979년 영국의 대처 총리는 '영국경제를 뒤
처지게 한 장본인은 노동조합과 국가'라는 주장을 펼치며, 마침내 대
처리즘이라고 불리는 신자유주의의 칼자루를 빼 들었다.

대처는 집권하자마자 주로 사회복지 프로그램에 사용되던 정부지
출을 과감히 축소했다. 대처는 또한 감세정책을 펴는데, 최고소득자
의 세금은 83%에서 40%로 삭감하면서 저소득자의 세금은 33%에서
25%로 차별 축소했다. 이렇게 직접세를 줄이는 대신 간접세를 올리
고, 국민보험에 낼 돈을 올렸다. 결과적으로 부자들의 세금부담은 절
반 이하로 줄여주면서 민중들의 세금부담을 대폭 올려놓은 것이다.[146]

영국은 사회복지가 잘돼 있던 나라다. 그런 곳에서 극심한 경제적
어려움에 부딪친 영국시민이 "내가 집을 잃었으니, 정부는 나에게 집
을 마련해주어야 하지 않겠느냐?"고 했을 때, 대처는 철의 여인답게

---

146   임재창, 〈신자유주의 등장-대처리즘과 레이거노믹스〉, 『The Economist』, 2011년 4
      월 16일.

"사회, 그런 것은 없습니다. 개인으로 남자와 여자, 그리고 가족이 있을 뿐이죠.[147]"라고 했다. '노동조합을 약화시키고 국가개입을 축소한다'는 원칙을 내세우며 사회복지는 차츰 줄여가고 개개인의 책임론으로 몰고 갔다. 중산층이 서서히 무너져가고 사회적 약자는 늘어났다. 대처 수상이 뿌린 말들은 이후 신자유주의자들의 최고 모토가 되었고, 동시에 대처가 많은 사람들에게 "마녀가 죽었다."라고 비난을 받았는데, 그것은 마지막 생을 아름답게 떠나지 못한 이유다.

우리는 여기서 1793년 10월 16일, 단두대의 이슬로 사라졌던 프랑스의 왕비 마리 앙투아네트 사례를 잠시 살펴볼 필요가 있다. 파리의 시민이 배고픔을 호소하며 길을 막아서자, 그녀는 아주 진지하게 "빵이 없으면 과자를 먹는 것은 어떠냐?"라고 말했다. 낭비벽과 오만함을 상징하는 여인으로 알려졌던 마리 앙투아네트는 사실 상당히 검소한 왕비였다고 한다. 그럼에도, 프랑스 국민의 증오와 분노를 사고 끝내 잔혹하게 살해된 것은 결코 우연한 일이 아니다. 참혹한 순간까지 처절하게 기다리고 인내해야 했던 민중일수록 지도자의 눈빛과 말 한마디를 이슬처럼 받아먹는 습성이 있다. 그 눈빛과 말 한마디에 따라 민심이 좌우된다. 처절한 삶을 살아가는 인간에 대한 지도자의 연민을 발견할 수 없다고 생각될 때, 군중은 그들의 가슴에서 기꺼이 잔혹한 칼날을 꺼내 드는 일도 그리 어려워하지 않는다. 이것은 역사 안에서 민중이 자주 보여주었던 의사표현이었고 민중의 생명의식이었다.

그렇다면 대처는 집권 시기 동안 어떤 정책을 펼쳐나간 것일까? 집

---

147 〈Epitaph for the eighties? 'there is no such thing as society'〉, 『The Sunday Times』, 1987년 10월 31일.

권 2기인 1984년부터 대처는 공기업 민영화 정책을 본격 추진했다. 통신·가스·항공·석탄·전자·수도 등 거대 공기업들이 줄줄이 매각된다. 대처는 공기업을 인수하는 자본가들에게 높은 수익을 보장해주기 위해 어떤 조치를 했을까? 그녀는 상수도 사업을 매각하면서 환경규제 최소화를 약속해주고, 전기 산업을 매각하기 전에 전기료를 대폭 인상하는 식의 조치를 도와주었다. 외주 하청화가 급격히 늘어났고, 1980년대 중반부터 실직자가 400만 명을 넘어섰다.[148]

불만을 토로하고 보다 나은 정책을 호소하는 국민을 향해 그녀는 철의 여인답게 과감한 정책을 펼쳐나갔다. 무엇이었을까? 대처는 노동조합이 경제정책 수립에 참여하는 통로였던 '국가경제개발위원회'를 폐지하고, 노동조합의 단결권과 단체행동권을 크게 약화시켰다. 또한, 최저임금제를 사실상 폐지하는 데 거침이 없었다.

2013년 그녀의 장례식 때 많은 민중들이 말했다. "마녀가 죽었다"라고. 대처 별세 후 175억의 장례식 비용을 들여 장례를 치른다고 보도되었을 때, 캔 로치(Ken Loach) 감독은 "그의 장례식을 민영화하라. 장례비용을 입찰에 부쳐 가장 싼 가격을 받아 치르자. 이게 바로 그가 원하던 일 아니었나?"라고 독설을 던졌고, 오웬 존스(Owen Jones)는 "대처리즘은 국가적 재앙이었으며, 지금도 여전히 우리에게 독을 주입하고 있다.[149]"라고 말했다.

한때 세계적인 리더십을 보였던 그녀는 도대체 어떤 삶과 정치철학

---

148 임재창, 〈신자유주의 등장—대처리즘과 레이거노믹스〉, 『The Economist』, 2011년 4월 16일 내용 참조.

149 Owen Johns, 『The Independent』 칼럼, 2013년 4월 9일.

을 꿈꿨던 것일까? 윌리엄 워즈워스의 시 「초원의 빛」이 떠오르는 장면이다. "한때 그리도 빛나던 영광이 온 누리에 스러졌어라. 초원의 빛이여, 꽃의 영광이여."

미국에서의 레이거노믹스

2005년 워싱턴 대학의 '대통령 선호도' 조사에 따르면, 미 보수의 아이콘 레이건 대통령은 링컨에 이어 2위에 오를 정도로 미국인의 사랑을 듬뿍 받았던 인물이다. 그가 이처럼 미국 국민들에게 사랑을 받는 이유는 훌륭한 대통령직 수행에 따른 평가 때문이었을까? 아니면 레이건이 영화나 현실에서 창조한 이미지 때문이었을까?

1980년 미국 대통령으로 취임한 레이건은 인플레이션, 생산성 정체, 국가경쟁력 상실이라는 미국 경제의 상황을 타개할 방책으로 집권 기간에 규제 완화, 감세, 노동의 유연화로 대표되는 신자유주의 정책을 추진한다. 그는 극빈자를 위한 혜택인 푸드 스탬프, 의료보험, 교육 및 환경 예산을 줄였고, 대신 군비예산을 50% 정도 증가시켜 군산복합체 거대자본을 키워나갔다. 이때 빈민촌과 마약과 범죄의 급증은 그 대가로 감당해야 할 사회적 문제였다.

그는 감세를 추진하는데, 최고소득자 1%의 세금이 14% 줄어든 반면, 최저소득자 10%의 세금은 28% 늘어나는 결과를 초래했다. 레이건은 1981년 항공관제사 파업에 참여한 1만 2천 조합원들을 전원 해고하고, 항공관제사 노동조합의 교섭권과 대표권을 빼앗아 노동조합을 소멸시켰다.[150] 서비스업인 항공사에서 직원들의 해고가 갈수록 늘어나니 다른 나라 항공사와의 서비스 경쟁에서 밀리는 것은 당연한 일이었다. 생산라인의 하청화가 대규모로 진행되면서, 미국 노동자 전체의 실질임금이 5% 이상 하락했다. '국민에 의한, 국민을 위한, 국민의' 정부와 국가는 어디로 사라져버린 것일까?

레이건의 보수 외교정책과 자유시장 경제정책은 '레이건 혁명'이라고도 불리며 미 국민들의 사기를 진작시켰다. 특히, 레이건 독트린을 통해 세계 각국의 공산정권을 무너뜨리는 데 관계하는 등 마거릿 대처 영국 총리와의 외교적 공조하에 강력한 미국의 이미지를 심었다. 그러나 그는 이란 무기 판매대금을 니카라과 공산정권에 반대하는 게릴라 '콘트라'에게 지원하는 이란-콘트라 사건으로 오명을 남기기도 했다.[151] 또한, 커다란 적자 예산으로 국내외에 빌린 돈이 늘어 최초 9천9백70억 달러의 국가채무가 2조 8천5백억 달러로 급증했다. 이는 레이건이 재임 중 가장 큰 실수로 인정한 바 있다.

미국만의 문제였을까? 영국과 미국이 주도한 신자유주의 여파는 세계 각국에 엄청난 쓰나미를 일으켰다. 사례를 살펴보자. 1970년대까지 중남미 각국은 수입대체산업화 정책 속에서 대규모의 외채를 떠안게 된다. 왜일까? 중남미에서 가장 높은 수익을 얻을 수 있다고 판단한 선진 자본주의 국가의 민간은행들이 중남미에 거침없이 돈을

---

150 임재창, 〈신자유주의 등장-대처리즘과 레이거노믹스〉, 『The Economist』, 2011년 4월 16일.

151 장명술, 보스턴코리아 편집장, 〈가난한 사람이 가난한 것은 그들의 잘못이다.〉, 『The Boston Korea』, 2011년 2월 18일 내용 참조.

빌려주던 중, 1982년 미국의 레이건 정부가 고금리 정책을 쓰게 되자 돌연 태도를 바꾼 것이다. 미국 쪽이 더 높은 수익이 보장된다고 생각되자 은행들은 본색을 드러내기 시작했다. 서방 민간은행들이 앞다투어 중남미에 빌려준 돈을 회수하러 나선 것이다. 이때 멕시코가 선택할 수 있는 조치란 IMF가 내건 조건대로 신자유주의하의 구조조정이었고, 그 여파는 중남미 국가 전체에 심각한 참화를 일으켰다.

IMF의 강요로 무역과 금융시장이 자유화되었는데, 외국자본이 자유롭게 드나들면서 그 결과는 어떻게 되었을까? 새로운 외환위기가 일어났다. 국가기간산업에 대한 민영화가 광범위하게 진행되어 전화·통신·전력·항공 등 알짜배기 국가기간산업들이 통째로 외국자본의 소유로 넘어가거나 외국자본의 지분율이 대폭 높아졌다. 전화요금·전기요금도 예외가 아니다. 경제가 회복될 리 있었을까? 이웃 나라의 자본가에겐 엄청난 혜택을 줄지언정 내 울타리에 있는 노동자와 중산층에겐 갈수록 가혹한 형벌이 내려지기 시작했다. 신자유주의를 통해 고통이란 단어는 노동자, 서민들의 삶과 더욱 밀착되어 분리될 수 없게 만들었다. 살아있는 들 살아있는 것이겠으며, 열심히 일을 한들 그들의 미래가 희망일 수는 없는 일이었다. 그들은 다음과 같은 의문점을 던지게 된다. "국가란 무엇이고, 정부란 국민에게 무엇인가?"

레이거노믹스를 추진했던 레이건에게 "가난한 사람은 어떻게든 그들 자신의 잘못으로 인해 가난하다."라는 견해가 과연 맞는 것인지 질문을 던지지 않을 수 없다. 물론, 어떠한 면에서는 일리가 있는 말이기도 하다. 부지런하고 성실한 동양인이 어려운 일을 마다치 않고 일하는 데 비해서 상당수의 미국인들이 태만에 빠져있는 것도 사실이다. 이들의 눈동자가 동양인들에게 호의적이지 못한 경우는 그들의 일자리를 영어가 서투른 동양인이 빼앗아 가고 있다고 생각하는 경우도 상당히 많기 때문이다.

또한, 이렇게 생각하는 경우도 있다. "만일 당신에게 걸맞은 소질이 있다면 당신은 성공할 것이다. 만일 없다면 당신은 이룰 수 없다.[152]" 과연 그럴까? 미국은 생활유지에 필요한 만큼의 돈을 버는 데 곤란을 겪고 있는, 다양한 분야의 능력 있는 사람들로 꽉 차 있다. 공장 휴업으로 실업자가 된 숙련기계공이라고 해서 취업해 있는 숙련기계공들에 비해 조금이라도 기술이 떨어지는가? 또 재능 있는 화가·음악가·작가·배우 등 많은 수의 예술가들이 있지만, 그들은 먹고살 수가 없다(1979년 작가들이 저작활동에서 번 수입은 평균 4,775달러였다).[153] 능력 있는 사람들 중 일부는 돈을 벌어들이기도 하지만, 똑같은 능력이 있어도 돈을 벌지 못하는 사람이 많다. 간단히 말해서, 능력과 돈 사이에는 어떤 논리적 연관성도 없다.[154]

『21세기 자본론(Capital in the Twenty-First Century)』의 저자

---

152 보수주의자 어빙 크리스톨(Irving Christol)이 〈About Equality〉(Commentary, 1972. 11)에서 이런 식의 주장을 펼쳤다. 이 글에 대해 마이클 월처(Michael Walzer)는 〈In Defense of Equality〉, 『Radical Principles』(Basic Books, 1980)를 써 반론을 펼쳤다.

153 컬럼비아대학 사회과학연구소가 주관한 조사자료의 일부이다. 『New York Times』, 1986. 1. 23.

154 월처(Walzer)는 "자본주의 세계에서 돈은 만능의 교환수단이다. 즉 이것을 가진 남자와 여자들은 각종 사회적 재화를 구입할 수가 있다…. 자, 이상하지 않은가? 돈 버는 재간을 가진 사람들이 이 모든 것들을 나눠가진다니, 이는 도덕적으로도 받아들이기 어렵거나 불만족스러운 얘기 아닌가"라고 말한다. 하워드진 지음, 이아정 옮김, 『오만한 제국(Declarations of Independence)』, 당대, 2001년, 280~281쪽 참조.

토마스 피케티(Thomas Piketty)가 현대는 자본수익률이 경제수익률보다 높아 부가 부를 쌓는다고 지적했는데, 아주 간단한 한국의 사례를 보자. 한국의 최고 의과대학에서 학부는 물론 석·박사과정을 마친 의사가 땅값 비싼 지역에서 개업을 했다. TV에 자주 얼굴을 비춘 덕에 환자들에게 꽤 인기도 있었다. 그런데 환자들과 상담을 하고 최선을 다해 진료를 봐도 병원 월세를 내기가 힘들어졌다. 이유는 건물주가 유명한 의사니 돈을 잘 벌겠다 싶어 월세를 계속 올렸다는 것이다. 이때 돈을 버는 능력, 전문성, 사회적 책임이나 신념이 얼마나 버틸 수 있을까? 또한, 건물주가 자기 수입을 늘리기 위해서 월세를 올리는 재주 이외에 어떤 능력과 재주가 필요했던 것일까? 능력과 돈 버는 문제에는 어떤 논리적 연관성이 없음을 보여주는 사례이기도 하다.

레이거노믹스는 자본주의 사회라는 성냥개비에 신자유주의라는 기름을 들어붓는 역할을 톡톡히 해냈다. 부자들에 대한 감세로 부자들이 부유해지면 그 부가 가난한 사람들에게 도움이 될 수 있을 거라는 생각은 착각이었다. 상황은 완전히 다르게 흘러갔다. 실제로 이 정책으로 인해 21세기 미국은 부익부 빈익빈 현상이 굳어졌으며, 계층 간의 고착화가 분명해져 가난한 사람이 부자가 될 수 있는 확률은 극히 줄었다. 그뿐만 아니라 많은 사람에게 무력감과 공허감을 남겼다. 한 개인의 성향과 노력 여하에 따라 부자가 되거나 가난해지는 것이 아니라 제도와 정책이 그렇게 이끌어가고 있었던 까닭이다.

최근 프란치스코 교황은 이탈리아 일간지와의 인터뷰에서 "나는 마르크스주의자가 아니다."라고 밝힌 뒤 "과거엔 유리잔이 차면 흘러넘쳐 가난한 자에게도 혜택이 돌아간다는 믿음이 있었지만, 지금은 유리잔이 찬 뒤 마술처럼 잔이 더 커져 버린다."라며[155] 신자유주의에 대해 거침없는 비판을 했던 이유기도 했다.

책임감과 도의심을 상실한 극소수 경제인의 이윤을 향한 충동은 무자비하다. 가장 주된 동기가 돈을 버는 것이니만큼 어떻게 버는가, 무엇을 만드는가, 그 과정에서 사람들에게 무슨 일이 생길 수 있는가 따위는 문제시하지 않기 때문이다. 세계화와 함께 진행된 신자유주의에선 그야말로 무법천지다. 거대자본가들은 필요에 따라 의회를 좌지우지하고 정부를 쥐락펴락한다. 자본가들의 이윤에 대한 충동이 절제력이 없는 이유다.

이론적 체계와 합리성, 정당성을 내세울 수 있는 능력을 가진 사람은 최고의 교육을 받은 사람들이라고 생각하는 것은 착각이다. 군중과 소시민은 부당한 것과 부정확한 것에 대해서는 본능적으로 알아차리는, 기가 막힌 능력이 있다. 그 이유는 그들은 이론보다는 실제를, 체계적 논리보다는 현실적 경험을 온몸으로 절감하고 사는 까닭이다. 그래서 인내가 바닥까지 이르고 나면 분노나 절규로 일어선다. 한자어 '참을 인(忍)' 자는 심장에 칼날을 대고 누르고 있는 것을 말한다. 그 서슬 퍼런 칼날을 심장에 대고 있다가 더 이상 참아낼 수 없는 사람들의 표현이란 자살과 분노와 절규라는 것, 간과해서는 안 되는 부분이다.

2008년 미국 서브 프라임 이후 신자유주의의 실체가 확연히 드러났다. 삼척동자도 알 만한 신자유주의 정책! 아무리 프로페셔널한 사

---

155 김희국 기자, 〈진보가 가톨릭서 찾은 희망… 프란치스코 교황 '삶의 결정적 순간들'〉,
    『국제신문』, 2013년 12월 27일.

람도 이 제도의 모순을 인정하지 않는다면 개인적 지적자산 능력과 관계없이 지식에 대한 본질적 의미와 인간에 대해 도대체 어떻게 이해하고 있는 것인지 그 점검이 필요할 일이다.

미국, 한국의 금융위기에 던져준 메시지

미국은 타이완과 한국에는 대규모 원조를 하고, 미국 시장에의 접근에도 많은 특혜를 주었다. 하지만 1990년대 들어 한국은 금융위기로 휘청했고 미국에 구원의 손을 내밀었다. 당시 매들린 올브라이트 국무장관이나 국가안보 고문의 의견은 당연히 한국을 도와야 한다고 주장했지만, 월가를 대표하는 재무부는 끝까지 반대했다. 그뿐인가? IMF는 미국 재무부의 압력 아래 한국의 '원조' 조건에 온갖 가혹한 조건을 덧붙였다. 우리가 기억해야 할 미국의 얼굴이다. 분노한 한국인들은 IMF가 언제나 미국 편에 서서 갖가지 불합리한 조건을 내건다고 비난했지만, 이 분노와 비난이 무슨 의미일까?

그렇다면 이러한 개방이 미국에는 이익이 되었던 것일까? 그렇지 않다. 정확히 말하면 미국의 얼굴을 빌려 미국을 쥐락펴락하며 돈벌이에 정신이 없는 국제금융세력만 도와주었을 뿐이다. 힘없는 한국 정부는 미국이 내거는 조건대로 은행 지점들을 한국에 설립하도록 나라의 문을 활짝 열었어야만 했다.

외국 기업들이 보유할 수 있는 상장회사의 지분은 26%에서 50%로

상향 조정했으며, 외국인 개인이 보유할 수 있는 기업의 주식 지분은 7%에서 50%로 늘어났다. 한국 기업은 반드시 국제회계의 원칙을 따라야 했으며, 금융기관은 국제회계사무소의 회계 감사를 받아야 했다.[156] 한국 중앙은행은 독립 운영되어야 하며 완전한 자본 계정하의 화폐 자유 교환, 수입허가증 수속 투명화, 기업 구조조정 감독, 노동시장 개혁 등 각종 개혁 조치가 잇달았다.[157]

이때 한국의 모든 은행이 통폐합되었던 사례를 살펴보자. 1998년 IMF의 비극이 발생하기 전까지 단 한 번도 구조조정이란 비극을 상상치 못했던 직원들은 끝내 구조조정의 진통을 견디지 못하고 은행 문을 나와야 했다. 살아오던 신념이 변화해야 했고 인간의 본질에 대해 깊이 생각하지 않으면 안 되는 시점에 이르렀다.

가장 마지막까지 버티던 장기신용은행은 최고의 엘리트와 최고의 급여를 통해 특수은행으로서의 기능을 다하겠다는 다짐이었으나, 무력하게도 국민은행과 통합을 하게 되었다. 상고 출신이 가장 많았던 국민은행과 명문대학 출신으로 이뤄진 장기신용직원들 간에는 당연히 갈등이 속출할 수밖에 없었다. 젊고 유능한 직원이 직장 상사가 되어야 하는 시스템을 감당 못하는 많은 국민은행 직원들은 숫자상으로 우세했기 때문에 기득권이란 것이 생기게 되었고, 그것을 감당하기 힘들었던 장기신용 직원들의 40퍼센트는 은행을 나와 우후죽순

---

156 외국에서 차관이나 투자를 받을 때 국제회계 기준을 따라야 하고, 국제 기준 회계감사도 외국에 상장한 회사나 외국서 돈 빌릴 때 외국 투자자와 외국금융기관이 볼 수 있도록 국제 회계 기준에 따로 감사받는다. 그러나 사실상 한국에 그런 기업은 얼마 되지 않는다. 국민은행과 신한은행 등 미국에 상장한 은행은 미국 기준 감사를 받는데 국민은행의 경우는 2000년 초에 상장했다.

157 『화폐전쟁』, 348쪽 참조.

처럼 경영 컨설팅 회사를 만들거나 직장을 옮겼다. 위계질서 개념이 강한 한국인 마인드로 자신보다 나이 어린 사람을 상사로 모셔야 했던 상당수의 국민은행 직원들에게도 내면적 통증은 잇따랐다. 필자가 여기서 얘기하고 싶은 것은 명문대 출신과 상고 출신의 갈등을 말하고 싶은 것이 아니라, 구조조정이란 것을 겪어내는 데는 어떤 문제로든 엄청난 내부갈등과 소용돌이가 함께한다는 것을 말하고 싶은 것이다.

다음으로, 미국의 금융재벌들은 어디로 시선을 돌렸을까? 그들은 다시 한국의 대기업을 표적으로 삼았다. 대기업을 중심으로 일어난 구조조정은 어느 한 기업도 제외대상이 아니었고, 그것은 개개인의 가치관과 신념을 순식간에 뒤흔들어놓는 모진 풍파의 시작이었다. 자살이 속출했고 퇴직할 때까지 미래에 대한 계획을 세워야 했던 많은 가정들은 하루아침에 무얼 먹고 살아야 하는지에 대한 심각한 문제에 봉착하게 되었다. 구조조정의 칼자루를 쥐고 인사를 담당해야 했던 직원들에게도 인간적 고통이 이어졌고, 이러한 문제로 자살을 하는 사례도 적지 않았다. 이것은 단지 한두 사람의 문제가 아니라 온 나라가 떠안은 문제였기 때문에 한국인들은 오히려 한마음으로 똘똘 뭉쳤다.

국제 금융재벌들은 한국의 강한 민족정신에 대해서 전혀 파악이 안 되어 있었다. 민족정신이 강한 나라는 외세의 압력에 쉽게 굴하는 일이 없다. 쓰러지면 또 일어서고, 코너에 몰리면 그 한쪽 귀퉁이에서 버티어내는 방법을 궁리해내는 것이다. 한국의 역사를 살펴보면 나라가 위기에 처했을 때 민중들은 어떤 일이 있어도 나라를 구하겠다는 일념으로 뭉치는 힘이 있다. 그 이전에 서로 헐뜯고 투덜거림이 있을지언정 한국인들에겐 무섭도록 강한 구국일념이 있다. 바로 이러한 정신에 대해 국제 금융재벌이 사전에 이해하고 있었을 리 없다. 너도 나도 금 모으기 운동에 나서 정부를 도왔을 때 그들은 심각할 정도로 당황했다. 그렇다면 그들이 다시 한국을 목표로 삼게 될 때 그들의 출발점은 어디서 시작될까? 이미 답이 나온 일 아닐까?

외화보유고가 완전히 바닥난 상태에서 금과 은은 최종 지급수단으로, 외국의 채권자들은 이를 흔쾌히 채무상환 방식으로 받아주었다. 국제 금융재벌들이 더 놀란 것은 한국에서는 그들이 생각하는 것처럼 대규모 기업과 은행의 파산이 일어나지 않았다는 사실이다. 서양의 기업들은 한국 대기업을 거의 하나도 사들이지 못했다. 월가의 속셈을 미리 알아차린 한국 정부는 IMF가 내세우는 독약을 의연히 거절하고, 파산신청 준비를 마친 대기업의 안건을 일괄 동결했다. 그리고 은행의 700억~1,500억 달러나 되는 부실채권을 정부가 과감하게 떠안았다. 정부가 이 부실채권들을 접수할 때 은행의 통제권은 다시 정부의 손에 들어가게 되었다.[158]

한국 정부도, 대기업도 오늘날 큰 힘을 발휘할 수 있었던 최고의 원동력은 무엇이었을까? 그들 자신의 노력과 아이디어 뒤에 숨어있던 군중이 공동체 의식과 결속력으로 도와준 힘의 결과다. 가령 삼성이 1998년 IMF의 위기에 직면했을 때 상당수의 간부는 물론 직원들까지도 삼성의 자동차는 물론 전자제품을 이용하는 일에 기꺼이 동참했던 사례는 결코 간과해서는 안 될 일이다. 군중이 지지해주는 힘이

---

158 『화폐전쟁』, 347쪽 참조.

한없이 무력해 보였을지라도 상당한 역할과 에너지였다는 것을 정부와 대기업이 망각해버리는 순간, 그들의 버팀목과 지지기반은 동시에 사라질 수 있다는 것을 기억할 필요가 있는 장면이다. 그렇다면 왜 민중의 공동체 의식과 결속력, 위계질서가 그렇게 중요한 것일까?

무엇보다 세계화라는 이름 아래 대기업의 정보를 요구하는 이방인들이 한 개인을 유혹해올 때 그 기업의 간부와 직원들은 어떻게 이 유혹을 뿌리칠 것인가? 세계화와 신자유주의의 잔혹한 칼날을 경험한 사람들이라면 자신이 지켜온 윤리의식과 도덕성, 책임감도 세계화라는 명분과 돈의 유혹으로부터 자신과 모국을 지켜내기가 쉽지 않은 그런 세상을 살고 있다는 사실을 잘 알고 있을 것이다. 유교적인 풍토를 이어오면서 위계질서를 가지고 내 나라 내 땅이라면 목숨도 기꺼이 바칠 수 있었던 충정(衷情)도 '세계화'와 '다문화'라는 이름과 함께 서서히 사라져가는 까닭이다.

그렇다면 영국과 미국에서 출발하여 세계화와 함께 침투하고 있는 신자유주의의 기본 성격을 이해해보도록 하자. 신자유주의의 등장과 확산은 전 세계적으로 노동자들의 힘이 약화되어 온 최근 '세계화' 추세와 절대 무관하지 않다.

욕망의 신자유주의, 그가 드리운 그림자

1) 상어를 닮은 거대 자본가들, 누구를 향해 공격하는가?

거대 자본가들은 국경을 넘나들며 마침내 상어를 닮은 이빨을 드러내기 시작했다. 신자유주의의 가장 큰 특징은 거대 자본가들이 노동자와 서민을 향해 무차별 공격을 감행한다는 사실이다. 노골적인 정리해고는 자본의 경영수지를 개선하기 위한 수단으로 가장 먼저 등장하는 부분이다. 앞에서 살펴보았듯이 영국에서는 1980년대 중반 노동조합의 단결권과 단체행동권을 심각하게 약화시켰다. 자본가들이 천문학적인 순이익을 남기고 있음에도, 더 높은 이익을 위해서라면 조직체계를 바꾸는 일 즈음은 늘 동반되는 일이었고, 정리해고는 수시로 이루어지고 있었다. 신자유주의 아래서는 오로지 성과와 실적이 있는 리더와 철저히 복종하는 조직원만이 살아남을 수 있다.

따라서 신자유주의는 다양한 비정규직 노동자를 끊임없이 확대시킨다. 비정규직 노동자들이 장기근속자들을 해고한 자리에 대체 투입되는 것은 신자유주의의 보편적인 양상이다. 이때 기업의 이윤을 위해 고용되는 노동자의 자리는 내국인이 아닌 외국 이주민으로 채워지기 일쑤다. 한국처럼 민족적 결속력이 강한 나라가 외국의 이주자로 노동자를 대체할 경우, 국민적 통합과 결속력을 약화시킬 것은 말할 필요도 없다. 같은 문화와 역사를 몇십 년씩 함께 공유해도 생각과 신념이 다르고 가치가 달라 진통을 겪게 된다. 하물며, 이방인이 어느 날 갑자기 한 나라에 머문다고 해서 금방 섞이고 융화된다는 것은 불가능한 일이다. 따라서 외국 이주민으로 채워진 다음, 국가와 정부는 그들을 교육하고 그들의 복지를 책임지도록 노력해야 할 것이다. 그러나 이 실질적인 책임과 부담은 개미처럼 혹독한 노동을 하며 성실히 세금을 내야 하는 국민에게 고스란히 지워지는 일이다.

신자유주의 체제 아래 어느 나라에서나 노동력을 소모품처럼 값싸고 편리하게 이용하려는 자본의 탐욕은 끝이 없다. 비정규직 노동자들은 빠른 속도로 확대되고 있다. 연이어 바뀌는 직원으로 인해 노동조합을 조직해 내기가 쉽지 않기 때문에 대부분 노조의 조직률이 상당히 낮다. 온종일 고되고 성실하게 일하지만, 그들은 여전히 가난했다. 이미 탐욕으로 가득한 거대 자본가들이 상어 이빨을 드러내며 지옥의 끝을 보여준 상태에서, 아무리 많은 인문학자가 생명의식을 거론한다고 하더라도 서민들에겐 그런 얘기가 천국에서나 만날 수 있는 이야기일 뿐이라고 느낄 것이다. 노동자의 권익을 보장받을 수 있는 시스템은 자꾸만 사라지고 그들이 종극에 표현할 수 있는 의사표현의 방법이란 분노와 절규, 그리고 자살이었다. 자살만이 지옥을 탈출하는 유일한 길이고, 그 선택만이 천국으로 가는 통로라고 메피스토펠레스가 속삭인다고 해도 그들은 기꺼이 믿을 태세다. 참혹한 삶을 살아야 하는 이들의 마지막 선택이기에.

최근 16년간 영국에서 생겨난 일자리의 4분의 3은 내국인이 아닌 외국 이주민에게 돌아간 것으로 집계됐다고 21일(현지시각) 영국 일간지 더타임스가 보도했다. "영국 보수당 연립정부는 2010년 집권 이후 이민자 증가로 복지 부담이 늘고 일자리까지 영향을 받는다며 2015년까지 이민자 수를 수만 명으로 줄이기 위한 규제 정책을 펴고 있다."[159]

---

159 김태한 특파원, 〈영국, 이주민이 새 일자리의 74% 차지〉, 『런던, 연합뉴스』, 2013년 2월 21일.

신자유주의가 본격적으로 도입되는 이른바 구조조정 과정과 이후 경제가 성장하는 동안에도 실질임금 하락이 자주 일어난다. 대표적으로 1980년대 10년 동안 미국 노동자들은 5%, 중남미 노동자들은 10~50%의 실질임금이 하락했다. 『뉴욕타임스』에서는 "오바마 행정부가 최저 임금을 7.25달러에서 10.10달러로 인상하는 법안을 올린 일을 둘러싸고 찬반 양축이 각자 수백 명의 경제학자들의 사인을 받아서 정부에 제출했다.[160]"고 밝혔다.

미국 독립전쟁 즈음에 장 자크 루소는 『인간 불평등 기원론』을 썼다. 그는 정치권력과 법률이 어떻게 생겨나게 되었는가를 풍부한 상상력으로 상술한 다음, 이렇게 결론지었다.

약자들에게 새로운 족쇄를, 부자들에게는 새로운 힘을 부여한 사회와 법률의 존재는 자연 상태의 자유를 회복 불가능하리만큼 파괴시켰고, 소유와 불평등의 법률을 영구히 고정시키고, 교묘한 강탈을 확고부동한 권리로 변모시켜, 전인류가 소수의 야심가들의 이익을 위하여 노동과 예속과 비참 속에 살도록 복종시킨 것이다.[161]

우리는 잠시 애덤 스미스의 『국부론』 얘기를 생각해볼 필요가 있다.

160　Eric Lioton, 〈Industry Behind Anti-Wage-Hike Letter〉, 『The New York Times』, 2014년 3월 15일.

161　장자크 루소(Jean-Jacques Rousseau) 저, 주경복 역, 『인간 불평등 기원론(Discourse on the Origin and Basis of In equality Among Men)』, 책세상, 2003년, 116쪽 참조.

그는 "우리가 저녁 식사를 기대할 수 있는 것은 푸줏간 주인, 양조장 주인, 제빵업자의 자비심 때문이 아니다. 그들의 이기심 때문이다."라고 말했다. 모든 경제 주체들은 자신의 이익을 위해 움직이는 것처럼 보이지만, 결국은 경제 전체가 더욱 효율적으로 돌아간다는 경제 논리다. 적절한 개인적 욕심이 오히려 공공의 이익을 창출한다는 이야기인데, 그는 과연 '경제학의 아버지'란 호칭에 걸맞게 경제인의 책임감과 도덕성을 기초로 하는 자본주의 논리를 전개해나갔다. 또한, 그는 "어떤 대규모 정치사회에서도 하인·노동자(농민 포함)·수공업자가 가장 다수를 차지한다. 이들의 상황이 나아지는데, 도리어 전체가 불편하게 되기는 불가능하다. 한 사회의 다수를 점하는 사람들이 처참하고 빈곤한데, 그 사회가 번영하고 행복할 수 있는 경우는 없다."라고 얘기한 바 있다.

신자유주의가 진행된 이후, 특히 2008년 서브 프라임 문제가 발생한 이후 극소수 자본가들이 정당하게 챙긴다고 생각했던 '부'의 그림자에는 소름 끼치도록 무서운 탐욕이 있었고, 그 탐욕으로 인해 사회에 대한 책임감이나 도덕성을 상실한 지 오래다. 경제인으로서 책임감이 마비되어버린 사람들을 제어하는 방법이 없었다는 것, 결국 우리는 극소수 금융세력들과 미국 최고의 부유층들이 전 세계에 쓰나미를 일으킨 이유를 바로 여기서 찾을 수 있다.[162]

평화와 자유, 인권과 평등, 꿈의 대명사처럼 알려진 미국에서 출발한 일이라 전 세계들에 상대적인 좌절감과 배신감을 느끼게 한다. 건국 초 미국이 말하던 아메리카 드림은 어디로 날아가 버린 것일까.

---

162 졸고, 『세계화 속의 한국교육』, 318쪽 참조.

자본주의하에서 돈은 모든 사람들이 흠모하는 실체임은 분명하다. 그러나 고전과 현대 이 시점에 이르기까지 돈 자체가 삶의 중심이 된 인간의 목적 때문에 많은 서민과 약자를 아프게 하고도 꾸준히 지켜져 온 사례는 없었다.

2) 공공기관의 민영화와 개인정보 유출

이윤의 극대화를 최고의 가치로 삼는 신자유주의는 공공기관과 사회복지를 무력하게 만들었다. 철도·전력·통신·수도 등 공공기관에 대한 민영화는 일반적으로 이들 기업을 인수하는 자본가에게 천문학적인 돈을 벌게 해주었다. 반면, 해당 노동자들에게는 대량 해고와 노동의 강화, 일반 국민들에게는 각종 요금인상과 서비스 질 저하 등의 심각한 피해를 가져다주었다.[163] 대표적으로 영국의 철도가 민영화 이후 다시 국유화 일정을 밟고 있는 이유이고, 미국 캘리포니아 주의 전력이 민영화를 했다가 다시 공기업화를 추진하는 이유다.

하지만 신자유주의 체제는 공공기관 민영화를 끊임없이 부추기는 역할을 톡톡히 해냈다. 특히 제3세계에서의 공공기관 민영화는 대부분 거대한 자금을 보유한 해외자본에 매각됨으로써 초국적 자본의 지배를 가속화시키는 활로가 되고 있다. 이러한 상황이 도래하면 국가나 정부가 보호해줄 수 있는 방법이란 아무것도 없다. 왜냐하면, 그때가 되면 국가도 정부도 '돈'이란 괴물에 의해 무력해질 대로 무력해진 유명무실한 존재가 되어버리는 까닭이다.

---

163   임재창, 〈신자유주의 등장-대처리즘과 레이거노믹스〉, 『The Economist』, 2011년 4월 16일.

각 나라마다 고유한 정서, 문화, 역사를 읽을 수 있는 아름다운 전통을 한순간 삼켜버리는 것은 물론이다. 아주 작은 사례를 살펴보자. 파리의 몽마르트르 언덕을 기억하는 사람들이라면 그 주변의 작은 카페들과의 오랜 추억을 잊지 못할 것이다. 그러나 어느 날 갑자기 '스타벅스'의 간판으로 대체되어간다. 왜일까? 갈수록 비싸지는 상점의 월세를 감당하지 못하기 때문이라는데, 돈의 힘으로 밀고 오는 거대 자본가에 의해 오랜 전통, 문화, 정서는 한순간 하늘로 날아가 버리는 꼴이다. 한울타리 안에서 누릴 수 있는 아름다운 정서나 추억은 새로운 문화의 침투로 우리의 기억 속에서 서서히 사라져간다.

　신자유주의의 사회복지 파괴는 사회 모든 영역을 시장경쟁의 논리와 잣대로 변형시키는 것과 연결되어 있다. 교육·의료·주거·휴양 등 인간이 누려야 할 기본적인 생활영역에서 가진 자들만이 누릴 수 있는 고급스러운 제도와 시설이 늘어갈수록 동시에 절대 빈곤층의 열악한 환경이 늘어가는 것도 신자유주의의 전형적 모습이다.

　한편, 신자유주의에 맞서 민중항쟁이 일어난 아르헨티나에서는 그동안 900여 개의 공기업을 모조리 팔아치웠는데, 심지어 주민등록발급까지 해외로 넘기는 지경에 이르렀다. 이러한 일이 아르헨티나에만 국한되는 일일까?

　최근 한국의 여행사에서는 출국을 할 때 여권과 비자를 먼저 확인한다. 비용을 지불하기 위해 카드를 사용할 경우, 특히 자녀가 유학생 비자를 받고 미국으로 출국하는데, 그 부모의 카드를 사용할 경우 가족관계증명서나 주민등록등본을 요청한다. 미국의 항공사 측에서 그런 정보를 요청하기 때문에 여행사 측에서도 어쩔 수 없다는 얘기다. 여기서 개인정보가 노출되지 않은 것이 무엇인가? 주민등록번호, 여권번호, 유학생 자녀의 학교명, 미국에서 거주할 주소와 전화번호 모두를 기입해야 하는데 누구도 이러한 정보입력을 거부할 수 있는 사람이란 없다. 그럼에도 2013년 10월 한국에서는 항공사 측에서 무작위로 고객의 비행기 티켓에 암호를 남긴 특정 탑승객에 한해서 몸수색은 물론, 검열을 강화하다가 한국 네티즌에 의해 몰매를 맞은 일이 있다. 그렇다고 이런 일이 사라지기는 한 것일까? 또한, 개인정보를 특정인 손에 넘기는 순간 그 정보가 도의적이고 윤리적인 직원의 손길을 이탈할 경우, 개인정보가 보호되기란 거의 불가능한 일이다.

2013년 12월 몇 개의 카드사로부터 개인정보 유출이 되었던 일로 한국 전체가 시끄러워졌지만, 비자를 받기 위한 절차도 아닌 상황에서 우리는 너무나 많은 정보를 아무런 의식도 없이 외국으로 유출하고 있는 사실에 대해 2014년 9월이 되기 전까지 방관하고 있었다. 그 이후에도 사실상 개인정보 보안의 문제에 대해선 아무도 자유로울 수가 없다.

3) 국가를 초월한 자본의 세계지배

세계화된 신자유주의를 주도하는 것은 단연 국가를 초월한 자본의 지배다. 세계 1위 기업인 GM의 매출액은 남아프리카 공화국이나 사우디아라비아의 국내총생산(GDP)보다 더 많다. 막강한 규모를 갖추고 있는 초국적 기업들은 전 세계를 향해 수직적으로 하청 계열화해나갔다. 그들은 신자유주의 정책을 전면에 앞세우고 세계화의 추세와 함께 진두지휘하고 있다. 큰 기업이 작은 기업을 삼키는 일은 갈수록 가속화되고 있다.

국가를 초월한 금융자본은 1980년대부터 빠른 속도로 확대됐는데, 이제 전 세계의 GNP를 모두 모은 것보다 더 많은 자금을 운용하고 있다. 이들 가운데 상당 부분이 투기성 목적으로 각국의 외환시장과 주식시장을 넘나들고 있다는 사실은 이미 널리 알려진 사실이다. 자본수익률이 경제수익률보다 높아 '부익부 빈익빈' 현상이 두드러지게 하는 촉매 역할을 했다. 따라서 1990년대 이후 그 규모가 너무 커져서 이들의 집단적인 이탈만으로도 특정 국가 하나가 사라질 수도 있다는 것은 놀라운 사실도 아니다.

경제와 자본에 대한 흐름이 안정되지 않으면 세계의 모든 국민은 불안함에 갇힌 족쇄를 찰 수밖에 없다. 무엇보다 환율의 불규칙한 변화, 세계경제를 전혀 예측할 수 없게 만드는 그 불안함이 그렇다. 이것은 총칼을 들거나 핵전쟁을 벌이는 것보다 더한 전쟁이다. 거대한 투기자본이 엄청난 이윤을 챙기고 일국의 경제를 순식간에 뒤흔들 수 있게 되어 있다는 것은 무얼 의미하는 것일까? 돈이 최고로 우상인 곳에서는 돈에 모두 무릎을 꿇어야 하며 그런 상황에서 인간의 신념과 가치, 생명의식을 논하기란 거의 불가능한 일이다.

주택 부실정책으로 인한 빚 중독

존 애덤스 대통령은 이렇게 말했다. "한 나라를 정복해 예속시키는 방법은 두 가지다. 하나는 칼로 하는 것이고, 다른 하나는 빚으로 하는 것이다." 셸던 엠리(Sheldon Emry)는 두 세기 뒤 이생각을 부연해, 빚으로 하는 정복은 소리 없이, 그리고 부지불식간에 이루어지기 때문에 피정복민들은 새 주인이 생겼다는 사실을 깨닫지 못한다. 표면상으로 변한 건 아무것도 없다. 이 나라는 그저 다루는 방식이 바뀌었을 뿐이다. '공물'은 빚과 세금이라는 형태로 거뒀고, 사람들은 그게 자기들의 행복을 위해 내는 것이라고 믿었다. 엠리는 이렇게 썼다. "포식자(飽食者)는 후원자가 되고 보호자가 됐다. 이 점을 깨닫지 못하면 그들은 정복당한 것이고, 그들 자신의 사회가 지닌 여러 도구들은 그들의 부를 포식자들에게 나르고 정복을 완성하는 데 쓰이게 된다."[164]

최근 금융위기는 무엇보다 자본 배분이 왜곡된 사례의 가장 대표적인 예다. 매스컴과 많은 서적, 언론매체는 2008년 일어난 금융위기의 다양한 측면을 조사했다.

레버리지(부채를 통한 자금조달)는 소유권과 단순한 관리권의 차이에 대한 분별을 어렵게 했다. '다른 사람들과 비슷한 수준으로는' 살아야겠다는 의식에서부터 출발한 미국의 부채 생활 방식은, 세계화와 신자유주의 이후, 한국에도 똑같은 방식의 빚 중독이 늘어나게 하였다. 빚을 진 사람들은 그 빚을 갚기 위해 수단과 방법을 가리지

---

164 엘렌 H. 브라운 지음, 이재황 옮김, 『달러』, AK, 2009년, 88~89쪽 참조.

않게 마련이고, 그런 가운데 삶의 질과 신념을 생각하기란 쉽지가 않다. 자영업을 꿈꾸는 의사나 변호사로서 아무리 프로페셔널 할지라도 턱없이 오르는 사무실 렌트비를 감당하기 힘들어지면 더 이상 그 꿈을 접을 수밖에 없는 것도 오늘의 현실이다.

담보대출을 받아 산 집에 살고 있는 사람은 세입자와 마찬가지로 아무것도 소유하고 있지 않고 관리권만 소유했다고 할 수 있다. 미국 정부가 주택 부실문제로 어려움을 겪게 된 이유도 소유권과 관리권에 대해 제대로 이해하지 못하고 착각한 데서 벌어진 일이다.

지금 한국의 부채는 미국의 2008년 서브 프라임 문제 발생 직전보다 더 심각한 수위에 있음에도, 한국은 60년 전 남의 나라의 도움을 받던 나라에서 도움을 줄 수 있을 만큼 잘사는 나라로만 인식되고 있다. 2013년 11월 필리핀 수해복구 지원으로 한국정부는 500만 불을 지원했고 삼성은 100만 불을 지원했다. 누군가 어려울 때 도와주려는 마음은 참 소중한 일이다. 그러나 왜 그때마다 '50년 전, 60년 전 도움을 받던 나라에서 도움을 줄 수 있을 만큼 잘 사는 나라'로만 부각이 되었을까? 국민의 대다수가 빚더미에 앉아 있고, 나라가 부도 위기에 직면해 있다는 경각심은 어디서도 찾아볼 수가 없다.[165]

벤츠와 BMW와 같은 고급수입차는 물론, 샤넬 백이나 루이뷔통과 같은 명품백을 한국인이 그렇게 사다 날랐음에도, 외국기업들이 한국인에게 기부하는 것은 매년 몇천만 원 수준에 불과 한다. 그뿐만 아니라 '수입차 서비스로 인한 고객 불편 사항'[166]은 개선될 줄을 모른

---

165 2013년 3모녀가 집주인에게 지하방 월세비만 남겨놓고, 경제적 어려움을 감당하지 못해 죽음을 선택했던 일도 이 즈음의 일이었다.

166 김필수, 〈말 많은 수입차 정비 직접 받아보니〉, 『동아일보』, 2012년 12월 26일.

다. 모두 우리보다 훨씬 잘 산다고 하는 나라들의 해외진출 기업 기부문화와 서비스 정신을 말하는 것이다. 그런데 우리는 온 국민이 빚더미에 있고 경제적 어려움을 호소하며 자살하는 노동자들이 속출하는 상황에서도 남의 나라가 위기에 처했으니 도움을 주는 일에는 너무나 자비롭기만 하다. 지금 사는 내 이웃집의 불행한 소식에는 한없이 냉정해도 이웃 나라의 불행한 소식에는 온정이 넘친다. "미국을 보아라. 우리도 미국인처럼 자선을 베풀 줄 알아야 한다."라는 몸짓이다. 그런데 해외의 빈곤지역을 돕기 위해 미국이 얼마의 세금을 쓰는지 아무도 상상조차 못했을 것이다. 그들은 세금의 0.06%만을 세계 빈곤지역에 보내고 있을 뿐이고, 우리는 국내의 아이들이 해외로 입양되고 있는 문제에 대해선 여전히 철면피다. 무엇을 우선으로 생각하며 살아야 하는지 생각할 때다.

우리의 위태로운 상황을 제대로 돌아보기 위해 미국을 잘 살펴보자. 자신이 사는 집의 값이 10퍼센트 떨어졌을 경우 담보대출을 받아 산 부동산에서 얼마의 손해를 보았는지 물어보게 되면 대부분의 사람은 어떻게 대답을 할까? 그들은 10퍼센트의 손해를 보았다고 대답하는 경우가 많다.[167] 그러나 정확한 손실 금액은 그가 자신의 집을 담보로 빚을 얼마나 얻었느냐에 따라 달라진다. 그가 50만 달러짜리 집에 사는데, 10만 달러는 초기 부담금(지분)으로 넣고 나머지 40만 달러를 담보대출금으로 충당했다고 가정하자. 집값이 10퍼센트 떨어졌을 때 그는 스스로 생각한 것처럼 1만 달러를 손해 본 것이 아니다.

---

[167] 물론 주택소유자는 상황청구권과 담보안정비율(LTV), 지분율에 따라 델타(기초자산 가격 변동에 대한 옵션가격 변동 비율)을 가진다. 그럼에도 많은 사람이 레버리지를 통해 집을 소유했지만, 가구를 들여놓을 여력은 없는 하우스푸어다.

그는 전체 집값의 10퍼센트인 5만 달러를 손해 본 셈이다. 달리 말하면 그가 가진 집의 잔존가치는 그가 잘못 알고 있는 9만 달러가 아니라 5만 달러에 불과하다.[168]

진정한 소유권은 가장 완전한 상태에서의 관리권을 말한다. 저당권이 설정된 부동산을 가진 경우와 같은 부분적인 관리권은 단지 이용할 수 있게 할 뿐, 순수한 의미에서 소유권을 의미하지는 않는다. 왜냐하면, 관리권만 가진 상태에서는 자산, 담보대출의 경우 언제든 주택을 빼앗길 수 있는 상황이 벌어질 수 있기 때문이다.[169] 그런데 미국인들의 중산층 대부분은 집을 구매할 때 80~90%의 대출을 끼고 구입하는 경우가 많다.

2008년 서브 프라임이 일어나기 훨씬 전에 미국 정부는 패니 메이와 프레디 맥을 설립했다. 이들의 설립 목적은 미국인들이 주택대출과 보증을 손쉽게 받을 수 있도록 하기 위해서였다. 당장 현금이 없는 사람들에겐 이보다 더 좋은 법이 없는 것처럼 보인다. 무엇보다 주택대출을 받더라도 집을 사는 것이 집을 빌리는 비용보다 훨씬 절감되는데, 그 이유는 미국에서 집을 렌트할 경우 계약기간이 끝나면 1~2년마다 렌트비를 올리는 경우가 대부분이다. 또한, 한국과 달리 처음 집을 빌릴 때 상태 그대로를 보존한 상태에서 넘겨야 한다. 가령, 흰 벽에 못 자국을 남겼다면 그 못 자국을 흔적 없게 지워놓아야 한다. 남의 집을 빌려서 사용한다는 것은 까다롭게 느껴지는 일이다. 그래서 미국인 대다수는 기꺼이 대출을 끼고 집을 사는 일을 선

---

168 담비사 모요 지음, 김종수 옮김, 『미국이 파산하는 날』, 중앙북스, 97쪽 참조.
169 상동, 97쪽 참조.

택했고, 천정부지로 오르는 집값의 재산적 가치는 더할 나위 없이 좋을 것이라고 기대했다. 그러나 2008년 휘몰아친 주택 부실정책의 파괴력이 그렇게 어마어마하리라고는 그 누구도 상상할 수 없었다.

대출과 소비 열풍은 주택의 과잉 건설을 부추겼고 끝내 서브 프라임의 참혹한 현상을 불러일으켰다. 국민의 대다수가 마약처럼 들이킨 빚, 아무리 생각해도 도대체 해결할 방법이란 없는 이 빚더미에서 미국은 어떻게 일어설 수 있을까? 2012년 미국 주택경기가 차츰 회복되고 있다고 보도되었지만, 그것은 태평양 바다를 건너온 중국인들의 지갑을 열고서야 가능했던 일이지, 미국에 거주하는 미국인의 지갑을 통해서는 아니었다. 그리고 중국인의 손아귀에 들어간 집을 빌릴 경우 그 월세는 엄청난 속도로 값이 올라갔으며, 이전에 지켜지던 미국의 법과 규율은 돈의 힘에 의해 무참히 부서져 가고 있었다.

서브 프라임의 위기는 대다수 미국인의 지갑뿐만 아니라 심리상태에도 영향을 미쳤다. 한때 온 나라가 꿈과 희망으로 들썩이고 행복 그 자체를 누리는 것처럼 보였는데, 그 환상이 산산이 깨져버렸을 때 순진하기만 했던 미국인들에게 가장 큰 문제는 아무런 방어력도 대책도 없었다는 것이다. 그들의 안정된 보금자리는 은행가들의 손에 넘어가고 가족 간의 평화로운 공간은 순식간에 사라져버렸다. 도대체 미국의 그 아름답던 '아메리칸 드림'은 어디로 날아가 버린 것일까?

그렇다면 이것은 미국만의 문제일까? 우리나라는 2011년 세계에서 아홉 번째로 '무역 1조 달러 클럽' 가입에 성공했다. 2013년 삼성의 이건희 회장은 세계 100위 안에 들었다는[170] 공식보도가 있었다. 그

---

170 2014년 10월 삼성 이건희 회장은 세계 순위 100위 밖으로 밀려났고 현대의 정몽구 회장은 세계 200위로 순위가 내려갔다.

러나 정부를 비롯한 대다수의 국민과 많은 기업들은 빚더미에 앉아 신음해야 했다. 신음뿐일까? 집집이 탄성과 곡소리, 자살 소식이 갈수록 더해가는 이유다. 국가 경제의 3대 축인 정부(공공기관 포함)와 기업(30대 그룹), 가계 모두 1,000조 원 안팎의 부채 늪에서 신음하는 것이다. 재정 불균형의 골은 깊어지고 도산 위기의 기업들이 줄을 선 가운데 각종 '푸어(Poor)족'들이 양산되고 있다.

2년 연속 국민소득 2만 달러를 넘어서며 선진국으로 가는 교두보를 마련한 한국 경제의 이면에는 이처럼 '함정'이 도사리고 있다. 집을 팔아도 대출금을 상환하기 어려운 주택 소유자와 영업이익으로 이자비용조차 감당 못하는 한계기업들이 시시각각 늘고 있다. 금융당국이 지난달 말 공식 발표한 깡통 주택은 9만 8,000가구, 소득의 60% 이상을 원리금 상환에 써야 하는 '잠재적 위험가구'는 최소 56만 9,000가구에 이른다. 또 한국은행의 '금융안정보고서'에 따르면 성장기업 중 한계기업의 비중은 2010년 말 14%에서 2011년 말 15%, 2012년 6월 말 18%로 매우 증가했다.[171]

국가는 주권, 국민, 영토에 의해 이루어진다. 그러나 가계와 기업, 정부 모두가 빚더미에 오르고, 더군다나 한국 제주도의 절반을 이미 중국인이 사들였으며, 한국의 구석구석 부동산을 중국인이 차지하고 있는 판국에, 한국이 무디스와 피치, S&P 등 세계 3대 신용평가사가 2012년 8월 이후 신용등급을 상향 조정한 유일한 국가가 됐다는 뉴스 기사는 오히려 초라함을 더해간다.

---

171 양춘병 기자, 〈깡통 공화국… '난 깡통이다'〉, 『헤럴드경제』, 2012년 11월 16일.

굶주림과 빈곤은 잘못된 분배의 탓이다

미국인 6명 가운데 1명이 먹을 것을 제대로 구하지 못하는 빈곤상황을 겪고 있는 것으로 나타나 경기 불황 속에 어려움이 심한 것으로 지적됐다. 미 농무부가 2009년 11월 17일에 발표한 자료를 보면, 미국인 가운데 굶주리는 국민들의 숫자가 무려 14.6%에 달하는 것으로 밝혀졌다. 또한, 인구수로는 1,300만 명, 비율로는 11.1%의 국민들은 식량을 구하는 데 어려움을 겪을 정도의 빈곤상황에 처한 것으로 나타났다. 끼니를 거르는 인구수 14.6%는 전년도 조사치인 11.9%에 비해 상당히 급증한 수치다. 2009년 한 해 동안 제대로 식량을 확보하지 못하는 어려움을 겪는 인구 중 3분의 1가량 즉 가구수로는 약 50만 가구에 달하는 계층의 인구가 자신들이 섭취하는 식량의 양을 줄였다고 답했다. 이들 가구에 속한 어린아이들의 숫자는 1.3%에 이른다.[172]

버락 오바마 대통령이 의회에 제출한 2011년 회계 연도 예산안에는 학교 급식 지원을 위해 매년 10억 달러를 배정, 2015년까지 어린이들의 굶주림을 해소하겠다고 공약한 바 있다. 그러나 미국의 학교에선 어떤 일이 벌어지고 있는 것일까?

2013년 4월 미국의 한 초등학교가 급식비를 내지 못한 학생들에게 점심을 주지 않아 빈축을 샀던 일이 있었다. 미국 매사추세츠 주 애틀버러에 있는 코엘호 중학교에서 최근 학생 25명이 급식비가 밀렸다는 이유로 점심을 먹지 못하는 일이 발생했다. 급식이 거부된 학생들

---

172 워싱턴 최철호 특파원, 〈굶주리는 미국인 크게 증가〉, 「미디어 다음」, 2009년 11월 18일.

은 급식비를 내지 못했거나 급식 예치금이 부족한 경우다. 이 학교의 급식을 담당하는 업체인 횟슨은 급식비를 내지 못한 학생들에게는 점심을 주지 말라고 지시한 것으로 드러났다. 심지어 학생들이 이미 받아든 점심마저 버리도록 해 '비교육적 처사'라는 비판이 일고 있다.[173]

노벨상 경제학상을 받은 아마르티아 센(Amartya Sen) 하버드대 교수는 이렇게 말했다. "굶주림과 빈곤은 생산이 부족해서가 아니라 잘못된 분배 때문에 일어난다. 아프리카나 어렸을 때 지켜봤던 벵골의 처참한 기근도 식량 공급이 부족한 탓도 있지만 공급된 것을 제대로 나누지 못해 발생했다는 점이다. 경제가 성장해도 빈곤이 줄어든다는 보장은 없다. 이는 분배를 제대로 하기 위한 정부 개입이 필요하다는 것을 의미한다."[174] 센 교수는 자본주의의 빈곤문제에 대한 분석도 내놨다. 시장은 부의 증가를 촉진한다는 것을 인정한다. 그러나 생산된 것을 정부가 개입해 제대로 분배하지 않으면 질병, 실업, 빈곤, 불평등, 범죄와 같은 심각한 문제가 계속 발생할 거란 경고를 끊임없이 해왔다.

1960년대에 세계은행이 아프리카 신생국을 원조해주었지만, 아무 소용이 없었다. 왜일까? 아프리카의 농산물을 선진 자본주의 국가들이 헐값으로 대량 구입했기 때문에 정작 아프리카 경제는 살아날 수가 없었던 것이다. 엎친 데 덮친 격으로 1980년대 초반 세계은행의 원조자금이 IMF의 '구조조정 지원 기금'으로 바뀌면서, 무역자유

---

173 이강원 특파원, 〈급식비 못 냈다고 밥을 빼앗다니…' 비정한 미국 중학교〉, 『뉴욕=연합뉴스』, 2013년 4월 5일.

174 Amartya Kumar Sen, 『Development As Freedom』, Anchor Books, 2007년, 57쪽 참조.

화, 국영기업 민영화, 긴축재정 등의 요구조건을 내걸었다. 그들은 마치 이렇게 말하는 것처럼 보인다. "지난날 너희들의 경제 파국은 자체 내 안일한 구조에 문제가 있었다. 우리가 내거는 신자유주의의 선의와 요구를 기꺼이 받아들여라. 그러면 우리가 너희를 돌봐줄 것이다." 이쯤이 되면 한없이 순진하기만 했던 아프리카에 어떤 혹독한 바람이 불었을지 상상이 되지 않을까? 과연 아프리카인이 굶주리는 것은 그들의 무지와 게으름 때문인가, 아니면 신조차도 정말 외면해버린 것일까? 아니면 잘못된 정책으로 인해 '버림받은 땅'이란 오명을 남기게 된 것일까?

한편, 세계보건기구는 에이즈나 폐결핵으로 죽어가는 천만 명 이상의 사람들이 겪고 있는 비극을 "모두의 침묵 속에 조용히 진행되는 학살"이라고 불렀다.[175] 그러나 실제로 수많은 사람의 배고픔이 정책의 모순에 의한 것임을 침묵하는 것은 어떻게 말해야 할까.

미국과 세계 도처에 의료혜택을 받지 못하고 식량 또는 직업이 없는 수천만 명의 사람들은 교황 바오로 2세의 말대로 '야만적이고 통제되지 않는 자본주의'가 만들어낸 부수적인 손실이라고 할 수 있다. 이 손실이 '대테러 전쟁' 때문에 사람들의 눈에 보이지 않고 있다. 이 전쟁은 군수산업에는 막대한 이윤을, 정치인들에게는 권력을 주고 있으나, 미국이나 외국에 살고 있는 사람들의 삶의 조건이 개선되는 것은 봉쇄하고 있다.[176]

확실히 담배와 알코올을 포함한 약물의 급증은 철저히 이기적인 이

---

175 하워드 진 지음, 『왜 대통령들은 거짓말을 하는가?』, 97쪽 참조.
176 하워드 진 지음, 『왜 대통령들은 거짓말을 하는가?』, 119쪽 참조.

윤 동기에 의해 유발되었다. 그 실천적 방법도 교묘하다. 그 사례를 살펴보기로 하자.

1989년, 미국의 대통령 조지 부시가 마약과의 '전쟁'을 선포한 일이 있다. 그는 코카인이나 유사 약물의 불법매매에 대해서 언급하였다. 그러나 몇몇 거대기업들에 막대한 이윤을 안겨주는, 코카인보다 훨씬 살인적인 담배에 대해서는 말하지 않았다. 국내에서 사람들을 중독시키는 데 만족하지 못한 미국의 담배회사들은 해외시장, 특히 제3세계에 담배 판매를 강제할 길을 찾아 나섰고 정부의 도움을 받아냈다. 모든 것이 '자유무역'이란 외피 아래 저질렀다.

자유무역이라는 슬로건은 18, 9세기의 '문호개방정책'을 떠올리게 한다. 그때 서구 국가들은 중국에 상품구매를 강제하였고 영국은 영국기업의 중국 내 아편반입을 승인하라며 아편전쟁을 일으켰다. 1989년 미국은 담배수입을 금지하고 있는 태국에 미국산 담배를 수입하라며 압력을 넣었다. 그때 미 공중위생국 국장으로서 여러 정부시책에 명백한 반대의사를 표하고 있던 에버렛 쿠프(Everett Koop) 박사가 강력히 반대하고 나섰다. 쿠프 박사는 워싱턴에서 열린 공청회에 나와 이렇게 말했다. "미국이 담배를 수출하면서 동시에 외국 정부에는 코카인 수출을 중지하라고 하는 것은 위선의 극치입니다. 작년에 미국에서는 2천 명이 코카인으로 인해 사망했고, 같은 해에 담배로는 39만 명이 죽었습니다."[177]

---

177 Alexander Cockbum, 〈Getting Opium to the Masses: The Political Economy of Addiction,〉 『The Nation』, 1989.10.30.의 내용을 하워드 진 지음, 이아정 옮김, 『오만한 제국(Declarations of Independence)』, 당대, 2001년, 280~281쪽에서 재인용.

이윤추구의 무자비성은 전 세계에 대재앙을 가져올 수 있는 일이다. 인간의 무지와 탐욕은 브레이크를 밟을 줄 모른다. 그러나 당장의 탐욕이 거대한 이윤을 가져다줄 수는 있어도, 결국 그 이윤만을 추구하는 세력의 궁극점 또한 파멸이라는 것은 피할 수 없는 법이다. 그러나 너무나 안타깝게도 한없이 영특한 인간들이 이러한 사소한 진리에 대해 너무나 무지하다. 2014년 9월 3일 미국 CVS 약국에서는 더 이상의 담배 판매를 중단하기로 했다. 그들은 그들이 누릴 수 있는 엄청난 수익을 포기하면서, 담배 판매 기업의 교묘한 이기심과 더 이상 손을 잡지 않았다.

우리는 여기서 헨리 조지의『진보와 빈곤(Progress and Poverty)』에 대해서 깊이 생각해볼 필요가 있다.

부와 평등한 분배가 이루어진 사회에서는, 즉 전반적으로 애국심, 덕, 지성이 존재하는 사회에서는, 정부가 민주화될수록 사회도 개선된다. 그러나 부의 분배가 너무나 불평등한 사회에서는 정부가 민주화될수록 사회는 오히려 악화된다.[178] 부패한 민주 정부에서는 언제나 최악의 인물에게 권력이 돌아간다. 정직성이나 애국심은 압박받고 비양심이 성공을 거둔다. 최선의 인물은 바닥에 가라앉고 최악의 인물이 정상에 떠오른다. 악한 자가 나가면 더 악한 자가 들어선다. 국민성은 권력을 장악한 자의 특성을 점차 닮게 마련이어서 국민의 도덕성이 타락한다.

---

178 헨리 조지 지음, 김윤상 옮김, 『진보와 빈곤(Progress and Poverty)』, 경북대학교출판부, 2012년, 204쪽 참조.

이러한 과정은 기나긴 역사의 파노라마 속에서 수없이 되풀이되면서, 자유롭던 민족이 노예상태로 전락한다. 부패한 민주 정부는 결국 국민을 부패시키며 국민이 부패한 나라는 되살아날 길이 없다.[179]

---

179 헨리 조지 지음, 김윤상 옮김, 『진보와 빈곤(Progress and Poverty)』, 2012년, 205
     ~206쪽 참조.

월가(Wall-street)와
마법의 성

　최근 변화와 개혁으로 많은 가톨릭 교우들의 지지를 받는 프란치스코 교황의 권고문이 있었다. 그의 권고문에는 국제금융세력이 신자유주의를 통해 마법을 부리고 그 마법의 성을 들어가려는 거대 자본가들에 의해 정직하고 성실한 많은 사람들이 무너져가고 있다고 말하고 있다. 『성서』 속의 파라오 시대가 연상되는 장면이다.

　우리는 새로운 우상들을 창조했다. 고대 황금 송아지에 대한 숭배(탈출기 32:1~35 참조)가 돈이라는 우상과 인간을 위한 진정한 목적이 없는 비인격적인 경제 독재라는 새롭고 잔인한 형태로 변신했다. 세계적으로 금융과 경제에 닥친 위기는 불균형과 무엇보다 인간에 대한 진정한 관심이 결여된 사회를 적나라하게 드러내고 있다. 다양한 욕구를 지닌 인간은 하나의 욕구를 가진 존재로 축소됐다. 바로 소비다. 소수의 소득은 확대되고, 행운의 소수들이 누리는 풍요로움에서 다수를 멀어지게 하는 간극도 확대되고 있다. 이런 불균형은 시장의 절대적인 자율과 금융투기를 옹호하는 이념의 결과로 초래되고 있다.

결과적으로 이런 이념들은 국가가 공공선을 위해 어떤 형태의 통제를 행사할 권리를 거부한다. 이렇게 해서 눈에 보이지 않으면서 종종 가상적이라고 할 새로운 독재가 등장했다. 일방적이고 쉼 없이 자신의 법과 규칙을 강요하는 독재이다. 부채에 대한 이자가 늘어나는 나라들은 그들 경제의 잠재력을 깨닫고, 국민이 진정한 구매력을 누리도록 하는데 어려움을 겪는다. 여기에 전 세계를 무대로 벌어지는 부패와 자기 잇속만 차리는 탈세가 가세하고 있다.

권력과 소유에 대한 갈망은 한계를 모른다. 이런 체제는 이익 증대에 방해가 되는 모든 것을 제거하려는 경향이 있다. 이익 증대에 방해가 된다면, 환경처럼 망가지기 쉬운 모든 것들이 유일한 규칙이 된 신성화된 시장의 이익 앞에서 무력화된다.[180]

1990년대 미국 경제는 유례에 없는 경기호황을 이루었다. 이를 근거로 신자유주의를 주도했던 인물들은 자본주의의 악순환을 완전히 극복했다고 떠들어댔다. 과연 그랬을까? 끝닿을 줄 모르고 하늘로 치솟기만 하던 미국 주식시장의 주가는 2000년 3월 이후 폭락을 거듭했고, 2008년 주택 부실정책으로 국가가 부도의 위기에 직면하더니, 급기야 2013년에는 미 정부가 셧다운을 발표하기에 이르렀다.

---

180 이승선 기자, 〈'종북좌파'급 프란치스코 교황 권고문-'경제불평등은 현대판 살인자'〉,
      『Pressian』, 2013년 11월 29일.

사태가 이즈음에 이르고 보니 미국은 어떤 선택을 할까, 세계인의 관심이 집중되었다. 2008년 많은 사람들에게 신선한 충격을 안겨주었던 버락 오바마 대통령도 더 이상 버티기가 힘들었던 것일까? 2014년 9월에는 급기야 시리아 공격을 감행했다. 이 결정이 그 자신도 얼마나 큰 고민과 고통을 수반했던 것일지 연설하는 그의 눈빛을 통해 전달되어 온다. 그는 여느 미국의 지도자들이 더 이상 경기 부양이 힘들어질 때마다 선택했던 방식, 전쟁을 감행했다. 근본적인 제도적 장치의 문제점과 싸울 수 있어야 하고, 무엇보다도 그 뒤에서 리모컨 조종을 하고 있는 오즈의 마법사와 싸워야 할 터인데, 그는 이제 그의 초심을 잊어버리고 모든 것을 포기하기라도 한 것일까. 많은 사람이 최고로 두려워하는 장면은 마법에 걸린 지도자가 마법의 성을 떠나지 못할 때이다.

대중에게 닥친 경제문제, 경제학으로만 풀 일이 아니다

경제학자들에 의해 경제 문제점과 해결점을 찾으라고 하면 더 어렵게 느껴지는 것처럼 보일 때가 많다. 주식시장 붕괴, 달러화 가치의 동요와 상승, 해외교역의 위축과 증가 등, 그들이 사태의 급선회에 놀라 어찌할 바를 모르는 일은 비일비재해 왔다. 대중들에게 자신들의 지식을 알려주기 위해 출연하는 전문가의 말은 오히려 시청자들을 우왕좌왕하게만 만들었다.[181] 환율전쟁과 환율조작이 더해가는 오늘의 현실에선 더 말할 필요가 없다. 민중이 따르고자 하는 것, 민중이 원하는 것은 아주 간결하고 간단하다. 따라서 정작 그 방안을 해결할 수 있는 사람들은 민중들일 때가 많다. 전문가들에게 그 방도를 찾아내라고 하면 그들은 그때부터 자료조사를 하는 데 급급했고, 그들이 제안하는 것은 늘 어려운 말이었다.

사례를 살펴보자. 1969년 상원의 한 위원회가 남부지역의 기아를 조사하였다. 한 흑인 여성이 증언대에 서자 루이지애나주 상원의원 엘렌더(Ellender)가 질문을 하였다. 그때 돌연 그 흑인 여성이 말했다. "제가 당신에게 몇 가지 질문을 하고 싶습니다…. 당신들은 어쩌면 그토록 우릴 위해 아무것도 하지 않으실 수 있습니까…? 당신들이 말하는 온갖 부서들이, 결국 뭔가 조치는 아무것도 취하지 않고 조사만 해대고 있지 않잖습니까, 이러니 우리가 굶어 죽죠!"[182]

세계 어느 나라 역사를 보더라도 고대부터 현대에 이르기까지 서민의 배가 부르고 국가가 대다수 민중을 존중해주며 민중을 위한다는 신뢰만 있으면 국민은 흔들리지 않는다. 어떤 정치·경제인도 새롭게 변화하는 시대적 요구를 제시하지 못하게 되면 대중은 현실적으로 눈높이를 맞추어주는 논리와 근거를 찾아 나서게 된다.[183]

---

181 하워드 진 지음, 이아정 옮김, 『오만한 제국(Declarations of Independence)』, 당대, 2001년, 313쪽 참조.
182 하워드 진 지음, 이아정 옮김, 『오만한 제국(Declarations of Independence)』, 당대, 2001년, 313쪽 참조.
183 졸고, 『세계화 속의 한국교육』, 224쪽 참조.

베스트셀러 『맨큐의 경제학』으로 유명한 그레고리 맨큐 교수[184]가 진행하는 경제학 수업을 거부한 편지가 인터넷상에서 공개되어 화제가 된 일이 있다. 학생들은 이 편지에서 "경제학 입문수업이라면 다른 경제학 모델의 장단점을 각각 비판적인 시각에서 볼 수 있도록 해주어야 한다."라며 "당신의 수업은 학문지에 나오는 주요 기사를 거의 다루지 않았다. 대안적 경제학에 접근할 기회를 주지 않았다. 오늘날 애덤 스미스의 경제학이 케인스 이론보다 더 기초적이고 더 중요하다는 정당성은 밝혀지지 않았다."라고 적혀 있었다. 또 "하버드 졸업생들은 금융계에서 그리고 세계의 공적인 정책을 펼치는 데 매우 중요한 역할을 하고 있다. 만약에 하버드가 학생들에게 경제학을 넓고 비판적으로 이해할 수 있도록 가르치지 못한다면, 그것도 글로벌 경제를 잘못 이끌어가는 시스템이 될 것이다."라며 "이것은 지난 5년 동안의 경제적 혼란이 명확히 보여주고 있는바."라고 주장했다.[185]

한 유명 경제학자가 학생들의 논리와 반박으로 수난을 겪는 사례다. 분명히 시대별로 특정 논리가 보여주는 합리성과 당위성이 있다. 그러나 불과 5년 전, 10년 전에 정당하고 합리적이었다고 생각하는 이론이 오늘 이 시점에도 맞을 것이라고 생각하고 자기 논리만을 강조한다면 이런 사변에 대한 반감과 저항은 필연일 것이다. 과거에 얻어낸 성공적 경제논리가 한동안 성공했다고 해서 '현재'라는 시점에서

---

184 그레고리 맨큐는 1987년 하버드대학교의 정교수가 됐으며 조지 부시 대통령 임기 때 2003년부터 2005년까지 백악관 경제자문위원회 의장을 역임했다. 저서로는 세계적인 베스트셀러가 된 『맨큐의 경제학』이 있다. 2011년 11월 2일 하버드대에서 "맨큐 교수는 탐욕적 자본주의의 이론적 토대를 제공해왔다"고 항의하며 강의실을 박차고 나간 소동이 일어났다.

185 An Open Letter to Greg Mankiw, 'Harvard Political Review', 2011년 11월 2일.

도 그 방식이 맞을 것으로 생각한다는 것은 교만이고 시대착오다. 더군다나 그 이전의 학문과 논리로 인해 세계가 엄청난 문제를 끌어안았고, 고전을 면치 못하고 있는 이 시점에서조차 말이다.[186] 시대마다 국가나 정부를 이끄는 것은 최고의 교육을 받은 사람들이었지만, 한편 국가나 정부를 망쳐온 것도 그들의 손에 의한 것임을 생각해봐야할 장면이다.

그러나 맨큐 교수는 다음과 같이 말하고 있다. "자유 시장경제가 어려울 때마다 근본적으로 잘못된 것이 아닌가 하는 의심이 있었다. 이는 카를 마르크스 시절로 거슬러 올라가는 것이다. 자유시장경제가 성공하지 못하고 우리 모두 망한다는 이야기다. 그러나 경제사를 보면 그 결점에도, 자유시장경제는 번영을 만들어내는 시스템이다. 대안이 있다고 생각지 않는다. 어떤 규제가 더 나은지 등에 대해서는 정책 결정자들이 고민하고 있지만, 한국과 북한의 상황이 자본주의 혜택을 자연스럽게 입증한다. 다 같은 사람들이고 출발점도 같았으나, 50년이 지난 지금 두 나라의 상황은 완전히 다르다. 자유 시장경제는 지속 가능한 방법으로 번영을 이끌어내는 유일한 길이다.[187]"

그는 북한의 상황과 한국의 시스템을 지나치게 극단적인 공산주의와 자유시장의 관점에서만 비교하고 있다. 그러나 이 시대는 사회주의, 민주주의, 자본주의와 같이 극단적으로 분리하여 경제학을 진단할 일이 아니다. 어떤 제도와 시스템에서 어떤 문제가 있었는지를 찾

---

186 졸고, 『세계화 속의 한국교육』, 226쪽 참조.

187 그레고리 맨큐, 〈자유시장 경제는 지속 가능한 번영 유일한 길〉, MBN 포럼, 서울 신라호텔, 2012년 2월.

고 철저히 해부하거나 분석, 통찰하여 그 모순점을 수정, 보완하는 것이 중요하다.

여기서 잠시 「프란치스코 교황의 권고문」 중 경제 불평등과 적극적으로 맞서 싸울 것을 촉구한 내용을 살펴보기로 하자.

"살인하지 말라."는 십계명은 인간의 생명을 지키기 위한 분명한 규제였던 것처럼, 오늘날 배제와 불평등의 경제에 대해 "그래서는 안 돼."라고 말해야 한다. 이런 경제는 사람을 죽이는 것이다. 나이 들고 집 없는 사람이 노숙하다가 죽었다는 것이 뉴스가 되지 않는 반면, 주가지수가 2포인트 떨어졌다는 것이 뉴스가 된다. 어떻게 이럴 수 있나?

이것은 배제의 사회다. 사람들이 굶어 죽어가고 있는데 음식이 버려지는 상황을 계속 지켜만 보고 있을 수 있나? 이것은 불평등의 사회다. 오늘날 경쟁과 적자생존의 법칙 아래에 모든 것이 지배되고 있다.[188]

이와 같은 프란치스코 교황의 견해에 대해서 맨큐 교수는 "역사를 통하여 자유 시장 자본주의는 경제성장의 큰 원동력이었고", "내가 아는 한 지금까지 교황은 교회의 세금 면제 상태를 해결하지 않고 있다."[189]와 같은 논리로 반박을 가하고 있다. 그는 이른바 "신자유주의

---

188 이승선 기자, 〈'종북좌파'급 프란치스코 교황 권고문〉, 『Pressian』, 2013년 11월 29일.
189 Mark J. Perry, 〈Smackdow: Pop Francis vs. Greg Mankiew〉, 『AEIdeas』, 2013년 11월 30일.

경제학의 상징으로서 자신이 가르치는 경제학이 월가가 상징하는 거대 부와 자본주의 수호자 역할이라고 비판한 것에 대해서 매우 유감스러움[190]"을 표현 바가 있지만, 그의 논리적 접근은 여전히 그런 분위기를 조성하고 있는 것도 사실이다.

앨빈 토플러는 『부의 미래』를 쓰기 위해 8년의 세월을 준비하면서 공장의 노동자와 함께 일했던 경력을 가졌는가 하면, 하워드 진은 박사학위를 받고 나서도 돈을 벌기 위해 쓰라린 미국사회의 저변을 고스란히 느꼈던 경력을 토대로 학적이론을 세워나갔다. 최근 전 세계인에게 인기를 한몸에 받고 있는 프란치스코 교황은 남미에서의 어려운 생활을 했던 어린 시절을 기억하며 많은 사람에게 올바른 지식과 지혜의 가교 구실을 해나가고 있다. 그들이 세운 학적이론이 대중에게 현실감 있고 타당한 근거로 자리 잡을 수 있는 가장 큰 이유는 이 시대의 현장을 잘 이해하고 있다는 데에 있다. 반면에, 학적자료로 가득한 최고의 도서관, 온종일 책상 위에서 연구할 수 있는 최고의 예우를 누리는 학자들일수록 그들의 논리가 시대적 초점을 상실할 가능성이 높아진다는 점, 적색 신호등을 켜는 장면이다.

우리에게는 새로운 시각과 사고의 접근이 필요하다. 사회주의에 대해 편견이 생기고 신뢰감을 상실한 이유는 소련과 동유럽의 '사회주의'에 대한 인식으로 인해 신뢰감을 상실했기 때문일 것이다. 1989년 동독·폴란드를 비롯해 1991년 소련에 이르기까지 사회주의 국가가

---

190 그레고리 맨큐, 〈자유시장 경제는 지속 가능한 번영 유일한 길〉, MBN 포럼, 서울 신라호텔, 2012년 2월. 맨큐 교수가 2011년 11월 하버드생 60여 명이 "맨큐 교수는 탐욕적 자본주의의 이론적 토대를 제공해왔다"고 항의했던 사실에 대한 유감스러움을 표현한 내용이다.

줄줄이 무너져 내린 것은 경제·사회·정치 체제가 너무나 비민주적인 데다가 관료체제가 심해 민중의 절규와 분노가 터져 나왔기 때문이다.[191] 그 결과 어떻게 되었을까? 1990년대 민영화된 국영기업들을 소유하게 된 거대자본가들이 새로운 특권계층으로 대체되었고, 노동자와 서민의 생존권은 신자유주의의 그늘에서 위협받고 있었다.

우리는 여기서 2014년 세계인들로부터 주목을 받은 학자 토마스 피케티의 이론을 깊이 사고할 필요가 있다. 그의 논리를 정리하면, "무조건적으로 공산주의식 사유화를 부정하는 것은 잘못이다. 현대는 부가 부를 쌓으며 신계급사회인 세습자본주의 시대에 이르렀다. 세습자본주의는 능력 위주의 가치와 건강한 자본주의의 신념을 소멸시킨다.[192]"라는 것이다.

따라서 자본주의에 대한 맹목적인 찬양 역시 미국적 제도가 낳은 결과들로 늘 정당화될 수만은 없다. 그 한편에 스웨덴, 노르웨이, 덴마크, 뉴질랜드 등 사회주의적 요소와 자본주의적 요소를 혼합시켜온 나라들이 있다. 이 나라들은 상당 수준의 경제적 정의와 도덕적 규준을 실현했음은 물론, 국민 대다수가 높은 생활 수준을 누리고 있음을 증명하고 있다.[193]

---

191 1968년 스탈린식 억압적 공산주의 체제에 항거하며 일어난 자유혁명, 체코에는 새로운 해방의 기운이 찾아오지만 새롭게 만난 자본주의 앞에서 적응하기 힘들어하는 민중들은 많았다. 밀란 쿤데라의 『참을 수 없는 존재의 가벼움』은 이러한 시대적 암울함, 사회적 배경에 불을 붙인 체코인들에 대한 이해를 도와준다.

192 Thomas Piketty 저, Arthur Goldhammer 역, 『Capital in the Twenty-First Century』, Harvard University Press, 2013년, 제3부의 내용 정리.

193 Harrell Rodgers, 『The Cost of Human Neglect』, M. E. Sharpe, 1982년의 해당 장 참조.

그렇다면 서구사회에서 자본주의가 살아남을 수 있었던 이유는 무엇일까? 그것은 자본주의를 뒤집어엎는 혁명 대신에 자본주의가 연명할 수 있는 조건을 만들어냈기 때문이다. 어떻게 진행시켰을까? 자본주의에 의해 희생되어 온 이들이 노조운동, 농민운동, 세입자 운동, 여성 운동, 인권 운동 등을 통해 자신을 조직해 왔고 이걸 기반으로 하루 여덟 시간 노동, 노년 임금, 임금 인상, 실업자 복지 수당, 인권법, 여성의 투표권 등 상당한 개혁을 이뤄냈던 것이다. 이런 개혁 조치 위에서 자본주의는 풍요와 경제. 문화적 질병증세가 공존하는 역사를 거쳐 왔다. 자본주의 시대에 중산층을 위한 그 어떤 진전이 이루어졌다고 해도 세계 대다수 인류는 궁핍한 처지에 몰렸고, 국가 간의 경쟁 체제로 말미암아 역사상 가장 잔혹한 전쟁이 벌어졌던 것이다.[194]

　해링턴(James Harrington) 역시 "권력은 총칼에서 나오며 군사력은 경제력을 기초로 나온다."[195]고 말한 바 있다. 한편 "사람은 누구나 빵이 필요한 법이고 그에게 빵을 주는 사람한테 복종하게 마련이다. 어떤 사람이 모든 백성을 부양할 수 있다면 백성들은 거리낌 없이 그의 제국 내 신민이 되려고 할 것이다.[196]"라는 말도 경제력이 곧 권력으로 이어질 수 있는 무서운 면모를 보여준다고 할 것이다. 국가는 주

194　하워드 진 지음, 김민웅 옮김, 『왜 대통령들은 거짓말을 하는가?(The Historic Un-fulfilled Promise)』, 일상이상, 2012년, 45쪽 참조.

195　황런위 지음, 이재정 옮김, 『자본주의 역사와 중국의 21세기』, 이산, 2001년, 256쪽 참조.

196　Macpherson, 『The Political Theory of Possessive Individualism: Hobbes to Locke』, Oxford, 1962년, 163쪽 참조.

권과 국민에게서 나온다. 그러나 땅의 주인이 누구인지 주택의 주인이 누구인지, 그리고 누구에게 빚을 지고 사는지에 따라 주권의 실제 소유자가 바뀔 수 있다. 사실상 핵무기의 소유국보다, 자신을 빚으로 얽어매는 소유자를 엄청나게 두려워하는 이유다.

월가는 보너스 파티, 국회는 백만장자들의 모임

부의 상징인 나라, 미국에서 지금 어떤 일이 벌어지고 있는지 그 모순을 들여다보자. 2009년 11월 미국 대형 은행들의 보너스 지급 액수가 공개되면서 정부와 월가의 갈등이 고조되어 있었다. 비난 여론을 의식한 대형 은행들은 성과급 지급 비중을 낮췄지만, 성과급의 절대 액수는 2008년에 비해 훨씬 많아졌다. JP모건은 4분기 성과급으로 93억 달러(약 10조 원)에 달하는 돈을 지급하겠다고 밝혔다. 직원 한 사람당 37만 달러(약 4억 원)가 돌아가는 셈으로, 미국 중산층의 연간 소득(평균 5만 303달러)의 7배에 달한다.[197]

실업자가 속출하고 주식은 반 토막 나 민생경제엔 찬바람이 불고 있는데도 미국 의원들의 곳간은 두둑하다. 비영리 기관인 '여론정치센터(CRP)'의 최근 집계에 따르면 전체 의원 중 45%(237명)가 백만장자로 드러났다. 의회가 서민들의 경제적 고통을 제대로 알 리가 없

---

197 김경진 기자, 〈1인 수령액 JP모건 4억 원 골드만 삭스 6억 원 미 정부 '10년간 최소 900억 달러 과세할 것〉, 『미주 중앙일보』, 2010년 1월 18일.

다. 의원들의 재테크는 단연 주식 투자다. 상당수가 뱅크 오브 아메리카와 웰스파고, 씨티그룹, 골드만 삭스 등의 주식을 소유하고 있다. 이들 금융기관은 모두 정부의 구제금융을 받은 곳, 이 바람에 은행주가가 치솟아 의원들의 재산도 덩달아 크게 불어났다. 보험회사와 제약회사의 주식도 의원들의 사재기 대상이다.[198]

서민들은 주택을 압류당하거나 직장에서 감원되고 있는데 의원들은 절반이 백만장자였고, 월가의 금융세력들이 법적으로 아무런 문제가 없이 자기들의 보너스를 챙길 수 있었던 것도 이 배부른 의원들과 손을 잡고 있었던 까닭이니, 국민들이 분노를 표하는 것도 당연한 일이었다.

한국에서는 적어도 배를 굶주리는 사람을 찾기는 어렵다. 그러나 미국에선 오늘 멀쩡히 넥타이를 매고 회사를 출근했다가 해고당하는 경우, 바로 그날로 알거지가 된다고 해도 과언이 아니다. 거리를 다니다 보면 넥타이를 매고 돈을 구걸하는 미국인을 종종 발견하게 된다. 그들은 직장에서 퇴출당한 순간, 주택 구매할 때 대출받았던 빚을 갚을 능력이 완전히 사라지게 되면서 그들이 거주할 수 있는 공간도 상실하는 것이다.

그런데 미국 중산층이 쓰러지는 결정적 요소는 매월 지불해야 할 대출 빚도 빚이지만, 그보다 그들의 생활을 견뎌낼 수 없게 만드는 것은 고액의 의료비 때문이다. 직장에서 감원 당한 사람이 의료보험 혜택을 누리기는 어렵다. 더 이상 의료혜택을 받을 수 없게 된 사람들

---

198 박현일 기자, 〈불경기? '이 나라' 국회는 백만장자 클럽〉, 『ukopia.com』, 2009년 11월 9일.

이 한국에서 2년에 한 번 받을 수 있는 정기검진 정도의 혜택을 받으려고 하는 순간 중산층의 한 달 이상의 월급은 고스란히 사라지고 만다.

2009년 3월 미국의 한심한 의료실태를 연구한 하버드 법대 교수 엘리자베스 워런(Elizabeth Warren)은 다음과 같이 말했다. "누구도 안전치 않습니다. 안락한 중산층의 라이프 스타일? 훌륭한 교육? 괜찮은 직업? 누구도 안전한 제도 장치에 있다고 장담할 수 없습니다. 의료 파산을 당한 대부분의 사람들이 대학도 나오고 좋은 직업을 가졌던 중산층 주택 소유자였습니다. 병마가 그를 위협하기 전까지는 말입니다."[199] 힐러리 클린턴 국무장관이 한국을 방문했을 때 한국의 의료보험제도를 보고 너무나 훌륭하다는 칭찬을 아끼지 않았던 이유도 바로 여기에 있다.

2010년 1월 수억 원에 달하는 보너스 액수에 정부와 학계는 비판의 목소리를 높였다. 폴 크루그먼 프린스턴대 교수는 1월 16일 뉴욕 타임스 칼럼을 통해 "보너스를 위한 단기적인 투자가 막대한 부채를 낳고, 결국 금융위기를 초래했다."라며 날 선 비판을 했다.

앞서 오바마 대통령은 월가 금융기관들의 보너스 잔치를 용납할 수 없다며 구제금융에 투입된 납세자의 돈을 환수하기 위해 금융위기 책임세를 매기는 법안을 추진하겠다고 밝혔다. 자산규모가 500억 달러가 넘는 50대 대형 금융기관을 대상으로 최소 10년간 세금을 부과

---

199 하버드 연구팀이 2005년 1,700여 파산 사례를 연구했다. 그들의 분석에 따르면, 4분의 3이 의료보험에 가입했음에도 반 이상이 의료비 때문에 파산한 것으로 나타났다. 미국의 의료보험에 대한 심각성은 Alvin & Heidi Toffler, 『Revolutionary Wealth』, 160쪽에도 잘 나타나 있다.

하는 이 법안이 의회에서 통과되면 앞으로 900억 달러를 거둬들일 수 있다. 오바마 대통령은 당시 월가의 저항을 예견한 듯 "법안 추진에 대항하기 위해 로비스트를 고용하거나 변호사와 회계사를 동원해 세금을 회피하려 하지 말라."고 우회적으로 경고했다. 하지만 "구제금융으로 받았던 돈을 이자까지 쳐서 다 갚은 마당에 추가로 세금을 매기는 것은 부당하다."며 거부감을 보여 왔던 월가가 드디어 법적 대응 가능성을 모색하고 나선 것이다. 월가는 경영진의 보너스를 일부 제한하고, 보너스를 현금 대신 주식으로 지급하는 가하면, 자선 프로그램을 내놓은 등 부정적 여론 희석에 고심하기도 했지만 세금 문제만큼은 물러서지 않을 태세이다.[200]

식민지 시대 이래 미국인들은 세금이라면 질색을 했다. 때문에 세금을 올리는 정치인들, 특히 올리지 않겠다는 약속을 해놓고도 올리는 정치인들에게는 지옥의 특별석까지 예약해놓았다. 경기 후퇴가 그의 목을 조여오고 1992년 선거가 임박해오는 가운데 90퍼센트까지 육박했던 조지 부시의 지지율은 급격히 하락했던 것도[201] 결코 우연한 일이 아니었다. 레이건은 이러한 정치 계율을 잘 파악하고 있었던 것일까? 그는 신자유주의 핵심교리의 하나로 부유층의 감세를 추진했던 것이고, 오바마는 부유층의 감세를 다시 증세로 추진하겠다는 것이다. 2009년 오바마 대통령은 "조지 부시 대통령이 연간 25만 달러 이상의 고소득자에게 소득, 배당, 자본 소득에 대해 부여한 감

---

200 박진용 기자, 〈월가 '세금폭탄 부당'…, 오바마에 정면으로 맞설까〉, 『한국일보』, 2010
     년 1월 20일.

201 케네스 데이비스 지음, 이순호 옮김, 『미국에 대해 알아야 할 모든 것, 미국사』, 책과
     함께, 2007년, 552쪽 참조.

세 혜택을 2011년 이후 소멸시킬 것"이라고 『뉴욕타임스』가 2월 21일 백악관 관계자의 말을 인용한 바 있다. 그러나 이러한 법안이 실천을 동반한다는 것은 너무나 멀고도 험한 길이었다.

월가의 이익은 어디서 출발하는가?

그동안 월가의 규모를 팽창시키고 이익을 극대화할 수 있었던 방식은 무엇이었을까? 자기 자본으로 채권과 주식, 각종 파생 금융상품에 직접 투자하는 고위험 고수익 영업 방식을 고수해왔다는 것이다. 여기에 제동을 걸면 지금 월가를 대표하는 대형금융기관은 더는 존재 자체가 어려워진다. 사실상 1999년부터 허용해온 투자은행과 상업은행의 업무 겸업도 분리될 수밖에 없다.

오바마 대통령의 개혁방안의 핵심은 바로 은행의 자기자본투자인 프랍 트레이딩(proprietary trading)방식[202]을 제한하는 것이다. 이 방식이 금융 위기를 초래했으며, 또다시 일어나게 할 수도 있기 때문이다.

미국은 '글래스 스티걸법'에 따라 1933년부터 60여 년 동안 은행 업무영역을 분리해 왔다. 따라서 대부분 자기자본으로 투자 영업행위

---

202 프랍 트레이딩이란 은행의 자기자본 거래를 즉 금융회사가 수익 창출을 목표로 자기 자본 등으로 거래하는 것을 말한다. 은행이 고객의 신탁자산 외의 자체 자산이나 예금 차입금 등을 자기자본으로 수익을 달성하기 위해 주식과 채권 파생상품 등에 투자를 하는 것이다. 위험도가 높다.

를 하는 대형 금융기관들은 이 업무를 따로 떼어내야 한다. 금융기관에 대한 근본적인 수술 방침에 대해 월가는 강력히 반발하고 있다. 은행개혁안이 실행될 경우 가장 큰 영향을 받게 될 골드만삭스의 데이비드 비니어 최고 재무 책임자(CFO)는 블룸버그와의 인터뷰에서 "고객업무와 사모펀드 비즈니스 및 프랍 트레이딩을 분리하는 것이 쉽지 않다."라고 주장했다. 로이터 통신에 도이체방크의 요제프 에커먼 최고 경영자(CEO)도 "문제는 은행의 위험한 투자이지 규모가 아니다."라면서 "대형은행이 갖는 경쟁력 측면이 고려되지 않았다."고 비판했다.[203]

2009년 11월에 '달러 캐리 트레이닝'[204]이 엄청나게 일어나고 있었다. 전 세계 주식과 원자재의 가격이 다 올랐던 터이다. 그래서 조금의 위험한 기운이 일어나도 급하게 다시 달러를 사려는 힘이 작동할 수 있다. 그러나 진정 달러 가치가 다시 올라가려면 재정적자가 줄어야 한다. 그런데 미국의 재정적자는 줄어들 가능성이 거의 없다. 이대로 가면 2015년 즈음에는 누적 재정적자액이 한 해 국내총생산과 맞먹을 것이라고 한다.[205] 재정적자액이 어느 정도면 위험한 것일까? 통계적인 절대 수치가 있는 것은 아니다. 그러나 미국의 사회보장과 의료보험에 대한 준비되지 않은 부채까지 고려하면 미국 정부가 감당해야 할 부채는 끔찍한 형벌일 것이다.

---

203 워싱턴 김명호 특파원, 〈미 초강력 개혁안…, 월가 뿌리째 흔들〉, 『국민일보』, 2010년 1월 21일.
204 저금리의 달러화를 빌려 다른 통화로 표기된 주식이나 채권 등 고수익 자산에 투자하는 것.
205 하상주, 〈미국 소비 대폭락, 재정지출잔치 언제까지〉, 『한겨레신문』, 2009년 11월 8일.

무역확대에 경제 회생의 승부를 걸고 있는 미국 입장에서 중국 위안화 평가절상이 왜 중요한가를 극명하게 보여주는 대목이다. 중국은 환율조작국이라며 혼내주어야 한다고 큰소리를 치던 가이스너가 중국 방문 후 머리를 조아릴 수밖에 없었던 이유기도 했다. 이즈음 되면 미국 제2의 채무국인 일본에 대해서도 비슷한 절차를 밟을 것이란 것 즈음은 예측되는 일 아닐까. 사례를 보자.

2014년 한국과 일본이 독도와 위안부 문제와 같은 역사 문제로 심각한 갈등을 빚고 있을 때 존 케리 미국 국무장관이 2월 13일 "과거를 뒤로하고 앞으로 나아가야 한다. 현재 문제가 (역사 문제보다) 더 중요하다."며 우리 정부에도 관계 개선에 나설 것을 압박했다.[206] 이러한 사실은 무엇을 의미하는 것일까? 일본이 미국의 국채를 중국 다음으로 많이 보유하고 있는 만큼 미국은 일본의 심기를 거스르거나 압박할 힘도 의향도 없는 것이다. 역사는 국가 간의 이권문제에 따라 변경될 수 없다. 그러나 안타깝게도 국익에 의해 역사가 왜곡되는 사례는 많다. 늘 국익이 우선인 미국의 입장을 종종 한국이 잊고 있다는 사실이 오히려 놀랍다.

---

206 윤지나 기자, 〈한일 역사갈등에 미 철저히 '국익' 앞세웠다〉, 『CBS 노컷뉴스』, 2014년 2월 13일.

세계는 이제 '정의' 앓이?

2008년 세계적 금융 위기를 초래한 '장본인'인 월가 금융인들의 엄청난 '보너스 잔치'에 대해 미국인들은 분노했지만, 그건 시스템의 문제였지 도덕성의 문제는 아니라고들 했다. 과연 그럴까? 백만장자들로 구성된 상당수의 미국의원들이 월가의 금융가들과 손을 잡고 그들 자신도 돈에 입맛을 길들였으니 도의심과 책임감은 안중에도 없고, 오로지 자기 수익을 올리는 방법을 함께 모색하는 것뿐이었다. 그런 의회가 국민의 편에 손을 들어주는 법안에 관심이 있었을 리 없다. 월가와 미 국회의원은 갈수록 부유해지지만, 정부는 한없이 무력해지고 있다.

골드만삭스(The Goldman Sachs Group, Inc.), 모건 스탠리(Morgan Stanley) 등 미국 아홉 개 대형은행이 2008년 천문학적인 공적자금을 받고도 임직원 1인당 최고 1,800만 달러의 보너스 잔치를 벌인 것으로 밝혀진 것이다. 실업률이 갈수록 높아가는 상황에서 월가 보너스 이야기는 여론을 악화시켰다. 게다가 투기거래 규제를 막기 위해 의회를 상대로 한 월가의 지나친 로비도 비판 여론을 부추겼다.

2009년 12월 13일 오바마는 CBS 『식스티 미니츠(Sixty Minutes)』와의 인터뷰에서 "나는 월가의 살찐 고양이 은행가들을 돕기 위해 대통령에 출마한 게 아니다."라면서 이들의 탐욕을 통제할 금융개혁의 시급한 진전을 촉구했다. 그러나 연방대법원의 생각은 달랐다. 2010년 1월 21일 연방대법원은 금권선거의 자유를 보장하는 판결에 손을 들었다. 이러한 현상은 2012년 미국 대선을 '돈의 전쟁'으로 몰아갔다. 버락 오바마는 오랫동안 이러한 돈의 전쟁에 대해서 '민주주의의 적'이라고 비판해왔지만, 결국 2012년 금권선거에 굴복하고 말았다.

2010년 4월 22일 오바마는 월가와 가까운 맨해튼의 쿠퍼 유니언(Cooper Union)대학에서 금융 관계자와 경제학자 등 700여 명을 초청한 자리에서 다음과 같이 말한 바 있다. "월스트리트의 몇몇 금융 기관은 거래되는 모든 돈이, 집을 사고 자녀교육비를 대며 사업을 하고, 은퇴도 준비해야 하는 가족들이 있다는 사실을 잊고 있는 것이 분명하다. 어떻게 월스트리트에서 일어나는 일이 미국 전역에 막대한 영향을 끼치는지 기억해 달라."고 하면서, "나는 자유시장이 사람들이 자유롭게 돈을 빌리고 투자하는 것이라고 생각한다. 그러나 이 자유가 수단과 방법을 가리지 않고 아무렇게나 해도 된다는 면허증을 의미하는 것은 결코 아니다. 그것은 몇 년에 걸쳐 너무나 자주 위기를 유발해왔다."[207] 이러한 말은 2012년 금권선거에 굴복해야 했던 오바마를 무색하게 만드는 장면이다. 오바마 대통령이 금권의 압력 앞에서 백기를 들었다는 것은 그의 신념과 가치들을 서서히 접어가고 있다는 해석일 수도 있다.

그렇다면 신자유주의 체제하에서 어떻게 해야 이 금권주의에서 벗어날 수 있을까? 미국의 역사 안에서는 단연 링컨의 화폐정책에서 해답을 얻을 수 있을 것이다. 점차 미국의 힘이 강해지고 금융을 통제하기가 어려워지게 되면, 국제금융세력들은 언제나 그랬던 것처럼 새로운 프로그램을 마련했다. 그들이 구상했던 프로그램인 남북전쟁의 사례를 살펴보자.

---

207 By Dealbreaker, 〈Obama to Castigate Wall Street〉(WSJ), 2010년 4월 22일.

미국은 두 개의 나라, 두 개의 문화, 두 개의 이데올로기를 가진, 충돌할 수밖에 없는 나라였다.[208] 19세기 중엽까지만 해도 미국의 노예 제도에 관한 논쟁에서는 인권의 문제가 핵심은 아니었다. 노예 제도를 폐지할 경우 농장주는 과거의 노예들에게 백인과 똑같은 수준의 임금을 지급해야 한다. 사실 미국이란 나라는 어떤 문제든 단 한 번도 '돈'의 문제와 분리해 생각해 본 일이 없는데, 남부가 이러한 사회적 현상을 받아들일 리 있었을까?

국제금융재벌들은 남북 양측의 감정적 이념에 성냥개비만 한 불만 붙였을 뿐인데, 결국 남북전쟁으로까지 번져가게 되었다. 국제금융재벌에겐 몹시 흥분되는 일이었다. 전쟁에서 누가 이기든 그들의 돈주머니는 채워지게 되어 있고, 그들은 안락의자에 앉아서 구경만 하면 되는 일 즈음으로 받아들였기 때문이다. 과연 그랬을까? 그 과정을 살펴보기로 하자.

1862년 영국과 프랑스 등 유럽 열 개 강에게 겹겹이 포위되어 있던 링컨은 전쟁 해결방안을 찾느라 화폐정책에 대해 고심했다. 전쟁을 치러야 하는 사람들은 이겨야 한다는 절박한 심경이 앞서게 마련이고, 그런 입장에선 어떤 고금리도 일단 쓰고 볼 일이었다. 그러나 링컨은 달랐다. 국제금융재벌은 링컨 대통령에게 24~36%의 높은 금리를 빌려주는 조건을 내걸었고, 링컨은 거절했다. 숨통을 조여 오는 절박한 상황에서 그가 꺼내 든 카드는 무엇이었을까?

링컨이 새로 기획한 화폐는 '그린백'이었다. 링컨의 새 화폐 정책은

---

208 케네스 데이비스 지음, 이순호 옮김, 『미국에 대해 알아야 할 모든 것, 미국사』, 226쪽 참조.

금이나 은과 같은 금속화폐로 담보를 잡지 않으며, 20년간 5%의 저금리로 쓸 수 있다는 장점이 있었다. 정부가 의회에 법안을 통과시켜 재무부가 법적 효력을 지니는 화폐를 발행해서 전쟁에서 이기는 것이었다. 이 화폐가 북부 은행의 기축 화폐가 됨에 따라 신용대출이 확대되었는데, 결과가 어땠을까? 남북전쟁이 발발한 1861년부터 전쟁이 끝난 1865년까지 북부의 물가지수는 2배 정도 올랐고, 남부 지역의 물가지수는 30배 가까이 치솟았다.

여기에 링컨은 어떤 대처를 더해나갔을까? 흑인 노예를 해방하고 남부를 통일한 링컨은 남부 정부가 전쟁 중 진 빚은 모두 무효로 한다고 선포했다. 남북전쟁 동안 남부에 거액의 금융 지원을 해 온 국제 은행은 참담한 손실을 보았고, 그에 대한 대가로 링컨의 죽음도 얼마 남지 않았다는 것을 깨달아야 했다.

링컨이 이 사실을 짐작하지 못했을 리 없다. 그는 암살당하던 날에도 자신이 죽는 악몽을 꾸며 잠에서 깨어났다. 그는 국가와 국민 전체를 위한 결정을 하기 위해 많은 사람들의 반대와 싸워야 했다. 외롭고 고독한 전쟁의 연속이었다. 그럴 때마다 백악관의 작은 방에서 매일 기도를 했고 극도로 초췌해졌으며 신경과민에 시달리곤 했다. 국제금융세력이 내세우는 부당함과 싸운다는 것은 혹독한 내면적 고통을 수반하는 일이었고, 그의 목숨도 서서히 사라져갈 준비를 했을 때 비로소 가능한 일이었다.

독일의 재상 비스마르크의 우려는 신자유주의를 살고 있는 지금 이 시대에도 고스란히 드러나고 있다. 그럼에도, 미국 국민은 물론 세계인이 링컨을 오래도록 기억하는 이유는 멈출 수 없을 것이다. 그의 신념과 가치를 위한 리더십은 마치 차가운 겨울바람에 이내 꺼져버리고 마는 성냥개비의 불씨처럼 아무 소용이 없는 것 같으면서도, 사람들의 가슴을 한 번씩 뭉클하게 만드는 '성냥팔이 소녀'의 이미지와 메시지로 되살아날 것이기 때문이다.

오즈의 마법사, 그의 가면을 벗겨라

부와 돈은 동의어가 아니다. 앨빈 토플러의 말에 의하면 돈은 여러 가지 부의 증거 혹은 상징적인 표현 중 하나에 불과하다. 자본주의하에서 돈은 모든 사람이 흠모하는 실체임은 분명하다. 그런데 자본주의하에선 특히 신자유주의에서는 '부'의 개념은 사라지고 '부'가 곧 돈이라고 하는 돈의 가치에만 의존하게 되었고, 돈은 사람들의 인권도 평화도 자유도 순식간에 삼켜버리는 마력의 도구로 바뀌었다.

경제가 아무리 깊은 불황 속에서 허우적거릴지라도, 땅은 여전히 기름지고 공장은 굴러갈 준비가 돼 있었다. 넋을 잃은 국민에게는 단지 생산과 교역을 촉진할, '돈'이라고 부르는 종이쪽지가 모자랄 뿐이었다. 사람들은 부를 희소 상품인 금을 기준으로 규정함으로써 품귀 현상이 있다는 잘못된 믿음에 빠져든 것이다. 나라의 진정한 부는 그 나라의 물건과 서비스, 그 나라의 자원과 국민의 창의성으로 이루어진다.[209] 그런데 정부와 국민에게 돌아가야 할 돈이, 은행가의 사금고만

209 『달러』, 51쪽 참조.

을 가득 채워주고 있다면 국민의 권리는 흔적도 없이 사라지고 만다.

베르나르 리에테르(Bernard Lietaer)는 단일통화 시스템(유로)을 설계하는 데 조언을 하고 통화 개혁에 대해서도 다음과 같이 말하고 있다.

> 우리는 모든 사람이 충분히 먹고도 남을 음식을 만들어낼 수 있고, 이 세상에는 분명히 모든 사람에게 충분한 일거리가 있다. 그러나 빚을 모두 갚을 만큼 충분한 돈은 없다. 결핍은 우리의 통화 속에 있다. 사실, 중앙은행들의 일은 통화 부족을 일으키고 유지하는 것이다. 그 직접적인 결과로 우리는 살아남기 위해 서로 싸워야 한다.[210]

너무나 당연한 말이지만 노동은 정직과 성실을 기초로 한 노동을 근거로 부가 형성되어야 한다. 그래서 노동은 신선하다. 그럼에도 역사 안에서 돈의 흐름은 그렇게 흘러가지 않았다. "인류를 들어 올리고 인간애를 들어 올린 모든 노동은 존엄하며 소중하다. 그리고 그 노동은 근면함의 미덕으로 이루어져야 한다."라고 했던 마틴 루터 킹의 말에 많은 사람들이 환호하는 이유다.

벤자민 프랭클린 역시 1729년에 『지폐의 본질과 필요성에 대한 기초 연구(A Modest Enquiry into the Nature and Necessity of a Paper-Currency)』라는 소책자에서 다음과 같이 말했다. "한 나라의 부는 주민들이 지닌 금과 은의 양이 아니라 그들이 구매할 수 있

---

210 베르나르 리에테르, 〈탐욕과 희소성을 넘어서〉, 『녹색평론』 5~6월호, 1998년.

는 노동의 양으로 평가돼야 한다."[211] 사실 근로자들에겐 금이 필요할 이유가 없다. 금은 돈놀이꾼들의 금고를 챙기는데 간절한 수단일 뿐이다. 그러다 보면 금은 사재기가 되고, 높은 이자로만 빌려주는 도구가 되었던 것이다.

도대체 누가 왜 이런 엄청난 일들을 계획하고 실천에 옮기는 것일까? 1944년 7월 세계 44개국 대표들이 미국 뉴햄프셔 주의 휴양지 브레턴우즈에 모여 전후 세계경제를 논의한 일이 있다. 이곳에서 국제 금융재벌들은 세계의 화폐 발행 통제라는 계획을 실천에 옮기기 시작했다. 물론 이것이 국제금융세력의 출발점은 아니다.

남북전쟁을 전후한 100년 동안에도 국제금융세력과 미국정부는 민영 중앙은행 시스템을 차지하기 위해 치열한 싸움을 벌였다. 이 과정에서 국민에게 자본의 권익을 돌려주려던 일곱 명의 미국 대통령이 피살되었다. 미국의 역사를 돌아보면 이 치열한 싸움은 자본주의라는 시스템과 함께 끊임없이 이어져 오고 있었다. 비스마르크가 남긴 말에 모든 핵심이 담겨 있는 이유다. "은행가들은 부유한 사람들을 다시 장악할 것이다. 나는 외국 은행가들이 그들의 잔혹한 수단으로 미국의 풍요로움을 이용해 현대 문명을 체계적으로 망가뜨릴까 봐 두렵다."

1927년 존 하일란 뉴욕시장은 『뉴욕타임스』에 실린 연설에서도 이 보이지 않는 정부를 거대한 낙지에 비유한 바 있다. "이들은 거대한 낙지처럼 진흙투성이의 팔을 도시와 주와 국가에 뻗치고 있습니다. 그 길고 억센 팔로 우리의 행정관료와 입법 기관, 학교와 법원, 언론

---

211 『달러』, 77쪽 참조.

과 공공의 안녕을 위해 만들어진 모든 기구를 틀어쥡니다. 이 낙지의 머리에는 록펠러-스텐더드석유 재벌과 힘센 금융회사의 소집단이 있습니다. 이 힘센 국제 은행가들이 스스로 이기적인 목적을 위해 실질적으로 미국을 운영합니다. 그들은 실질적으로 양당을 모두 통제하고, 정당의 지도자들을 앞잡이로 쓰고, 민간조직의 지도급 인사를 이용하고, 부패한 거대기업의 지시를 따를 수 있는 후보를 고위 공직에 올려놓기 위해 모든 방책을 다 동원합니다. 이 국제은행가들과 록펠러-스탠더드 석유 재벌이 이 나라의 신문, 잡지 대부분을 통제합니다. 그들은 이 신문들의 칼럼을 이용해, 보이지 않는 정부를 구성하는 힘세고 부패한 패거리의 명령수행을 거부하는 관료를 두들겨 패서 복종시키거나 자리에서 쫓아냅니다."[212] 1920년대의 이 이야기는 지금의 신자유주의에도 고스란히 드러나는 일이다.

국제 금융재벌들은 일련의 핵심 조직 기구인 영국 미국 외교협회를 설립했는데, 훗날 이들 두 핵심 기구는 두 개의 새로운 산하 기구를 파생시켰다. 경제 분야는 빌더버그 클럽(Bilderberg Club)이 거시방침을 관장하고, 정치 쪽은 1976년에 데이비드 록펠러에 의해 만들어진 삼각위원회(Trilateral Commission)[213]가 담당했다. 삼각위원회는 '새로운 세계 질서'를 만들고 이끌어가는 데 전념하는 국제 은행가, 언론 지도자, 학자, 그리고 정부 관료 엘리트들의 그룹이다. 이러한 체제에서는 모든 주권국의 화폐 정책과 경제 내정의 결정권이 박

212　『달러』, 186쪽 참조.
213　삼각위원회(Trilateral Commission): 선진국인 미국, 유럽, 일본의 삼각 협력을 촉진하기 위해 만들어진 조직이다.

탈되게 마련이며, 모든 주권국가 및 국민의 경제 자유와 정치 자유도 통제를 당하게 된다. 현대인에게는 채무의 올가미가 씌워진다. 모든 현대의 '노예'들로 하여금 더 많은 효율을 올리도록 하기 위해 방만한 경영 관리는 반드시 고효율을 자랑하는 과학적 단계로 전환해야 한다. 무현금 사회, 전자화폐, 국제적으로 통일된 무선주파수(RFID) 신분증 등이 장차 현대인을 '노예'로 전락시키는 표시가 될 것이다.[214]

이것은 무엇을 의미하는 것일까? 국제 금융세력은 기술을 이용해 모든 지구인을 언제 어디서나 감시할 수 있다. 현금이 사라져가는 사회에서는 개인정보를 포함한 금융 온라인 해킹을 통한 재산 강탈이 일어나고 있다는 얘기다. 누군가 나를 지켜보고 있다는 사실만으로도 섬뜩할 일이지만 이 시대의 키워드 '돈'을 누군가의 손에 의해 지배받는다는 사실은 아무리 미화시키더라도 자유를 강탈당하는 일이다. 한 개인의 일거수일투족이 스캔 당하고 있다는 의미다. 우리와 거리가 먼 이야기일까? 지금 이 시대 곳곳에서 보여주고 있는 모습이다.

미국의 얼굴을 앞세워 뒤에서 흔드는 정부, 월스트리트 은행가들 뒤의 국제금융세력이 어떻게 움직이는지, 어떻게 미국을 쥐락펴락하는지, 미국이 얼마만큼 견뎌낼 수 있는지, 그것만이 관건이 되는 일일까? 미국이 우리에게 무엇인지, 들여다보아야 할 이유다.

미국정부와 그 배후의 국제금융세력은 높은 성곽에 모여 세계의 정책을 논의하고 결정하는 일을 한다. 그들의 세력은 정계, 재계, 학계의 유능한 인물들과 연결되어 그들의 이익을 위해 수단과 방법을 가리지 않는다. 물론, 극소수의 지식인과 군중은 끊임없이 저항한다.

---

214 『화폐전쟁』, 222쪽 참조.

그 저항은 비바람 앞의 성냥개비만 한 불빛에 불과하다. 한없이 무력할 뿐이다.

자기 목숨을 담보로 국제금융세력과 싸우고 국민이 가장 인간답게 살 수 있는 숭고한 권리를 돌려주기 위해 노력했던 역대 미국의 대통령들은 많았다. 이들은 그저 아무런 힘없이 스러져간 것 같이 보였지만, 역사의 흐름 안에서 많은 사람들의 가슴 안에서 꿈틀거리며 희망의 메신저가 되어주었다. 링컨과 같은 사례는 미국의 가장 건강한 위엄이고 권위의 상징이라고 할 만하다. 세계인이 미국을 흠모했던 이유이기도 하다.

독수리가 다시 새롭게 태어나기 위해서 극도의 고통을 참아가며 부리와 손톱과 날개를 스스로 절벽에 부딪쳐가면서 뽑아내고 떨구어낸다고 한다. 독수리가 조류 중의 최고의 권위를 누리는 당위성이 여기에 있을 것이다. 누구에게나 초심은 어려운 일이다.[215] 그러나 세계의 많은 사람이 '아메리칸 드림'을 생각하는 이유는 그들이 처음 아메리카대륙을 밟았을 때부터 가슴에 품어왔던 희망과 꿈을 기억하기 때문이고, 미국의 개척정신과 도전을 흠모했던 까닭이다. 그것이 수많은 사람의 가슴속에서 밀알처럼 굳건한 신념과 정신으로 되살아날 수 있었던 것도 진정 그들의 국민을 사랑하는 지도자들의 정치철학과 리더십 때문이었을 것이다.

필자는 그들의 가슴에 다시 그런 숭고한 철학이 살아나서 '오즈의 마법사'와 기꺼이 싸워줄 수 있기를 소망한다. 파라오와 맞서 싸웠던 '모세의 숭고한 열정'을 키워내어 많은 사람들에게 가장 인간적인 삶

---

215   졸고, 『세계화 속의 한국교육』, 130쪽 참조.

과 생명의식을 전해줄 수 있기를 간절히 소망한다. 그것이 얼마나 서슬 퍼런 칼날을 품에 끌어안고 사는 인내와 고통을 수반하는 일일지 역사서를 통해 잘 알고 있다. 그럼에도 불구하고, 미국의 지도자에게거는 기대가 큰 것은 너무나 많은 생명과 삶의 희망이 그들의 손끝 하나에 걸려있기 때문이라고 해도 과언이 아닌 까닭이고, 300년의 미국 역사가 적어도 많은 사람에게 희망과 꿈의 상징이었기에 그 아련한 추억이 지금 이 시대에도 계속 이어져 가길 간절히 바라는 까닭이다.

REFERENCE

부록

참고문헌

한글판 서적과 논문

- 강만준 지음, 『미국사 산책 17』, 인물과 사상사, 2010년
- 김승혜, 『유교의 시중(時中)과 그리스도교의 식별』, 바오로딸, 2005년
- 김영일, 『丁若鏞의 上帝思想』, 경인문화사, 2003년
- 김송희 지음, 『세계화 속의 한국교육』, 지식공감, 2012년
- 김세웅 저, 『중국 자본주의인가, 사회주의인가』, 도서출판 해맑음, 1994년
- 김세웅 저, 『중국의 대외정책과 한국』, 고려원, 1992년
- 김민웅, 『밀실의 제국』, 한겨레신문사, 2003년
- 김민웅, 『밀실의 제국: 전쟁국가 미국의 제국 매커니즘』, 한겨레신문사, 2003년
- 김영일 지음, 『丁若鏞의 上帝思想』, 景仁文化社, 2003년
- 귀스타브 르 봉 지음, 김성균 옮김, 『군중심리』, 이레미디어, 2008년
- 니콜로 마키아벨리 지음, 정영하 옮김, 『군주론』, 산수야, 2007년
- 담비사 모요 지음, 김종수 옮김, 『미국이 파산하는 날』, 중앙북스, 2011년
- 데일 카네기 지음, 이인석 옮김, 『나의 멘토 링컨』, 리베르, 2010년
- 데이비드 포사이드 저, 최의철 역, 『인권과 국제정치 (Human Rights in International Relations)』, 백산자료원, 2003년
- 데이빗 쑤이 저, 한국전략문제연구소 엮음, 『중국의 6·25 전쟁 참전』, 다이, 2011년

- 랑셴핑 지음, 이지은 옮김, 『부자 중국, 가난한 중국인』, 미래의 창, 2011년
- 레스터 C. 서로우 저, 현대경제연구원 역, 『세계화 이후의 부의 지배 (Fortune Favors The Bold)』, 청림출판, 2005년
- 레스터 C. 서로우 저, 이근창 역, 『세계경제전쟁(Head to head)』, 고려원, 1992년
- 마이클 샌델 지음, 이창신 옮김, 『정의란 무엇인가(Justice)』, 김영사, 2011년
- 마이클 칸슬리 엮음, 김지연 옮김, 『빌 게이츠의 창조적 자본주의』, 이콘, 2011년
- 밀란 쿤데라 지음, 송동준 옮김, 『참을 수 없는 존재의 가벼움』, 민음사, 1987년
- 수잔 L. 쉬크 저, 『중국경제개혁의 정치적 논리』, 경남대학교 출판부, 1999년
- 석지영 지음, 『법의 재발견(At Home in the Law)』, 북하우스, 2010년
- 쏭훙빙 지음, 차혜정 옮김, 박한진 감수, 『화폐전쟁(Currency Wars)』, 랜덤하우스, 2008년
- 이희옥, 『중국의 새로운 사회주의 탐색』, 창비, 2004년
- 윤진호 지음, 『보스턴 일기』, 한울, 2005년
- 예쯔청 지음, 이우재 옮김, 『중국의 세계전략』, 21세기 북스, 2005년
- 앤서니 기든스, 박노영·임영일 옮김, 『자본주의와 현대사회이론』, 한길사, 2010년

- 앨런 브링클리 지음, 황혜성·조지형·이명호·손세호·김연진·김덕호 옮김, 『있는 그대로의 미국사 2』, Humanist, 2011년
- 앨빈 토플러 저, 김중웅 옮김, 『부의 미래(Revolutionary Wealth)』, 청림출판, 2006년
- 엘렌 호리슨 브라운(Ellen H. Brown), 『달러(The Web of Debt)』, AK(이른아침), 2009년
- 정만득 저, 『미국의 청교도 사회—정착 초기의 역사』, 비봉출판사, 2000년
- 장자크 루소 지음, 이재형 옮김, 『사회계약론』, 철학사상, 2013년
- 장자크 루소(Jean-Jacques Rousseau) 저, 주경복 역, 『인간 불평등 기원론(Discourse on the Origin and Basis of In equality Among Men)』, 책세상, 2003년
- 조준현 지음, 『영화로 읽는 중국 역사와 경제』, 도서출판 오름, 2009년
- 존 번연 지음, 이상헌 옮김, 『천로역정』, 청목, 2003년
- 주룽지, 제임스 머독 외 35인, 로렌스 브람 엮음, 이진수, 이희재 옮김, 『중국의 시대』, 민음사, 2001년
- 중앙일보 특별 취재팀 저, 『중국 경제』, 중앙M&B, 2002년
- 페테르 빈터호프 슈푸르크 지음, 배영자 옮김, 『바벨탑에 갇힌 세계화』, 21세기 북스, 2010년
- 추이 즈위안, 『중국은 어디로 가고 있는가』, 추이 즈위안, 창비, 2003년
- 찰스 스윈돌 지음, 곽철호 옮김, 『모세』, 생명의 말씀사, 2001년

- 피터 드러커 저, 이재규 역, 『자본주의 이후의 사회』, 한국경제신문 사, 1992년
- 피터 드러커 저, 이재규 역, 『프로페셔널의 조건』, 청림출판사, 2009년
- 케네스 데이비스 지음, 이순호 옮김, 『미국에 대해 알아야 할 모든 것, 미국사』, 책과 함께, 2007년
- 크리스토프 니콜라스 D 저, 『중국이 미국이 된다.』, 따뜻한 손, 2005년
- 클로테르 라파이유 지음, 김상철·김정수 옮김, 『컬처코드』, 리더스 북, 2006년
- 헨리 데이비드 소로우 지음, 베스트트렌스 옮김, 『월든』, 더클래식, 2012년
- 헨리 조지 지음, 김윤상 옮김, 『진보와 빈곤(Progress and Poverty)』, 경북대학교출판부, 2012년
- 채현위 엮음, 김익겸 옮김, 『21세기 중국은 무엇을 꿈꾸는가』, 도서 출판 지.정, 1998년
- 하워드 진 지음, 김민웅 옮김, 『왜 대통령들은 거짓말을 하는 가?(The Historic Unfulfilled Promise)』, 일상이상, 2012년
- 하워드 진·도날도 마세도 지음, 김종승 옮김, 『하워드 진, 교육을 말하다』, 궁리, 2008년
- 하워드 진 지음, 이아정 옮김, 『오만한 제국』, 당대, 2001년
- 하워드 진 지음, 『권력을 이긴 사람들』, Nanjang, 2007년
- 황런위 지음, 이재정 옮김, 『자본주의 역사와 중국의 21세기』, 이

산, 2001년

- 베르나르 리에테르, 〈탐욕과 희소성을 넘어서〉, 『녹색평론』 5~6월
호, 1998년

- 하워드 진, 「거물급 도둑의 시대」, 『르몽드 디플로마티크』, 2002년
9월호

- 김송희, 「陶淵明 시를 통해서 본 '莊子'의 生命意識」, 『中國文化硏
究 4집』, 2004년 6월

영문판 서적과 논문

- Adam Smith, 『The wealth of Nations』, The Modern Library, New York
- Abhijit V. Banerjee and Esther Duflo, 『Poor Economics』, Publicaffairs, New york, 2010년
- Alvin & Heidi Toffler, 『Revolutionary Wealth』, Doubleday, 2006년
- Chalmers Johnson, 『Blowback—The costs and Consequences of American Empire』, HOLT, 2004년
- Charles R. Morris, 『the dawn of Innovation』, Public Affairs New york, 2012년
- Daisy Wademan, 『Remember who you are: Life Stories That Inspires the Heart and Mind』, Harvard Business School Press, 2005년
- David Landes, 『Wealth & Poverty of Nations』, W. W. Norton, 2008년
- edited by Thomas K. Mccraw, 『Creating Modern Capitalism』, Harvard University, 1995년
- edited by William C. Kirby, Robert S. Ross, and Gong Li, 『Normalozation of U.S.—China Relations』, Harvard University Press, 2007년
- Elinor Ostrom, 『Understanding Institutional Diversity』,

Princeton University press, 2005년

- F. Scott Fitzgerald, 『The Great Gatsby』, Scribner, 2004년
- George Orwell, 『1984』, New American Library, 1961년
- Harrell Rodgers, 『The Cost of Human Neglect』, M. E. Sharpe, 1982년
- Henry David Through, 『Walden; Or, Life in the woods』, Dover, 1995년
- Henry George, 『Progress and Poverty』, Dodo Press, 2009년 (1894년 초판)
- Howard Zinn, 『Howard Zinn on Democratic Education』, Paradigm, 2004년
- Howard Zinn, 『A power governments cannot suppress』, City Lights, 2007년
- Jean Lipman Blumen, 『The Allure of Toxic Leaders』, Oxford, 2005년
- Jeffrey D. Sachs, 『The End of Poverty』, Economic Possibilities for our time, 2004년
- Jeremy Rifkin, 『The Third Industrial Revolution』, Palgrave macmillan, 2008년
- James Owen Weatherall, 『The Physics of wall street』, HMH, 2012년
- Jonathan Levy, 『Freaks of Fortune − The Emerging World of Capitalism and Risk in America』, Harvard University

Press, 2012년

- Leo panitch & Sam Gindin, 『The Making of Global Capitalism: The Political Economy of American Empire』, Verso, London·New York

- Lester C. Thurow, 『Head to Head』, William Morrow and Company Inc, New York, 1992년

- Lester C. Thurow, 『The Future of Capitalism』, A Penguin Book, 1996년

- Macpherson, 『The Political Theory of Possessive Individualism: Hobbes to Locke』, Oxford, 1962년

- Muhammand Yunus, 『Banker to the Poor: Micro-lending and the battle against world poverty』, Public Affairs New York, 1999년

- Noah Feldman, 『The Cool War: The Future of Global Competition』, Random House, 2013년

- Peter Marsh, 『The New Industrial Revolution』, Yale University Press, 2012년

- Paul Krugman, 『End this Depression Now』, norton & Company, 2013년

- Paul Kennedy, 『The Rise and Fall of the Great Powers』, Vintage Books New York, 1987년

- Richard C. Koo, 『The Holy Grail of Macro Economics; Lessons from Japan's Great Recession』, Wiley, 2008년

- Thomas Karier, 『Intellectual Capital』, Cambridge University Press, 2010년
- Thomas Piketty 저, Arthur Goldhammer 역, 『Capital in the Twenty-First Century』, Harvard University Press, 2014년
- Thomas L. Friedman, 『The World is Flat』, Picador, 2005년
- William Bradford, 『플리머스 정착지(Of Plymouth Plantation)』, Harvey Wish ed., Capricorn Original, New York, 1962년
- Anne Krueger, 『The Political Economics of the Rent-seeking Society』(논문), 1974년
- Owen Jones, 〈Thatcherism was a national catastrophe that still poisons us〉, 『The Independent』 칼럼, 2013년 4월 9일.
- Jim Rutenberg, 〈Conservative donor groups lay a base for 2012 elections〉, 『The New york Times』, 2010년 10월 31일.
- John Nichols & Robert W. McChesney, "The Death and Life of Great American Newspapers", 『The Nation』, 뉴욕, 2009년 4월 6일.
- William Jay, 『Life of John Jay』, J&J Harper, 뉴욕, 1883년

중문판 서적과 논문

- 張建華 主編, 『中國面臨的緊要問題』, 經濟日報出版社, 1998년
- 憑蕙, 李捷, 楊明偉 等 著, 『走向新中國-中共五十書記』, 中央文獻出版社, 2002년
- 郎咸平, 『我們的日子爲什磨這磨難』, 東方出版社, 2010년
- 葉子成, 『中國大戰略』, 中國社會科學出版社, 2003년
- 金松姬, 『莊子與漢代文學』, 北京大學校博士論文, 2003년 5월
- 成中英, 「21世紀-中西文化的融合與中國文化的世界化: 21세기-중서문화의 융합과 중국문화의 세계화」, 『太平洋學報』, 1995년 제1기
- 吉姆 勒貝, 「走單邊主義道路是自拆台脚: 단독주의 노선을 걷는 것은 스스로 실족하는 것이다.」, 〔미국〕『外交政策聚集』, 2002년 7월 2일.

팍스 아메리카의 침묵

펴 낸 날   2014년 12월 12일

지 은 이   김송희
펴 낸 이   최지숙
편집주간   이기성
편집팀장   이윤숙
기획편집   주민경, 윤은지, 김송진
표지디자인 신성일
책임마케팅 임경수
펴 낸 곳   도서출판 생각나눔
출판등록   제 2008-000008호
주   소   경기도 고양시 덕양구 화중로 130번길 24, 한마음프라자 402호
전   화   031-964-2700
팩   스   031-964-2774
홈페이지   www.생각나눔.kr
이 메 일   webmaster@think-book.com

• 책값은 표지 뒷면에 표기되어 있습니다.
  ISBN 978-89-6489-334-0 03300

• 이 도서의 국립중앙도서관 출판 시 도서목록(CIP)은 서지정보유통지원시스템 홈페이지
  (http://seoji.nl.go.kr)와 국가자료공동목록시스템(http://www.nl.go.kr/kolisnet)에서
  이용하실 수 있습니다(CIP제어번호: CIP2014034483).